Ex Africa

3

Collana ideata e diretta da Pierluigi Valsecchi e Fabio Viti

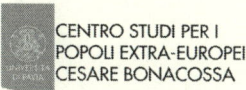

CENTRO STUDI PER I
POPOLI EXTRA-EUROPEI
CESARE BONACOSSA

Cesare Bonacossa Center for the Study of Non European Peoples

Alessandra Brivio

Serpenti, sirene e sacerdotesse

Antropologia dei mondi acquatici in Africa Occidentale

viella

Copyright © 2023 - Viella s.r.l.
Tutti i diritti riservati
Prima edizione: gennaio 2023
ISBN 979-12-5469-212-7

BRIVIO, Alessandra

Serpenti, sirene e sacerdotesse : antropologia dei mondi acquatici in Africa Occidentale / Alessandra Brivio. - Roma : Viella, 2023. - 216 p. : c. geogr. ; 21 cm. (Ex Africa ; 3)
  Bibliografia: p. [201]-216
  ISBN 979-12-5469-212-7
  1. Corpi d'acqua - Antropologia culturale - Africa occidentale
  306.0966 (DDC 23.ed)   Scheda bibliografica: Biblioteca Fondazione Bruno Kessler

---

viella
libreria editrice
via delle Alpi, 32
I-00198 ROMA
tel. 06 84 17 758
fax 06 85 35 39 60
www.viella.it

Indice

Premessa	7
1. Gli ecosistemi e le entità acquatiche	27
1. Regolazione degli ecosistemi lagunari	29
2. Acque inquinate e divinità vendicatrici	33
3. Entità acquatiche: ibridi tra umani e pesci	39
4. L'oceano	43
5. L'oceano dei pescatori	47
6. Teorie animiste ed entità della natura	50
2. I culti ofidici	57
1. Il culto del serpente nel Dahomey	60
2. Serpenti e donne: Willem Bosman e Reynaud De Marchais	70
3. Riti *vodu*, possessione e sessualità	75
4. Il serpente, le streghe e le fate	78
3. Mami Wata. Sirena e incantatrice di serpenti	83
1. Mami Wata prima di Mami Wata	85
2. Le prime Mami Wata	88
3. L'iconografia di Mami Wata	93
4. L'agentività delle immagini	96
5. Visioni e superfici specchianti	99
6. Un'icona deviante	101
7. I *vodu* Tohosou e Densu	106
8. Acqua e terra	110
9. Possedute dalle acque	112

4. Mercificazione, mondo atlantico e ricchezza ... 117
  1. Aneho: la città di Mami Wata ... 120
  2. Il mare come luogo di morte e di ricchezza ... 127
  3. Donne di successo ... 132
  4. Tchamba ... 138

5. Le sacerdotesse ... 143
  1. Gli studi sulle religioni tradizionali e il genere ... 144
  2. La concezione di persona ... 152
  3. Marie ... 157
  4. Fatì ... 162
  5. Fatì, Princess, Grace e la libertà ... 169
  6. Amebédé Mouleo, ceramista ... 174
  7. Ablossi Tsika ... 178

Conclusione. Religione, femminismo e autonomia ... 185
  1. Religione e femminismo ... 185
  2. *Agency* e autonomia ... 191

Bibliografia ... 201

Premessa

Da diversi decenni molte voci annunciano l'imminente scomparsa delle religioni tradizionali e delle divinità che animano la sfera mistica di una parte dell'Africa occidentale. Ogni volta che torno in Ghana, in Togo e in Bènin, constato invece che questo mondo, sempre descritto sulla soglia della fine, resiste molto meglio di quanto ci si potrebbe aspettare e anzi esibisce una certa effervescenza.[1]

Le religioni cosiddette tradizionali affrontano ormai da secoli drammatiche sfide politiche, sociali e culturali. La lista dei loro avversari storici è lunga e include, oltre ai sistemi di potere coloniale in quanto tali, le chiese missionarie, le chiese indipendenti africane, i movimenti profetici, le chiese pentecostali, neopentecostali, l'integralismo islamico e soprattutto la modernità, che si diceva avrebbe portato con sé l'irreversibile secolarizzazione e il definitivo disincanto del mondo.[2] Probabilmente l'allarme per la possibile scomparsa delle tradizioni religiose nasceva dalla convinzione che il mondo "incantato" si sarebbe sicuramente svegliato di fronte alla verità che la cultura occidentale aveva il privilegio di detenere.[3]

---

1. Augè nell'introduzione a *Il dio oggetto* (Augè, *Il dio oggetto*, p. 7) citava gli antichi culti, detti "feticci", che erano ufficialmente scomparsi dal panorama religioso del sud della Costa d'Avorio; al contrario quando, negli anni Settanta del Novecento, aveva fatto ricerca in Togo aveva notato come i culti *vodu* fossero ancora in piena attività, dando all'antropologo la «sensazione di avere sotto gli occhi» ciò di cui aveva sentito parlare alcuni anni prima in Costa d'Avorio, come di «un'istituzione ormai superata». Si trattava di una «permanenza degna di attenzione», dovuta a una «plasticità incontestabile».

2. Sull'incontro tra religioni tradizionali e religioni monoteiste in Africa occidentale, si vedano, tra gli altri: Augé, *Il genio del paganesimo*; Petrarca, *Pagani e cristiani*; sul rapporto tra religioni e modernità politica, si veda: *Religion et modernité*; *L'invention religieuse*.

3. Si fa riferimento al «disincanto del mondo» di Max Weber, cioè a quel processo attraverso il quale la cultura occidentale ha ripudiato nel tempo le spiegazioni magiche per

Anche l'antropologia è stata percorsa da simili dubbi e dal continuo sforzo di non giudicare le credenze degli altri; come scrive Tim Ingold, l'antropologia ha a lungo insistito nell'affermare «che i mondi degli umani sono culturalmente costruiti – tranne, naturalmente, il nostro», poiché noi ci riteniamo capaci di vedere ciò che gli altri non possono cogliere, perché le loro costruzioni sarebbero solo «invenzioni alternative di una data realtà».[4] Il mondo degli altri doveva dunque essere interpretato e si sarebbe facilmente dissolto, mentre il nostro, fondato su fatti oggettivi, si spiegava da sé.[5]

E.B. Tylor nel 1871 aveva formulato una definizione minima, secondo cui la religione si esprimeva attraverso l'universale credenza nelle forze sovrannaturali.[6] Si trattava di un tentativo di includere anche le espressioni considerate "primitive" tra il novero delle vere religioni. L'animismo era la forma più semplice che potesse assumere, posta al livello più basso della scala evolutiva. L'idea di animismo nasceva da una speculazione intellettuale, basata su dati etnografici secondari di varia natura e origine. Il presupposto era che i "primitivi" non fossero in grado di capire le fondamenta delle loro convinzioni e della loro esistenza. Tylor cercava di ragionare "come se" fosse stato un nativo e in base alle proprie categorie intellettuali spiegava i comportamenti degli altri.

Emile Durkheim elaborò la sua sociologia della religione proprio in opposizione alla teoria di Tylor. La sua analisi del totemismo si muoveva però in una direzione parallela a quella animista, poiché si basava sulla

---

affidarsi a quelle di ordine scientifico-razionale. Come scriveva Weber (Weber, *La scienza*), «la crescente intellettualizzazione e razionalizzazione non significa dunque una crescente conoscenza generale delle condizioni di vita alle quali si sottostà» ma la consapevolezza che «se soltanto si volesse, si potrebbe in ogni momento venirne a conoscenza», senza chiamare in gioco «forze misteriose e imprevedibili», perché si può «in linea di principio dominare tutte le cose mediante un calcolo razionale. Ma ciò significa il disincanto del mondo. Non occorre più ricorrere a mezzi magici per dominare gli spiriti o per ingraziarseli come fa il selvaggio, per il quale esistono potenze del genere».

4. Ingold, *Antropologia*, p. 21.

5. Restando nell'ambito degli studi africanistici, i profetismi che si diffusero nel continente, a partire dai primi decenni del secolo scorso, furono interpretati come una fase del cammino dell'uomo universale. Gli antropologi vollero leggere il fenomeno in chiave esclusivamente politica fino a prevedere la scomparsa dei movimenti profetici una volta che l'emancipazione dal colonialismo fosse stata compiuta e quindi la religione avesse perso il suo significato di linguaggio della resistenza. L'attenzione nei loro confronti venne meno, nel momento in cui parve svanire la loro «evoluzione» sul piano politico e rimase «un'involuzione» prettamente rituale (Petrarca, *Pagani e cristiani*, pp. 34-36).

6. Tylor, *Primitive Culture*.

convinzione che i nativi non dicessero il vero parlando delle loro credenze, degli spiriti e delle anime, ma alludessero ad altro, usando un linguaggio metaforico.[7] La tradizione dell'antropologia simbolica ha continuato in modo analogo a «non prendere sul serio» le teorie animiste e a considerarle come «false epistemologie», dovute all'incapacità degli "indigeni" a distinguere tra metafora e realtà.[8] Il compito dell'antropologo era quindi quello di svelare il significato delle metafore, attraverso le quali si presumeva che i nativi collegassero i due domini separati di natura e cultura.[9]

Ingold ha rimesso al centro della discussione antropologica l'animismo, grazie al suo interrogarsi sulla percezione umana dell'ambiente.[10] Adottando una prospettiva fenomenologica, ha enfatizzato l'importanza del coinvolgimento pratico degli esseri umani in ciò che li circonda, del loro essere nel mondo. La pratica quotidiana è quindi il terreno nel quale le "più elevate" attività concettuali trovano le loro premesse. Secondo questa linea di analisi, l'animismo non è più un'astratta filosofia sul funzionamento del mondo, come immaginava Tylor, e neppure una rappresentazione simbolica della società, come invece sosteneva Durkheim, è una cosmologia pratica intimamente correlata alle attività che gli essere umani svolgono nel loro ambiente, come cacciare, pescare o raccogliere.[11]

---

7. Willerslev, *Taking animism*, p. 46.
8. Ingold, *The perception*, p. 51.
9. Anche Lévi-Strauss, nel suo importante contributo al dibattito sul totemismo (Lévi-Strauss, *Il totemismo*) riteneva che si trattasse dell'espressione universale del desiderio umano di strutturare il mondo attraverso delle categorie logiche: gli animali totemici erano scelti non perché fossero "buoni da mangiare" ma perché erano "buoni da pensare". Lo strutturalismo di Lévi-Strauss aveva liberato il pensiero "selvaggio" dall'accusa di essere illogico o di nascondere una funzione utilitaria, si fondava infatti su un sistema di classificazione delle differenze. Ciò che veniva a mancare era la spiegazione del nativo, la sua esperienza e la materia fisica, animale, vegetale e minerale, di cui il totem era fatto (Valeri, *Wild animals*).
10. Tradizionalmente la letteratura africanistica ha privilegiato la terra come luogo economico e spazio storico, mentre minore attenzione è stata posta agli ambienti acquatici. Vi sono però importanti eccezioni come: Harms, *Game against nature*, con i suoi lavori sul fiume Zaire; il volume *L'homme et l'eau*, sul nord del Cameroun e sud-est del Ciad; Akyeampong, *Between the sea,* sul sistema lagunare di Keta, in Ghana; Keogh e Scott, *Water, life and profit*, sulla gestione delle acque in Niger, e diversi contributi sul medesimo tema, relativi alle regione del Kilimanjaro, tra cui Stambach e Kwayu, *Witness to a passing*. Un discorso a parte riguarda il rapporto tra popolazioni nomadi a risorse idriche nella aree desertiche, si veda tra gli altri Casciarri, *Water management*.
11. Willerslev, *Taking animism*, pp. 48-49.

L'idea di disincato nasceva dalla convinzione che gli esseri umani non avrebbero più fatto ricorso ai mezzi magici per dominare gli spiriti, proprio perché, come avevano suggerito anche gli antropologi evoluzionisti, il sapere scientifico ne stava mostrato l'inutilità. Il processo di disincanto, si diceva, era iniziato con la modernità che sembrava, un po' ovunque, negare la possibilità che le cose potessero imporre significati e produrre effetti sulla realtà, a favore di un mondo secolarizzato, dove gli dei non erano più necessari. Il filosofo canadese Charles Taylor ha dedicato parte dei suoi studi sul secolarismo alla transizione da un'ontologia basata su un vecchio concetto di presenza, come quello condiviso dalle religioni animiste, alla sua negazione.[12] Nelle società occidentali, in particolare in quelle di tradizione protestante, si è passati da un mondo incantato, dove il sacro poteva apparire nelle cose e nei luoghi, dove i boschi erano abitati da spiriti benigni e malvagi, folletti, fate, gnomi e fantasmi a un ordine immaginato in conformità alle teorie post-newtoniane, in cui era venuta a mancare la possibilità di intravedere significati altri o di ordine superiore nella realtà circostante. Un mondo quindi dove il principio di causa/effetto era divenuto l'unico in grado di fornire una spiegazione accettabile della realtà.[13]

La distinzione tra oggetto e soggetto era fondamentale per lo sviluppo di un pensiero positivista, libero dai vincoli della politica, dell'ideologia, delle passioni e delle emozioni. Il processo di disincanto aveva portato quindi alla separazione, almeno a livello teorico, tra lo spirituale e il materiale e all'esclusione della possibilità d'interazione reciproca e di trasformazione tra di essi, promuovendo un'idea del mondo come pre-ordinato e autonomo piuttosto che incipiente e «sul limite del reale».[14]

12. Taylor, *A secular age*.
13. Taylor nel suo lavoro evidenzia come il concetto di presenza, cioè la possibilità che la trascendenza irrompa nel tempo e nello spazio sia sopravvissuta più a lungo nelle società cattoliche rispetto a quelle protestanti. È interessante notare che l'olandese Willem Bosman (Bosman, *A new and accurate*, p. 157), negli ultimi anni del Seicento, scriveva che a suo avviso gli unici che avrebbero potuto avere un certo successo nel convertire gli africani erano proprio «i cattolici romani che riusciranno in questa impresa molto meglio di noi, perché hanno molte più cose simili a loro, se si tralascia l'essenziale (dove allora le differenze sono considerevoli), almeno nelle cerimonie». Bosman scriveva inoltre che entrambi, africani e cattolici, rispettavano delle interdizioni alimentari e asserivano che tali divieti fossero stati imposti all'origine dei tempi, cosa che a suo avviso era abbastanza ridicola. Sul concetto di presenza e come questo in certa misura accumunasse gli africani e i cattolici, rendendo questi ultimi ancora più aggressivi nei confronti della religione degli altri, ho scritto in altra sede (Brivio, *Religious encounter*).
14. Ingold, *Rethinking*, p. 12.

Bruno Latour è stato tra i primi a denunciare le «devastazioni dell'asimmetria», cioè di una prospettiva intellettuale che ha voluto separare la ragione dalla credenza e attribuire loro pesi differenti.[15] Questa partizione è coincisa con una divisione del mondo in almeno due parti contrapposte: noi e gli altri. Secondo il razionalismo classico, scriveva Latour, la credenza era un peccato mortale, ma soprattutto era il «peccato commesso dagli "altri" quelli che vivevano al di sotto dei tropici; peccato da cui noi, invece, eravamo riusciti a purificarci a colpi di scienza, passando così dalla credenza alla ragione».[16] In tal modo si è andata definendo una morale il cui obiettivo è stato quello di staccarsi «da un passato fatto di credenza e di entrare finalmente in possesso di veri oggetti, staccati da ogni aderenza al mondo sociale».

La bilancia, che secondo Latour aveva messo in un piatto la ragione e nell'altro la credenza, poteva però anche cadere dall'altra parte, trasformando i "civilizzati" in barbari, responsabili sotto la bandiera della ragione di aver dominato e devastato l'intero mondo. In questo caso vincevano i "selvaggi", perché i loro oggetti avevano la particolarità di aderire in ciascun punto al corpo sociale.

> In questa versione i feticci – che prima si aborrivano al punto di volerli spezzare, oppure si conservavano nei musei alla stregua di opere d'arte – diventavano dei buoni oggetti, perché si attaccavano al sociale e in parte lo fabbricavano. Nell'altro piatto, quello della ragione, che ora era condannato, i nuovi barbari, gli antichi civilizzati, non possedevano altro che oggetti staccati, medicine brute, fredde, oggettive, che non sapevano più legarsi al resto del mondo sociale.[17]

Il progetto illuminista di separazione della religione dalla politica ha indubbiamente liberato l'uomo da un ordine teleologico, dando vita a un individuo originale, unico, libero dal potere delle gerarchie e delle tradizioni, insomma un essere umano capace di definire il suo senso di morale e di società. Anch'esso però, così centrale alla modernità occidentale, sembra essere stato scalzato. Secondo la filosofa Francesca Rigotti, quell'individuo «nel quale convivono in un unico corpo e in un'unica mente volontà, libertà, autonomia e attenzione agli interessi e agli affetti» viene sostituito da «una rete di relazioni e dimensioni parziali»,[18] ed è questo l'individuo

---

15. Latour, *Nous n'avons*; Id., *Note sur certains*.
16. Latour, *Note sur certains*, p. 3.
17. *Ibidem*.
18. Rigotti, *L'era*, p. 51.

della «tarda modernità postindustriale», un insieme puntiforme di relazioni «strutturato a multipiani o a carattere rizomatico», che appare «quale singolarità libera, non individuo né persona».[19]

Una delle eredità lasciate dal processo di disincanto e dalla separazione della religione dalla politica è un mondo disorientante dove gli individui, quello che di loro resta, contemplano la realtà che li circonda, che pretende di essere costituita da idee e oggetti puri, e non più da sensazioni. Siamo quindi in uno spazio asimmetrico, come sosteneva Latour, all'interno del quale la materia deve restare fredda, autonoma e immune da interferenze divine: gli umani devono essere arbitri del proprio destino, legiferare in assenza di una divinità superiore e punitiva. Questo distanziamento li ha resi capaci di controllare il mondo (teoricamente) e allo stesso tempo li ha protetti dalle conseguenze di ogni possibile interazione con la materia o da ogni imprevisto coinvolgimento nelle sue trasformazioni.

Le crisi ambientali prima, quelle sanitarie poi, e «l'esperienza quotidiana di una vita eteronoma, diretta dall'esterno» hanno però riportato in luce paure, fantasmi, e il dubbio che la passività della materia non sia effettivamente tale e che si possa ritorcere contro l'uomo.[20] Si è trattato di una presa di coscienza della realtà di un mondo non preordinato e che non è ovviamente completamente né prevedibile né sotto controllo, come se improvvisamente fosse riemerso quell'antico mondo nel quale l'uomo era in balia di una forza imperscrutabile.[21]

Latour, per uscire dalla contrapposizione tra natura e cultura, suggeriva di adottare la nozione di rete o di rizoma, perché consentiva: «dal lato occidentale di passare dall'idea di superfici piene, lisce e oggettivate a delle molteplicità rare, allungate, fragili, screziate, preziose. Dall'altro lato, ci si potrà sbarazzare della nozione di struttura coerente e simbolica, fragile, che un niente basta a spezzare per sempre».[22] Queste considerazioni sono ancora oggi cruciali, e potremmo azzardare l'ipotesi che le religioni tradi-

19. Ivi, p. 49.
20. Ivi, p. 51.
21. Il processo di disincanto non appare oggi più così scontato, anche perché l'oggetto prodotto dalla scienza ha mostrato *di essere* un ibrido che può sfuggire alla comprensione razionale, indomabile come un virus, e questa inammissibile incapacità della scienza di controllare ciò che accade sta inducendo un desiderio d'incantamento che appare quanto mai scomposto e individualizzato, quasi una religione per ciascun individuo (Fabietti, *Materia sacra*; Palmisano, Pannofino, *Religione*).
22. Latour, *Note sur certains*, pp. 18-19.

zionali, con i loro feticci e le loro pratiche ibride, non siano state spazzate via per sempre dalla modernità, proprio perché non sono strutture coerenti e anzi, consapevoli di non esserlo, molto più facilmente mutano e proprio grazie alla loro forma ibrida si metamorfizzano.

La contrapposizione tra tradizione e modernità è appunto scivolosa e non è probabilmente la dicotomia più utile a chiarire cosa sia il disincanto. Il confronto con l'altro ha ingannevolmente fatto credere che la modernità europea fosse finalmente fuori dal controllo della religione, cioè da quel giogo grazie al quale l'uomo primitivo riusciva ad affrontare la propria impotenza nei confronti delle forze che lo sovrastavano e che riteneva intrinsecamente insuperabili. È molto difficile, ricordava Marcel Gauchet, liberarsi da questa rappresentazione e da una precomprensione della storia come un procedere da un ordine completamente subito a uno sempre più desiderato.[23] A suo avviso la religione ha iniziato a sbiadire nel momento in cui è comparso lo Stato, quindi agli inizi della civilizzazione, diversi millenni fa, quando le divinità hanno iniziato a perdere la loro funzione.

Anche l'Africa, ritenuta l'atavico regno della superstizione e quindi di una religiosità assoluta, essendo stata modellata da un lungo passato statuale, che ha coinvolto anche le cosiddete società senza stato, è parte del medesimo discorso. In questo senso qualsiasi prospettiva evoluzionista nella comprensione delle religioni perde di senso, proprio perché la politica implica ovunque il depotenziamento delle divinità, a prescindere dall'acquisizione o meno di un pensiero scientifico.

I culti religiosi analizzati in questo libro mostrano come il mondo incantato, descritto dai cronisti europei come completamente oppresso dalla superstizione, dialogasse già nel diciassettesimo secolo con la modernità dei commerci atlantici, proprio grazie alle divinità dell'acqua che, a seconda del contesto e dell'opportunità politica, facilitarono o ostacolarono i contatti con i mercanti europei. Oggi, quelle medesime divinità, sicuramente mutate, fragili e talvolta incoerenti, abitano gli stessi ambienti. Possono apparire sbiadite, oppure deformate dai successivi processi metamorfici che le hanno trasfigurate, ma restano al centro di un sistema di credenze che dialoga con la società contemporanea. Come ricorda Marc Augé, il paganesimo africano è tollerante e accoglie le novità attraverso un processo di addizione e alternanza, non per sintesi.[24] Gli dei

---

23. Gauchet, *Il disincanto*, p. XII.
24. Augé, *Il genio*.

africani non sono quindi destinati a scomparire, al limite possono essere accantonati o depotenziati.

Le religioni cosiddette tradizionali non sembrano, come si diceva, avere intenzione di abbandonare la complessità del loro mondo mistico o quantomeno di rinunciare alla possibilità della sua esistenza. Gli dei in Africa occidentale sono profondamente radicati nella storia e nella politica e sono in stretta relazione con le esigenze di chi li pratica. Al cambiare dei bisogni spirituali, economici e psicologici, gli africani hanno sempre acquisito quelle divinità che si sono mostrate più in grado di rispondere ai nuovi bisogni.[25]

Vi sono oggi delle divinità "soggetto", come Mami Wata, sicuramente indebolite, secondo la prospettiva di Gauchet, ed effettivamente sempre più specchio di soggettività atomizzate, ma anche delle forze pervasive date e non univocamente determinabili. La religione non è più una forza totalizzante a cui gli esseri umani delegano le loro esistenze, ma il trascendente è ancora immanente e il numinoso abita la quotidianità degli individui; «le cose prendono vita, e gli ordinari livelli e domini dell'esperienza si confondono l'uno con l'altro», e il trascendente irrompe nell'ordinario scorrere del tempo.[26] Le religioni africane sono caratterizzate da un senso di «rivelazione continua»,[27] dove quindi l'apparizione, l'evento e la consapevolezza della presenza di altro da sé non assumono mai una dimensione miracolosa.[28] Nonostante le molte forze esterne che oggi si oppongono alla possibilità di un mondo incantato, compresa la distruzione progressiva dell'ambiente e quindi di tutti quei luoghi che producevano incanto, le "presenze" non sembrano essere scomparse, anche se costrette a convivere con la distruzione del loro ecosistema.

Le donne sembravano essere restate più a lungo imbrigliate nelle trame della tradizione, non per volontà ma per una loro incapacità ad

---

25. Obeng, *Religious interaction*.
26. Orsi, *Abundant history*, p. 16.
27. Thornton, *Africa and Africans*, p. 258.
28. Il mondo disincantato è stato, invece, plasmato secondo una modernità secolare chiusa su sé stessa, che esclude l'intrusione di forze imprevedibili. Non si è trattato solo di una mossa di disincanto, o di semplificazione per sottrazione, con durature ricadute epistemologiche, ma anche della creazione di un sé che non è più permeabile o poroso, cioè aperto ad accogliere nei limiti della sua soggettività l'altro, poiché è definito proprio dalla sua capacità di disimpegnarsi dal mondo.

aderire alle svolte imposte dalla modernità. Essendo meno scolarizzate rimanevano, loro malgrado, ancora afflitte dalla superstizione e continuavano a vivere in un mondo pervaso da spettri e fantasmi. Le adepte e le sacerdotesse, che in maggior misura rispetto agli uomini animano la ritualità tradizionale, e anche le numerose fedeli delle chiese cristiane, non si sono però limitate a subire le regole e i tabu imposti dalle loro credenze ma, restando nello spazio di queste costrizioni, hanno riconfigurato e innovato la religione stessa, e immaginato delle esistenze eccentriche e più rispondenti alle loro esigenze.

In questo lavoro si parlerà quindi di un mondo sempre sull'orlo dell'abisso ma che pare avere in sé alcune risposte che ne consentono la sopravvivenza, nonostante il continuo e progressivo sgretolarsi dei suoi presupposti sociali ed ecologici. Ho deciso di osservare la religione tradizionale nei momenti di crisi e di transizione attraverso la lente di alcune sacerdotesse e dei culti che a loro sono più affini.

Scegliere il loro punto di vista impone di rileggere criticamente ciò che è stato scritto a loro riguardo in passato e valutare quanto la costruzione di alcuni paradigmi, come quello di feticismo, sia andata di pari passo alla loro oggettificazione ed erotizzazione. L'atteggiamento di voyeuristico stupore che trapela dai resoconti europei scritti tra il XVII e il XIX secolo, si è riprodotto negli anni, investendo di un'aura di esotismo le pratiche religiose degli altri, all'interno delle quali donne definite "immorali" rivestivano ruoli di potere. I primi lavori antropologici hanno ribaltato questa visione, e le donne sono state descritte solo come passivi supporti delle divinità o vittime di un primitivo sistema patriarcale, direzione nuovamente invertita negli anni Settanta del Novecento, quando si desiderava identificare degli spazi residui di resistenza ed emancipazione femminili, sopravvissuti all'egemonia delle religioni universali. Il rapporto tra religione, *agency* e strutture di dominio, negli ultimi anni, è stato poi al centro del dibattito del femminismo post-secolare.[29] I nodi teorici da affrontare sono quindi quelli dell'autonomia e dell'*agency* all'interno di un campo d'azione apparentemente costellato di vincoli e limitazioni alla libertà individuale, e dominato da una cultura d'impronta patriarcale.

La costruzione delle categorie di genere è sicuramente parte del progetto cognitivo e culturale della maggior parte delle religioni. Nei racconti mitici, nelle leggende fondative e nella pratica rituale le differenze di ge-

---

29. Mahmood, *Feminist theory*; Mahmood, *Politics of piety*; Braidotti, *In spite of times*.

nere sono elementi simbolici e pragmatici costitutivi. La religione è una delle più efficaci ideologie, capaci di costruire la dimensione di genere come vera e naturale. D'altra parte come messo in luce da Roy Rappaport, attribuire sacralità a un'idea significa renderla indiscutibile, a meno che anche l'indiscutibile non venga messo in dubbio, perché nel tempo indubbiamente tutto può trasformarsi.[30] La religione, non solo attraverso la pratica discorsiva, i testi scritti o narrati e più in genere i precetti, ma anche grazie ai rituali e agli oggetti sacri ribadisce e in parte stabilisce le concezioni di genere della società, con la sua intrinseca capacità di discutere «i fini ultimi dell'esistenza».[31]

Le religioni però, come tutti i sistemi culturali, non sono fiumi che scorrono paralleli senza mai incontrarsi, ma la loro genesi è nell'incontro di più sorgenti, e il loro percorso si differenzia continuamente, accoglie nuovi affluenti e li incorpora nelle proprie acque.[32] In altri termini le religioni non devono essere reificate ma, nonostante l'apparente eternità dei principi sui quali si basano, studiate nel loro divenire storico e soprattutto nella loro dimensione politica.[33] Non possiamo neppure limitarci ad adottare un rigido modello durkheimiano secondo il quale le norme religiose sono imposte dalla società e strutturano l'individuo, perché, come oggi risulta più evidente, le pratiche individuali e collettive si possono distanziare dai discorsi dominanti e adattare a nuove realtà. Le regole, infatti, sono anche sostenute dai desideri e dalle ispirazioni dei singoli individui o dei gruppi che si fanno portatori di modelli che scaturiscono da esperienze soggettive.[34]

Nel suo volume sul ruolo delle donne religiose nell'induismo, Karen Pechilis osserva:

> lo studio etnografico delle donne religiose ci fornisce un'importante opportunità di analizzare il cambiamento, dato che le donne stanno trasformando le strutture tradizionali definite su base patriarcale, non solo grazie al loro essere donne ma anche attraverso il deliberato coinvolgimento nella tradizione ma alle loro condizioni.[35]

---

30. Rappaport, *Ritual and religion*.
31. Geertz, *Interpretazione*.
32. Shaw, *The invention*.
33. Asad, *Genealogies*.
34. Hervieu-Léger, *Le pèlerin*.
35. Pechilis, *Illuminating*, p. 95.

Le religioni forniscono un panorama inesauribile di pratiche normative che mirano a costruire le differenze di genere e spiegano come i corpi sessuati contribuiscano in diversa misura a realizzare la discendenza. La normatività religiosa, essendo forgiata anche dalle intenzioni dei singoli individui, può fare emergere una «pluralità di norme alternative più o meno riconosciute socialmente e più o meno in opposizione con quelle dominanti per quanto riguarda il genere. Gli individui negoziano o sfidano la norma e producono contro-modelli».[36]

La teologia femminista, che dagli anni Ottanta del Novecento si è diffusa negli ambienti cattolici ed ebraici, per giungere a quelli musulmani, asserisce che non esistono dei luoghi aprioristicamente legittimi di produzione delle regole e delle leggi poiché queste si realizzano grazie al confluire di differenti prospettive. La questione dei poteri in gioco e dei rapporti di forza resta al centro degli studi sulla religione e quindi anche la produzione normativa non può che essere studiata nel suo divenire storico.

In alcuni casi, le religioni sono state capaci di costruire significato anche per identità non binarie. Margareth Mead è stata la capostipite delle studiose del genere e la sua sensibilità è ancora oggi illuminante.[37] Mead notava che nelle società basate su un netto contrasto tra i sessi era più facile che la persona il cui temperamento non coincideva con quanto era stato previsto dal suo sesso biologico desse vita a comportamenti socialmente considerati «aberranti». Era una persona «che si trova non soltanto ad avere i sentimenti sbagliati, ma ciò che è ben peggio, ad avere i sentimenti di una donna».[38] Per le popolazioni del nord America, il comportamento degli uomini e delle donne era nettamente differenziato e implicava una contrapposizione reale nel temperamento. Il maschio doveva affrontare i pericoli, senza né timore né esitazione, doveva soffrire stoicamente e dimostrare costantemente nella caccia e nella battaglia la propria compiuta mascolinità. La società aveva però lasciato lo spazio a un individuo possibile e intermedio, che i francesi definirono in modo dispregiativo *berdache*, termine che fu successivamente trasformato in *two spirits*. Chi non trovava una rispondenza nell'eteronormatività poteva accedere a uno spazio di "fluidità": agli uomini era concesso di rinunciare alla propria parte maschile, vestirsi da donna, se lo volevano, e svolgere alcune attività femminili

---

36. Rocheford, Sanna, *Normes religieuses*, p. 48.
37. Mead, *Sesso e temperamento*.
38. Ivi, p. 308.

come la tessitura e la ceramica, analogamente le donne potevano essere iniziate alla caccia e condividere socialmente la propria mascolinità. La società spesso attribuiva agli individui che transitavano in questa categoria un posto d'onore e riconosceva loro delle capacità spirituali e alcune funzioni religiose specifiche.[39] Le concezioni locali e le credenze mistiche confermavano l'opposizione tra i sessi, ma allo stesso tempo immaginavano uno spazio all'interno del quale la "diversità" potesse esprimersi senza produrre marginalità e sofferenza.[40]

Gli studi sui culti afroamericani hanno più recentemente analizzato la consapevolezza della corporeità queer nello spazio della religione. Un esempio è la nozione di "transcorporeità", secondo la quale la psiche umana sarebbe multipla, rimovibile ed esterna al corpo, come un frutto d'anacardo.[41] Lo spirito, l'anima o l'ego – a seconda di come lo si voglia definire – si protenderebbe verso l'esterno, consentendo di mettere in atto una fluidità che un'idea di individuo compatto e chiuso in sé stesso non permette in alcun modo. La posizione esterna dello "spirito" e il suo orientamento in uscita permettono al soggetto che viene "cavalcato", cioè posseduto da una divinità di sesso diverso dal suo, di riconfigurare la propria posizione di genere, acquisendo quella dell'entità esterna. Non si tratta di una strategia di camuffamento, quanto di una soggettività, frutto di una diversa concezione d'individuo e di un'alternativa articolazione tra corpo e anima, aperta al cambiamento e alla possibilità dell'inversione di genere.

I due casi americani mettono in luce ancora una volta l'importanza del dato etnografico, per la sua attenzione alle pratiche e quindi alla possibilità di cogliere gli scostamenti dalla norma, e per la sensibilità nel cogliere le differenti concezioni di cosa sia un corpo, un individuo e un soggetto, nozioni che possono anche implicare un diverso articolarsi dei rapporti di genere.

---

39. Si veda: Roscoe, *The Zuni*. Il dibattito antropologico su questo tema è stato particolarmente vivace e negli ultimi anni, gli studi hanno mostrato le debolezze dei primi lavori e hanno iniziato a concentrarsi sulle pratiche di genere tra i nativi americani nei contesti specifici, mettendole in relazioni con i termini utilizzati localmente e con le concezioni di persona, riproduzione e reincarnazione (Goulet, *The Berdache*).

40. Come messo in luce dagli studi e dalla militanza queer, che a partire dagli anni Settanta del secolo scorso si sono sviluppati all'interno della comunità indigena, l'incontro con i missionari europei snaturò questo terzo e quarto genere, introducendo nuovi stereotipi e un diffuso disprezzo per qualsiasi forma di omosessualità che probabilmente era assente o mitigata proprio grazie all'esistenza e all'accettazione dei *two-spirits*.

41. Strongman, *Queering*.

Per quanto riguarda l'area presa in considerazione in questo lavoro, si può ipotizzare uno schema interpretativo non dissimile da quello afro-brasiliano. Lo studio della fluidità di genere all'interno dei riti di possessione non rientra negli obiettivi di queste pagine, ma la concezione di un sé frammentato e multiplo permette di concepire un'articolazione nel rapporto tra visibile e invisibile aperta alle interferenze esterne e quindi una costruzione del sé meno vincolata all'eteronormatività. Alcune divinità "impongono", infatti, ai propri adepti una trasgressione dei ruoli e dei comportamenti di genere socialmente accettati, inducendo negli uomini comportamenti e atteggiamenti corporei normalmente attribuiti alle donne. Gli adepti uomini di Mami Wata, in numero molto inferiore rispetto alle donne, possono truccarsi gli occhi, mettere il rossetto, applicare, seguendo la moda diffusa negli ultimi anni, lunghe ciglia finte, e adottare tutta una serie di posture e atteggiamenti esasperatamente femminili. Nessuno mette in dubbio la loro appartenenza di genere perché, come i più affermano, è proprio la divinità a chiedere agli adepti di incorporare quell'idea di femminilità.

Ho deciso di seguire le divinità delle acque per diverse ragioni. Si tratta innanzitutto dell'elemento che più caratterizza l'ecosistema della regione: per sua stessa natura si è parzialmente sottratta all'antropizzazione, almeno rispetto a quanto accaduto alla foresta, ma soprattutto perché dall'acqua continuano tuttora a promanare molte entità spirituali. Tra di esse spicca l'iconica figura di Mami Wata, che non sarà l'unica protagonista di queste pagine, proprio perché in essa si è reificata una realtà subacquea composita e multiforme.

Per gli antropologi e gli africanisti, il suo nome evoca una pluralità di riferimenti iconografici e semantici. È una sirena, un'incantatrice di serpenti, un serpente, un alligatore, un pesce, una giovane donna, una prostituta, un demone, un uomo, una divinità, un *vodu*, l'acqua stessa. È protagonista da anni di film prodotti in Ghana e in Nigeria,[42] è stata la musa ispiratrice di molti pittori, soprattutto nella Repubblica Popolare del Congo;[43] è la forza spirituale che ha aiutato e poi costellato di sofferenza l'esperienza migratoria di molte donne nigeriane;[44] è lo «spirito di afflizione della modernità»[45] ma è anche un esempio emblematico di come la

---

42. Wendl, *Visions of Modernity*; Meyer, *Visions of blood*; Id., *Praise the lord*.
43. Jewsiewicki, *Le temps des images*; Touya, *Mami Wata*.
44. Taliani, *Il tempo della sopravvivenza*.
45. Bastian, *Married in the water*.

modernità sia stata incorporata e rielaborata.[46] La natura transizionale di Mami Wata è quindi sempre stata letta come un segno dei traumi, delle aspettative tradite e delle paure più inconsce che l'incontro con l'Altro ha prodotto. Lasciando sullo sfondo un possibile eccesso interpretativo, la dimensione più prettamente religiosa di Mami Wata, il suo intersecarsi con la storia locale e il rapporto con la costruzione della femminilità sono argomenti ancora attuali.[47]

Le pratiche connesse al suo culto sono state spesso ricondotte a un giudizio analitico di uniformità.[48] Le narrazioni locali riflettono invece le intenzioni degli individui che in diverso modo si sono avvicinati a essa, mostrando la capacità di articolare il vicino con il lontano, il presente con il passato, di transitare tra individuale e sociale, integrando le contraddizioni e le difficoltà che ogni incontro inevitabilmente genera. L'immagine di questa divinità mostra da subito una possibile complessità di genere, perché se nella sua parte superiore è una donna, in quella inferiore è un pesce o talvolta un serpente, simbolo per eccellenza dell'organo genitale maschile. Di fatto, Mami Wata può apparire ai suoi adepti sia come una donna sia come un uomo. Si tratta di una duplicità che ha delle importanti ricadute sull'esistenza sessuale degli adepti la cui vita affettiva è fortemente condizionata da questo legame.

Mami Wata chiede, infatti, alle sue adepte e ai suoi adepti di trascorrere almeno due notti alla settimana con lei/lui, non tollerando in alcun

---

46. Masquelier, *Encounter;* Frank, *Permitted and prohibited*; Gore, Nevadomsky, *Practice and Agency*; Ciminelli, *Il pericoloso incanto*; Shaw, *Mami Wata*.

47. Le forzature interpretative che gli antropologi hanno prodotto, spesso sedotti dal gioco delle riconfigurazioni simboliche, sono state molteplici. Si pensi ad esempio allo spirito che nella notte sotto forma di seducente donna dai lunghi capelli appariva lungo la principale arteria del Niger per scagliarsi contro le macchine in transito e diventare strumento di morte. Secondo il guaritore mawri del culto di possessione *bori*, intervistato da Adeline Masquelier (Masquelier, *Encounter*), questo spirito aveva la forma di una donna che lui aveva visto in un manifesto pubblicitario della Dunlop: una sirena la cui coda era un penumatico. Da questa immagine, come notava Maria Luisa Ciminelli (Ciminelli, *Il pericoloso incanto*), Masquelier aveva dedotto che lo spirito non fosse altri che Mami Wata, la quale, assurta a «spirito di afflizione della modernità», ha rischiato di essere inserita ovunque vi fossero figure femminili associate a espressioni di modernità; in questo caso la velocità delle macchine. L'unitarietà del complesso Mami Wata è illusoria «la sua coerenza proviene dall'esterno – e l'antropologia sembra in questo aver giocato un ruolo importante» (ivi, p. 72).

48. Gore, Nevadomsky, *Practice and Agency*, p. 62.

modo la presenza di una terza persona, maschio o femmina che sia. Le adepte (uso il femminile perché per la maggior parte sono donne) hanno una stanza con un letto singolo in cui trascorrono le due notti previste, restando in attesa e a disposizione dell'entità spirituale, che può presentarsi come una visione o durante il sogno, ma nessuno mette in dubbio la sua realtà corporea. Il legame che s'instaura ha una profonda dimensione sessuale e la possibilità che Mami Wata sia femmina o maschio, a prescindere dall'identità di genere dell'adepto, lascia ovviamente aperto uno spazio all'interno del quale sono possibili delle riconfigurazioni della propria sessualità. Secondo Dominique, che incontreremo nel capitolo 3, Mami Wata non è il risultato di una scelta, ma la conseguenza di una condizione imposta dalla nascita. Le adepte sono persone predestinate al ruolo, in quanto "figlie dell'acqua": l'esistenza consiste quindi nel sapere indagare e poi riconoscere il legame originario e indirizzare le proprie scelte in modo da essere in sintonia con esso.

Le divinità dell'acqua sono il tema prevalente della mia riflessione che si estende in un'area geografica ampia – la fascia costiera che va dal confine tra Ghana e Costa d'Avorio a quello tra Bénin e Nigeria – e prende in considerazione periodi storici non omogenei. Il simbolismo dell'acqua, come ricordava Mircea Eliade, ha una portata universale che trova la sua ragione proprio nella natura stessa dell'elemento. L'acqua è indifferenziata, informe, in potenza, e si pone quindi prima e all'origine di «tutte le possibilità di esistenza». L'acqua è una forma transitoria che rimanda all'idea di nascita, morte e divenire, perché da essa «nascono tutte le forme» e lì ritornano, «per regressione o cataclismo».[49] Tutto ciò che si separa dalla sua matrice si corrompe, perché acquista forma e quindi caducità; per tale motivo il ritornare nell'acqua è simbolo di purificazione e rigenerazione. Ha quindi in sé una capacità illimitata – testimoniata in ambiti geografici differenti e nella lunga durata storica – di caricarsi di metafore ed esprimere ambivalenza e ambiguità.[50] L'acqua inoltre cambia di stato e di forma, perché può evaporare oppure ghiacciare, ed è in grado di esprimere attivamente la propria potenza e capacità di agire, caratteristica che appare evidente quando deve essere contenuta ai fini dell'irrigazione o di altre attività produttive.[51] Le sue qualità e caratteristiche formali forniscono una base

---

49. Eliade, *Trattato di storia*, p. 193.
50. Si veda: Illich, *H2O*; Teti, *Introduzione*.
51. Van Aken, *La diversità delle acque*, pp. 28-50.

comune per la costruzione dei significati,[52] come se il liquido continuasse a oscillare tra natura e cultura, poiché l'acqua è buona da pensare ma è anche un elemento con cui vivere.[53]

L'analisi unitaria di divinità acquatiche appartenenti a contesti storico-geografici differenti, si avvale quindi, da un punto di vista metodologico del simbolismo dell'acqua come matrice di coesione per entità non completamente assimilabili, ma anche di un ambiente unitario che si estende in tutta l'area presa in considerazione. Da un lato, verso nord, vi sono le tranquille acque lagunari, perturbate solo dalle oscillazioni stagionali tra il periodo delle piogge, quando il livello sale, e quello secco, quando le acque si abbassano, fino a scomparire; dall'altro lato, a sud, vi è l'oceano con la violenza del suo moto ondoso che evoca l'eternità di una forza rigeneratrice.

A fianco del denso simbolismo acquatico vi è quindi una presenza materiale e pervasiva. Gli abitanti di questa regione hanno instaurato con l'ambiente una relazione di tipo simbiotico, un rapporto in continuo divenire, dove i processi di astrazione e concettualizzazione hanno seguito e non preceduto l'uso e l'essere nell'ambiente.[54] L'acqua ha insegnato agli abitanti di questa regione la pesca, li ha costretti a conoscere gli andamenti delle maree e il rapporto ciclico di scambio tra acque dolci e salate. Ha palesato la violenza e imprevedibilità delle sue dinamiche – con i naufragi, le morti per annegamento e la forza dell'erosione – ma anche la delicatezza dei suoi equilibri. Il tutto è stato regolato, come vedremo, attraverso interdizioni e tabu che a lungo hanno garantito la continuità di un dialogo proficuo e che in qualche misura hanno tutelato gli esseri umani dalla violenza degli elementi. L'ecologia morale di questi luoghi non ha prodotto degli uomini spossessati della loro volontà e semplice preda di una natura capricciosa, perché i culti acquatici sono sempre stati affiancati dalle tecniche di pesca e dall'abilità nel regolare i flussi delle acque.[55] Quando poi tra le onde sono apparse le prime navi portoghesi, si sono sviluppate delle nuove attitudini, ma anche un'attenta osservazione delle implicazioni morali della mercificazione che esse stavano producendo.

Il libro si compone di cinque capitoli, nei quali mi muovo dalla Costa d'Avorio, al confine con il Ghana, fino a Porto Novo, a pochi chilometri

---

52. Strang, *Common senses*, p. 97.
53. Helmreich, *Nature/Culture/Seawater*.
54. Ingold, *The perception*.
55. Akyeampong, *Between the sea*.

dalla Nigeria. Si tratta del risultato di ricerche sul campo condotte nel corso degli ultimi quindici anni, in Ghana, Togo e Bénin, rivisti alla luce della lettura dei resoconti di mercanti, negrieri, viaggiatori e funzionari coloniali che scrissero di queste medesime aree.

Nel primo capitolo traccio un quadro delle divinità acquatiche che animano l'universo religioso e abitano l'ecosistema dell'area geografica considerata. Si tratta di entità che, sebbene capaci di acquisire un'individualità specifica, esprimibile attraverso un nome, un corpo, una forma e talvolta una biografia, storicamente hanno risposto a un principio vitale più generale. Nel capitolo si fa spesso riferimento ad Alfred Burdon Ellis, le cui descrizioni, depurate dallo sguardo evoluzionista e implicitamente razzista, sono un'importante testimonianza di quelle società africane per le quali la dicotomia tra natura e cultura non è applicabile, perché gli umani si percepiscono come parte di un tutto e la collaborazione tra natura e cultura è necessaria alla sopravvivenza di entrambe. L'ambiente mappato attraverso entità spirituali e forze cosmiche acquista una dimensione morale che ovviamente non implica un approccio conservativo dello stesso, quanto piuttosto, almeno per quanto riguardava il passato, la nascita di un dialogo costante tra umani e non umani.

La concezione d'individuo, argomento trattato nel capitolo cinque è in sintonia con questo rapporto simbiotico tra le parti; l'identità individuale non è, infatti, pensata come ancorata a un'unità corporale ma fluttuante tra umano e animale, tra visibile e invisibile e capace di trasgredire le distinzioni di genere e di età.

Il secondo capitolo è dedicato ai culti ofidici. Anch'essi ci riportano all'acqua o comunque in un mondo di transizione tra questo elemento e la terra. Sono molto interessanti anche al fine della ricostruzione genealogica di una serie di stereotipi sul rapporto peccaminoso tra le donne e questo animale. La lettura dei resoconti di viaggiatori, commercianti e missionari è un passaggio cruciale per la comprensione delle ambiguità e delle interpretazioni spesso fuorvianti che nel corso dei secoli hanno riguardato i culti tradizionali africani. Di fronte a una cultura orale e a un sistema religioso privo di un testo, la parola scritta ha mostrato la sua forza egemonica nel condizionare le concezioni degli altri, e soprattutto nel diffondere pregiudizi tenaci.

Il capitolo tre è dedicato a Mami Wata, mentre il quarto stringe il campo di osservazione al mondo della diaspora guen-mina e alla città di Aneho, parte dell'antico regno di Glidji. Aneho è una città togolese con un brillante passato commerciale – fu uno dei centri costieri del commercio con gli europei e della tratta atlantica – e un presente molto più incerto. La religione per i guin-mina continua ad avere una dimensione identitaria e i culti sono un momento costitutivo della vita sociale e politica della comunità. Le divinità dell'acqua, e soprattutto quelle del mare, furono storicamente coinvolte nei commerci, come testimonia anche la presenza di Tchamba, il *vodu* degli schiavi, che in molti degli altari guen-mina in Togo e in Bénin è associato proprio a Mami Wata. L'ambiguo rapporto tra ricchezza, accumulazione di denaro e morte è quindi al centro di questo capitolo, nel quale emerge il lato annichilente del simbolismo acquatico, qui esasperato dal convergere della storia della tratta atlantica con una concezione cosmologica che identifica il mare (e talvolta i fiumi) come il luogo verso cui s'incamminano i morti. Durante la tratta atlantica, quando migliaia di uomini e donne furono inghiottiti per sempre dalle navi che scomparivano all'orizzonte, l'oceano divenne un luogo carico di ambiguità, perché la morte sembrava ormai senza ritorno ma d'altra parte dalle acque si originavano anche nuove ricchezze.

Nel quinto capitolo vedremo come si è costruita la concezione dell'individuo tra queste popolazioni e come questa si modifichi in funzione del contesto sociale, politico e ambientale. L'attenzione si concentra sulle storie di vita di alcune donne che nel corso della loro esistenza sono state adepte o sacerdotesse. Il rapporto con la sfera dell'invisibile è coercitivo e in qualche misura violento, ma i tormentati tragitti esistenziali delle donne mostrano come le loro vite si siano potute riconfigurare anche grazie a questi incontri e come le loro azioni abbiano trovato spazio all'interno dei vincoli imposti da una religione estremamente normativa. Le loro voci permettono infine di ridiscutere gli assunti che hanno attraversato gli studi sulle religioni africane e hanno collocato le donne in una posizione di passività, omettendo la dimensione creativa e vitale del loro agire all'interno della sfera religiosa.

***

Ringrazio i direttori della collana, Pierluigi Valsecchi e Fabio Viti, insieme a Cecilia Palombelli di Viella, per aver accolto la mia proposta di pubblicazione, così come il revisore anonimo per i suoi preziosi suggerimenti, che hanno arricchito il mio lavoro, ma anche Pierluigi Bertoldo per la sua lettura e Michele Fiore per l'aiuto grafico.

Vorrei inoltre ringraziare Luca Beneventi per l'amicizia e l'ospitalità in Ghana, Salissou Mamadou, con cui condivido la memoria dei luoghi e delle persone in Togo e inoltre Fatì, Princess, Marie, Pauline, Edwige (i cui nomi sono stati modificati), insieme a molte altre persone menzionate nel volume, per la fiducia che mi hanno offerto e per la loro pazienza.

Sono infine grata ad Alice Bellagamba per il sostegno che mi ha accordato e a Graziana Forlani e Nicola Leo per il puntuale lavoro di redazione.

Le ricerche d'archivio e sul campo sono state possibile anche grazie al contributo del progetto MESAO, Missione etnologia in Senegal e Africa occidentale e del progetto Prin 2017– Genealogies of African Freedoms – coordinato dall'Università di Milano Bicocca.

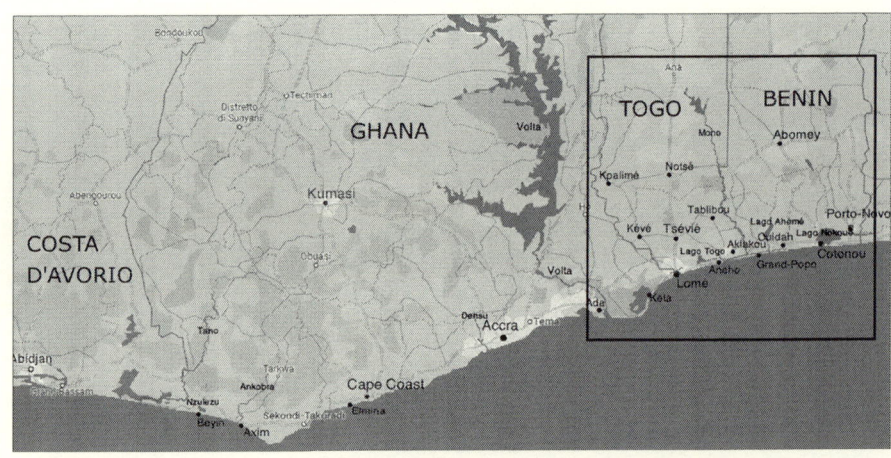

1. Gli ecosistemi e le entità acquatiche

Nei prossimi due capitoli, farò spesso riferimento ad Alfred Burdon Ellis (1852-1894), un prolifico ufficiale inglese che lavorò in Africa dal 1873 al 1894, periodo durante il quale scrisse ben dieci libri.[1] I suoi lavori, come quello di Willem Bosman e di altri viaggiatori e mercanti, permettono di entrare nella vita quotidiana delle popolazioni che vivevano lungo le coste dell'Africa occidentale, nel periodo pre-coloniale. Non sono ovviamente resoconti disinteressati ma testi generati dalle incomprensioni e dagli sbilanciati interessi che avevano portato all'incontro tra africani ed europei; per tale motivo oggi rappresentano una difficile sfida epistemologica, perché le interpretazioni e i giudizi s'intrecciano con la narrazione degli eventi.[2]

Questi testi non nascondevano la condanna morale e il disprezzo nei confronti delle popolazioni di cui trattavano. Per gli europei erano culture primitive, espressione di mentalità ingenue e arretrate, pervase dalla superstizione, dall'idolatria e dal feticismo.[3] Il disprezzo si accompagnava alla fascinazione, per cui i resoconti erano spesso ricchi di dettagli che miravano

---

1. Per una ricostruzione della vita di Ellis e soprattutto per un'attenta valutazione di Ellis come fonte storica, si veda: Jenkins, *Confrontations with A.B. Ellis*.
2. Ellis, ad esempio, scriveva nell'introduzione al suo lavoro dedicato alle popolazioni di lingua ewe: «noi siamo oggi almeno 2000 anni avanti rispetto ai negri, e questo è uno scarto che non si può cancellare in un balzo» (Ellis, *The Ewe-speaking*, p. 12). Ellis si rivolgeva a chi riteneva che la conversione al cristianesimo avrebbe aiutato gli africani a raggiungere il livello "morale" degli Europei.
3. Sulla questione del feticismo, Ellis espresse un punto di vista completamente diverso rispetto a quello di Willem Bosman. Secondo Ellis la religione nell'area da lui studiata non poteva essere definita feticista perché si originava nella credenza negli spiriti che si riteneva potessero transitare in oggetti materiali, come un albero, un fiume, una laguna, un

a mostrare l'assurdità delle credenze altrui, la loro dimensione paradossale e, nel caso di Ellis, il primitivo stadio da esse occupato nella scala evolutiva. Ciò non toglie che, liberati dall'aura di stupore e disprezzo, sono oggi di estremo interesse per la ricostruzione storica e genealogica delle credenze.

Una rilettura di Ellis consente inoltre di avvicinarsi con maggiore sensibilità all'ontologia locale e di liberarsi di quelle sovrastrutture epistemologiche che hanno cercato di interpretare la religione africana attraverso un continuo confronto alle divinità della Grecia classica, congelando le concezioni religiose dentro rigidi schemi classificatori, come, ad esempio, il diffuso riferimento al concetto di pantheon. Gli studi sulla religione africana hanno, infatti, preferito dare evidenza a quelle mitologie in cui le divinità erano umanizzate e avevano un nome che le rendeva riconoscibili, lasciando in ombra le forze vitali che animano le cose, gli animali, gli umani e le divinità, come il *gbogbo* tra gli ewe o il *kra* tra gli akan.

Da un punto di vista teorico, le entità acquatiche impongono di mettere in discussione la dicotomia natura-cultura e di preferire approcci antropologici inclusivi che pensino la realtà come abitata da una pluralità di umani e non umani posti su un piano di simmetria. Il recente ritorno d'interesse per l'animismo ha orientato la riflessione sul concetto di *agency*, e su una nuova definizione di persona come luogo di apprendimento e coinvolgimento nel mondo.[4] Le cosmogonie animiste sono quindi essenzialmente delle pratiche prodotte dal campo di relazioni potenziali all'interno del quale le persone si muovono, e non il risultato di concetti aprioristicamente intriseci agli individui.

Questa inversione di tendenza è nata dalla volontà di produrre una rivoluzione epistemologica capace di decolonizzare il pensiero, liberandolo dall'egemonia delle categorie del pensiero scientifico e rendendolo forse più capace di dire e scrivere degli altri.[5] Ingold, ad esempio, si è chiesto se l'apertura al mondo tipica dell'animismo non possa addirittura aiutare l'approccio sperimentale, giacché la scienza dipende dall'osservazione e quest'ultima dalla partecipazione nelle cose, per cui:

> se la scienza deve essere una pratica di sapere coerente, deve essere ricostruita su fondamenta di apertura piuttosto che di chiusura, coinvolgimento piuttosto

---

termitaio etc. ma non si credeva che questi fossero in sé delle divinità. La materia fungeva solo da supporto o contenitore temporaneo.

4. Ingold, *The perception*.
5. Viveiros de Castro, *Exchanging perspectives*; Ingold, *The perception*.

che distacco. Ciò significa anche ritrovare un senso di stupore, cosi evidente per la sua assenza dai lavori scientifici contemporanei. Il sapere deve essere riconnesso con l'essere, l'epistemologia con l'ontologia e il pensiero con la vita.[6]

Con un atteggiamento aperto allo stupore, ma liberato da ogni fascinazione esotizzante, cercherò di seguire nelle acque, le divinità, i pesci, le onde e gli esseri umani.

1. Regolazione degli ecosistemi lagunari

La fascia litoranea che va dalla Costa d'Avorio alla Nigeria è caratterizzata dalla pervasiva presenza dell'acqua: volgendosi verso sud, lo sguardo si perde nell'oceano Atlantico mentre a nord si ferma sulle molte lagune che costituiscono una sorta di discontinuo canale che scorre parallelo al mare. La pianura che si allarga tra le acque dolci e quelle salate, e che oggi ospita alcune delle capitali dell'Africa occidentale, è attraversata da molti corsi d'acqua, stagni e pozze d'acqua sorgiva. L'ecosistema acquatico di quest'area ha rappresentato un'importante rete di comunicazione, favorendo i commerci e avvicinando popolazioni altrimenti distanti.

L'oceano e le acque dolci non sono due mondi separati, anche se in passato, le comunità organizzarono le loro attività prevalentemente attorno alla laguna. Le acque del mare e quelle dolci confluiscono le une nelle altre in diversi punti, come ad esempio ad Aneho, dove la laguna entra nell'oceano, nelle prossimità del fiume Volta, a Gran-Popo nella cosiddetta "Bouche du Roi", dove il fiume Mono, la laguna e il mare si uniscono e in Nigeria, in corrispondenza di Lagos.[7] Altri collegamenti si aprivano un tempo solo stagionalmente, consentendo alle acque dolci di buttarsi nel mare e a quelle salate, durante la stagione secca, quando il livello della laguna era più basso, di inondare la terra ferma. In passato l'ingresso del mare giocava un importante ruolo economico, perché le sue acque portavano abbondanza di pesce e venivano arginate per estrarre il sale per evaporazione. La pescosità delle acque garantiva la sussistenza ma consentiva anche di vendere il pesce nelle città dell'interno.[8] Nonostante le popolazioni costiere manife-

---

6. Ingold, *The perception*, p. 19.
7. In passato probabilmente vi era un collegamento tra il lago Nokoué e l'oceano, che le fonti chiamavano «Rio de Ardra» o «River of Allada» (Law, *Between the Sea*, p. 215).
8. Ivi, p. 220.

stassero una scarsa confidenza con l'oceano, la sua presenza pervadeva la loro vita quotidiana.[9]

Le lagune alimentarono e sostennero la tratta atlantica. Con il sale e il pesce si compravano gli schiavi che poi finivano nelle mani degli europei, e i canali di acque dolci ne favorivano il trasporto, permettendo di raggiungere con facilità i punti dove gli europei attendevano con le navi.[10] In questa fascia litoranea trovano ancora oggi spazio anche alcune comunità che vivono in modo simbiotico con l'acqua, e diversi villaggi lacustri come Ganvie in Bénin e Nzulazo in Ghana, alcuni dei quali nacquero invece dall'esigenza di sfuggire alle guerre e alle razzie, e di insediarsi in luoghi poco accessibili ai mercanti di schiavi.[11]

L'ecosistema delle acque non condizionò solo le pratiche economiche, le modalità di insediamento delle popolazioni e la loro storia ma mise gli umani in stretto contatto con una variegata costellazione di entità spirituali. Il mare, le lagune e i fiumi, ma anche le pozze e gli stagni, erano e sono dei luoghi numinosi. Le ierofanie negli ambienti acquatici, come anche nei boschi, sono frequenti e non assumono mai la dimensione miracolosa che, ad esempio, i cattolici possono attribuire alle apparizioni mariane o ad altre manifestazioni del sacro. Le acque sono abitate da innumerevoli entità numinose e i corsi d'acqua possono essere essi stessi delle divinità. In Ghana, ad esempio, molti fiumi, tra cui il Tano, l'Amanzule, il Prah e il Densu, e le lagune, come Sakumo e Korle ad Accra, sono divinità. Nel 1678 Jean Barbot aveva avuto modo di assistere al sacrificio di un animale ai bordi della laguna di Kpeshi,[12] non distante da Accra.[13] Il suo sangue era stato versato nelle acque e la sua carne cotta e condivisa tra i partecipanti. Dopo aver concluso il pasto, gli officianti avevano gettato un vaso di terracotta nella laguna. Secondo quanto

---

9. Law, *West Africa's discovery*, p. 20.
10. Law, *Between the Sea*, pp. 222-224.
11. La città lacustre di Ganvié sorge sulle acque del lago Nokoué. La popolazione che vive nell'area lacustre del basso So e del lago Nokoué, nel sud del Bénin, è detta dei *tofinnu* – le persone portate dall'acqua. Si tratta di gruppi che trovarono rifugio in questi luoghi poco raggiungibile, fuggendo dalle guerre e razzie delle popolazioni confinanti (Bourgoigne, *Ethno-ecologie*). Sulle rive sud del lago sorge un altro villaggio lacustre, Awansuri, che in passato ospitò gruppi di fuggitivi e oggi appare come una bidonville di pescatori ma soprattutto di giovani disoccupati che si dedicano al contrabbando di benzina dalla confinante Nigeria (Ciavolella, *Cosa trattiene il margine*).
12. Barbot, *Journal d'un voyage*, p. 336.
13. La laguna di Kpeshi si sviluppa a est di Labadi, oggi parte della città di Accra.

scriveva Barbot, il sacrificio veniva celebrato quando arrivava il periodo della siccità, che durava da ottobre a marzo, e la popolazione restava in attesa dell'acqua per le proprie coltivazioni. Si riteneva, scriveva Barbot, che la laguna fosse collegata a tutti i fiumi e i ruscelli del paese, che fosse una specie di messaggero, e grazie a questa sua qualità ma soprattutto alla mediazione dell'animale ucciso, gli altri corsi d'acqua contribuissero a riempire il vaso che, una volta tornato nella laguna si sarebbe rotto e avrebbe così innalzato il livello dell'acqua. Si trattava quindi di un ecosistema complesso, che garantiva la sussistenza della popolazione, la quale però dovevano essere in grado di intrattenere un dialogo attivo con le forze che li abitavano.

Le popolazioni lagunari vivevano in un ambiente ricco ma vulnerabile e avevano sviluppato un sistema economico, sociale e religioso integrato, che ne garantiva il funzionamento, grazie a una serie di divieti e tabu. Le divinità fissavano i periodi in cui i pescatori potevano accedere al mare o alla laguna, le tecniche di pesca, i divieti di cacciare alcuni animali, le proibizioni per certe categorie d'individui di avvicinarsi alle acque, la possibilità di entrare e attraversare un corso d'acqua, i rituali da svolgere per l'apertura e la chiusura della stagione della pesca, ed anche le cerimonie necessarie per recuperare i corpi dei morti per annegamento.

Tra gli eotilé della Costa d'Avorio sud-orientale, il rapporto tra ambiente e sistema di credenze era rimasto apparentemente inalterato fino agli ultimi decenni del Novecento quando, a causa dell'adozione di nuove tecniche di pesca, come l'introduzione di reti dalle maglie molto piccole, di imbarcazioni a motore e di diserbanti per liberare la laguna da alcune specie vegetali, si era assistito a una fase di grave impoverimento della fauna ittica, che aveva costretto a chiudere la stagione della pesca per più di un anno. Claude-Hélène Perrot ha mostrato come la crisi economico-ambientale avesse aperto le porte a un periodo di radicale rinnovamento religioso e al successo del profeta e predicatore Gbahié, dopo che altri erano passati, restando però pressoché inascoltati.[14] Gbahié aveva convinto la popolazione a distruggere tutti gli oggetti sacri, sino anche a sradicare gli alberi il cui legno era abitualmente utilizzato per realizzarli. I "geni" locali, come Assoho, erano sembrati incapaci di affrontare i problemi ambientali che la laguna stava soffrendo, proprio perché la tradizionale gestione delle

---

14. Perrot, *Le génie Assoho*.

acque era entrata in crisi.[15] Il passaggio di Gbahié aveva prodotto una rivoluzione nel sistema delle credenze ma non un loro definitivo sradicamento. Nel 1991 Perrot era tornata sul campo e aveva, infatti, notato un timido ritorno dei "geni" della laguna, anche se le dimensioni delle cerimonie loro tributate si erano ridotte in modo drastico.

Spostandoci a est, oltre il fiume Volta, il paesaggio continua a essere segnato da un alternarsi di terre e acque lagunari. L'economia delle popolazioni locali è da secoli legata alla pesca, all'estrazione del sale e ai commerci con l'Europa.[16] Emmanuel Akyeampong ha definito la laguna di Keta come uno spazio ecologico, sociale e cosmologico, storicamente gestito grazie a «un'ecologia morale», che coordinava le relazioni tra natura, esseri umani ed entità sovrannaturali;[17] la mappatura culturale dell'ambiente, messa in atto dalle popolazioni locali, consentiva la sua manipolazione attraverso la religione e i rituali; «la conoscenza prodotta sull'ambiente e la sua trasmissione da una generazione all'altra sostiene il successo della riproduzione sociale della comunità».[18]

La laguna di Keta è un caso particolarmente interessante di simbiosi tra sacro, natura e uomini, in cui forse troppo peso è stato attribuito alla capacità che gli uomini avrebbero avuto, grazie alla manipolazione rituale, di controllare la natura. Una visione più simmetrica potrebbe tenere in conto anche possibili e imprevedibili fenomeni di adattamento ibrido. Come ha mostrato Perrot, infatti, il cambiamento nelle tecniche della pesca aveva interrotto l'ecologia morale, portando alla distruzione dell'apparato rituale delle divinità locali, che erano però riemerse, quando l'ondata di rinnovamento religioso si era affievolita, anche se indubbiamente modificate e indebolite.

15. Assohon era incarnato in un alligatore e si riteneva vivesse in un'isola che lui stesso aveva fatto emergere dalle acque della laguna. Agli umani era vietato approdare sull'isola (Perrot, *Le génie Assoho*).

16. Negli anni Ottanta del Settecento, P. E. Isert, un medico danese in visita nella regione anlo, aveva notato come le città fossero disposte in modo da affacciarsi sulla laguna e dare le spalle all'oceano (Akyeampong, *Between the sea*, p. 30). Ciò indicava una famigliarità con le calme acque lagunari, e solo un successivo avvicinamento a quelle marittime.

17. Secondo la tradizione, i primi cacciatori che scoprirono le terre attorno alla laguna di Keta e che diedero inizio al suo popolamento, insediarono da principio un sacerdote, *awoamefia*, che viveva segregato nella boscaglia e le cui capacità mistiche erano valutate in funzione del controllo che riusciva a esercitare sulle carestie, le siccità e l'invasione delle locuste. Anche Mama Bate, una divinità il cui compito era quello di accrescere la dimensione delle spiagge, apparteneva all'epoca delle origini (Akyeampong, *Between the sea*, p. 33).

18. Akyeampong, *Between the sea*, p. 105.

2. Acque inquinate e divinità vendicatrici

La crescita dell'interdipendenza ecologica e sociale ha trasformato l'acqua nell'icona delle crisi ambientali, come un tempo lo era stata della natura da dominare e controllare.[19] Alcuni ambienti costieri, come quello dell'area metropolitana di Accra, sono da secoli sollecitati e perturbati, proprio perché l'acqua è stata un potente veicolo di contatto culturale e di cambiamento economico e sociale. Questa regione ha conosciuto i commerci atlantici, poi l'urbanizzazione e la pressione antropica e infine un diffuso e crescente inquinamento.

Le acque oggi sono molto inquinate, alcune lagune, come Korle, sono state dichiarate morte e le altre potrebbero subire il medesimo destino. Il mare continua a sostenere l'importante industria ittica, sempre più minacciata dalla pesca illegale (*saiko*), dai corsi d'acqua e dalle lagune con alto tasso di tossicità che si scaricano in mare e dalla crescente presenza di plastica sulle spiagge e nelle acque che lambiscono la costa.

Anche il panorama religioso non è ovviamente più uniforme come un tempo, ma è attraversato da conflitti soprattutto tra le molte chiese cristiane e i cosiddetti culti tradizionali.

Come spesso si sente ripetere dagli esperti rituali, le divinità e gli antenati sono adirati perché molti dei loro discendenti si sono convertiti al Cristianesimo o all'Islam, trascurando i culti ancestrali; perché nuove infrastrutture sono sorte e hanno interrotto l'equilibrio ambientale – riduzione delle foreste sacre, taglio degli alberi, interruzione delle lagune e per ultimo inquinamento delle acque – o, come mi spiegava A. *wulomo*, un amico e sacerdote legato al culto di Sakumo, perché alcune chiese sono state costruite proprio nei luoghi sacri dei ga, e i pastori impediscono l'accesso per la celebrazione dei rituali, per le libagioni e i sacrifici.[20] Spesso si imputa all'epoca della colonizzazione la rottura dell'equilibrio ambientale, e quindi le siccità, i cattivi raccolti e una conseguente ritrazione delle divinità locali.[21]

Nonostante i fattori di forte squilibrio dell'ecologia morale, lungo le coste del Golfo di Guinea i rituali continuano ad aver luogo con una certa regolarità e alcuni tabu, come quelli che regolano la pesca in mare, sono

---

19. Van Aken, *La diversità delle acque*, p. 90.
20. Intervista con A. *wulomo*, Accra, 6 agosto 2022.
21. Si veda: Bell, *The seat of drought*; Masquelier, *Women and Islamic Revival*, pp. 156-157.

ancora oggi rispettati, o forse sarebbe meglio dire che vi è la consapevolezza di una possibile sanzione mistica nel caso qualcuno li trasgredisca. Le divinità intrattengono ancora una relazione con gli esseri umani, almeno con una parte di essi, e esprimono la loro capacità di agire, che sembra però mossa soprattutto dalla rabbia e dal desiderio di vendetta.

A titolo di esempio, riporto uno stralcio da un articolo apparso sul *Graphic on line* nel 5 ottobre 2016, in seguito all'annegamento di un ragazzo di 19 anni che, con alcuni amici, aveva accettato la sfida di attraversare a nuoto il fiume Densu. La vicenda era finita drammaticamente: il ragazzo era affogato e il suo corpo era scomparso. La prima persona consultata per cercare di rinvenire il cadavere era stata la sacerdotessa di Densu, che aveva svolto alcune cerimonie. Nelle ore successive però il luogo si era affollato di molti altri esperti rituali:

> Nel corso della ricerca, era arrivato sulla scena dell'accaduto un predicatore il quale sosteneva che la gente di Akwadum avrebbe dovuto pentirsi dei "comportamenti demoniaci", sostenendo che fosse proprio il "peccato" ad avere inghiottito la comunità e da qui si originava la tragedia. Subito dopo, Nana Afrifa Brambram, un rastafariano, che sosteneva di essere un *fetish priest*, era giunto per aiutare le ricerche del corpo del ragazzo con le sue buffonate feticiste. Aveva domando una bottiglia di *schnapps* e due polli, che aveva sgozzato e quindi sparso il sangue nel fiume, ma tutti questi sforzi non avevano portato alcun risultato; la situazione era tale che alcune persone della comunità gli avevano fischiato e lo avevano costretto a rimborsare il costo dei polli.
> Anche Francis Odoi, un altro *fetish priest* di Koforidua, era arrivato e aveva chiesto un'anatra e una bottiglia di *schnapps* ai genitori del ragazzo. Anche lui aveva sgozzato l'animale e sparso il sangue nel fiume. Tutto ciò aveva scatenato l'ira della sacerdotessa del Fiume Densu, la quale si era presentata dicendo che il Fiume era arrabbiato perché era stato versato del sangue nelle sue acque. La sacerdotessa aveva quindi detto che per pacificare il dio Fiume era necessaria una bottiglia di *schnapps*, fornita dalla madre del ragazzo. Aveva quindi sparso l'alcool nel fiume e appoggiato sulla superficie dell'acqua una banconata da due cedis. Prima che la sacerdotessa potesse finire la preghiera, un ubriacone era comparso dal nulla e aveva preso i soldi dall'acqua.

I ragazzi non avevano rispettato il tabu che vietava di entrare nel fiume durante la stagione delle piogge. Tutti gli attori che si affollarono lungo le rive del Densu, pur appartenendo a differenti denominazioni religiose, e nonostante l'ironia del giornalista che descriveva in toni farseschi l'accaduto, concordavano sulla necessità di interpretare l'evento, quindi avevano accettato l'ipotesi che il fiume, non essendo stato rispettato, si fosse vendicato, causando la morte del ragazzo. D'altra parte, la numinosità di queste acque era attestata anche dai fedeli della "Assembly of God", una chiesa evangelica che celebrava il battesimo dei propri seguaci proprio nelle acque del Densu.

Yvonne Adjakloe,[22] in un articolo sulla gestione consuetudinaria delle acque in Ghana, tra i ga, citava un caso simile, relativo alle acque del fiume Nsakyi. Anche in questo caso il nuotatore aveva trasgredito il divieto di entrare in acqua ma fortunatamente non era affogato. Era stato anzi salvato dall'intervento di una donna, una sorta di Mami Wata, che era apparsa dal nulla. Il ragazzo raccontava in questi termini l'accaduto: «un giorno sono sgattaiolato verso il fiume per andare a nuotare. Una bella signora che indossava i nostri abiti tradizionali e dei gioielli raffinati è apparsa dal nulla per mettermi in guardia contro quello che stavo facendo. Mi sono così spaventato che non ho mai più infranto quel tabu».

Le principali lagune di Accra, Sakumo – formata dalle acque del fiume Densu – Korle e Kpeshi, sono ormai in pessime condizioni ambientali. Nonostante ciò, anche se la pesca è sempre più difficile, se non assente, e quindi i tabu che le regolano ormai inutili, i principali rituali pubblici e privati (come le celebrazioni annuali che si sviluppano attorno all'Homowo)[23] continuano aver luogo, perché si ritiene che quelle acque siano ancora sacre e che lì risiedano le divinità.

Le lagune sembrano aver perso quel rapporto simbiotico con l'uomo e avere assunto una dimensione più prettamente politica e identitaria. Il loro ecosistema è da secoli minacciato sia dal contatto con gli europei, che hanno profondamente segnato la storia e la morfologia di questi luoghi, sia dalle frequenti invasioni da parte delle popolazioni confinanti, che si spingevano a sud in cerca di uno sbocco al mare e un contatto diretto con i mercanti europei. Korle è la laguna ma è anche una divinità della guerra, protagonista di diversi eventi storici che coinvolsero i ga, la popolazione "autoctona" di Accra.[24]

22. Adjakloe, *Customary water*, p. 5.
23. L'Homowo è il più importante festival religioso celebrato dai ga. Ha sia una dimensione pubblica e politica rilevante che una più intima e legata al culto delle divinità e degli *stool* (seggi del potere) delle singole famiglie. Nel corso delle celebrazioni, che raggiungono l'apice durante una settimana di festeggiamenti ma durano complessivamente diversi mesi, tutte le divinità dei ga vengono celebrate.
24. Secondo la tradizione orale, Korle è una divinità femminile dell'acqua, che fu "trovata" da alcuni cacciatori lungo la laguna. Gli uomini in realtà trovarono due bacili di terracotta al cui interno vi erano delle perle, segno di ricchezza e prosperità; li presero e li portarono al loro accampamento. Come depositarono i bacili a terra, una donna cadde in

Schiacciata dalla pressione antropica, da diversi decenni è diventata una discarica a cielo aperto, afflitta anche dalla tossicità dell'adiacente discarica di *e-waste* – la più grande dell'Africa occidentale.[25] Nonostante l'attuale compromissione ambientale, il culto viene ancora praticato, e la casa di Korle, in cui vive la famiglia legata alla divinità e dove si trova l'altare, è frequentata dalla popolazione che si rivolge a essa in cerca di consigli e di aiuto.

Il portavoce di Korle *wulomo* (il prete di Korle) sosteneva che l'inquinamento fosse un problema politico e quindi un'esclusiva responsabilità del governo:

> non è colpa di Korle, lei soffre per la sua gente, ma non può fare ciò che è compito degli uomini. È una madre e non può arrabbiarsi troppo, se no, ucciderebbe tutti. A volte provoca delle alluvioni, ma non è solo sua la responsabilità, ci sono anche altre divinità nelle acque. *Wulomo* può parlarle e cercare di calmarla ma a volte accadono dei disastri, come a Circle, quando è scoppiato il fuoco e sono morte 100 persone.

Il riferimento è a un grave incidente accaduto nel giugno del 2015, quando le fiamme avevano ucciso 150 persone che si stavano riparando dalla pioggia nei dintorni della stazione di servizio di Nkrumah Circle, nel centro di Accra. Le forti piogge stagionali unite alla presenza di rifiuti nei canali di scarico provocano spesso delle esondazioni che allagano alcune strade della città. L'acqua, a causa di una perdita nel serbatoio della

trance, posseduta dall'entità acquatica che in essi risiedeva. Si trattava di Korle che, dopo questo evento, divenne la divinità tutelare di tutta la popolazione che viveva lungo le coste della laguna (Roberts, *Korle and the mosquito*, p. 346). Korle è anche una divinità guerriera ed è protagonista di diversi momenti storici che coinvolsero i ga di Accra. È ad esempio ritenuta la responsabile della storica sconfitta che subirono a opera degli akwamu: i portoghesi, i primi europei a stabilirsi nell'area, avevano profanato le sue acque con la realizzazione di pozzi e di saline, scatenandone la rabbia e la conseguente decisione di permettere agli akwamu di conquistare Accra. Da quel momento fu vietato estrarre il sale dalle acque limitrofe a Korle e di conseguenza il suo commercio fu completamente abbandonato (Reindorf, *History of the Gold Coast,* pp. 34 e 271). Dopo essersi vendicata contro i portoghesi, che avevano trasgredito le sue regole, la si trovava al contrario a sostenere i ga contro l'invasione degli asante che stavano assediando la città. In quel caso Korle aveva assunto sembianze umane e aveva iniziato a cucinare del cibo che aveva distribuito ai soldati asante, per i quali era risultato essere come un veleno. Grazie a questo inganno i ga erano quindi riusciti a infliggere una memorabile sconfitta agli asante (Conversazione con Nii Okhe-Korle, linguista di Korle *wulomo* [Numo Ayitey Cobblah III], 28 agosto 2018, Accra).

25. Little, *Bodies, toxins*.

stazione, si era ricoperta di una pellicola di benzina, una scintilla l'aveva innescata e il fuoco si era immediatamente diffuso sulla sua superficie, intrappolando e uccidendo la folla che si trovava lì raccolta.

Le inondazioni in quella zona della città riguardano proprio Korle e i suoi molti affluenti, per questo motivo i responsabili del santuario si erano sentiti chiamati in causa.[26] Il linguista continuava spiegandomi che effettivamente Korle poteva uccidere gli umani, non solo con le inondazioni ma anche con il fango nero del suo fondale, in cui si poteva facilmente restare intrappolati.[27] Le regole che sancivano il rapporto tra risorse naturali, esseri umani e divinità avevano perso di significato e anche la cerimonia di apertura della stagione della pesca era stata soppressa da diversi decenni, a causa dell'inquinamento delle acque.

La mia domanda, su dove fosse ora la divinità, aveva ottenuto risposte molto incerte. Alcuni esprimevano dei dubbi circa la possibilità che si trovasse ancora da quelle parti. Aiwo, un giovane appartenente alla casa di Korle, mi disse che probabilmente si era rifugiata nell'unico e ristretto bordo della laguna dove non si erano potute espandere le baracche, perché l'area era inaccessibile e quindi la vegetazione era riuscita a trovare uno spazio in cui crescere.[28] D'altra parte da diversi anni si riteneva che Korle vivesse nascosta tra gli arbusti in un'area appartata sui bordi della laguna.[29] Secondo A. *wulomo*, era impensabile che Korle si trovasse in quelle acque così sporche, poiché sia Korle sia Sakumo erano divinità che amavano il colore bianco e la pulizia, motivo per cui molto probabilmente si era trasferita altrove.[30]

Korle è quindi divenuta una divinità disposta a uccidere anche tutta la popolazione e che si manifesta soprattutto con gesti violenti, una metafora efficace di ciò che effettivamente accade lungo le sue sponde, dove i migran-

---

26. Nii Okhe-Korle, 28 agosto 2018, Accra. Secondo altri *wulomo* con cui ho avuto modo di parlare di ciò, questa ipotesi era infondata, perché le acque coinvolte non erano tanto quelle di Korle ma del fiume Odaw, un affluente della laguna. Ciò non cambia il significato delle parole di Nii Okhe-Korle ma semmai potrebbe aprire un discorso sulla legittimità del potere dei diversi sacerdoti e sul loro controllo delle terre, tema che però esula da quanto qui in discussione.
27. A causa della forte antropizzazione anche sui bordi della laguna, non sono rari i casi di persone annegate o disperse nelle acque lagunari.
28. Aiwo, agosto 2019, Accra.
29. Roberts, *Korle and the mosquito*, p. 346.
30. A. *wulomo*, settembre 2021, Accra.

ti del nord vivono in un ambiente tossico, in condizioni di estremo degrado ambientale e sociale, afflitti dalla povertà, dall'inquinamento, dalla violenza, dalle droghe a basso costo e dalla continua minaccia di essere sgomberati e vedere le proprie baracche distrutte dall'esercito o dalle stagionali alluvioni.[31] Korle, la laguna, oggi non nutre più la sua popolazione.[32]

Le divinità vendicatrici riconducono a una visione millenarista e apocalittica che non possiamo escludere sia in parte mutuata dalle prediche dei pastori delle molte chiese pentecostali ed evangeliche che, a ogni angolo di strada, ricordano agli uomini e alle donne l'imminente punizione divina e la dannazione eterna per chi non si pente.[33] Una teologia della fine del mondo è parte dell'etica religiosa prevalente in Ghana ma, a fianco di queste narrazioni, vi è anche la concezione secondo cui il dialogo con gli dei – per sua natura ambiguo e pericoloso – sia regolato secondo la logica di un continuo scambio di doni. La pratica rituale, cioè la regolare presenza fisica degli esseri umani nell'ambiente dei non-umani, impone un'attenzione agli eventi che lo attraversano e una capacità di leggere i segni.[34] Gli spiriti delle acque hanno d'altra parte, come illustrato nei capitoli 3 e 4, non solo in Ghana, un carattere spesso violento e irascibile. Questo tema emerge in modo chiaro nelle narrazioni relative alla tratta atlantica ma anche in quelle relative ai più

---

31. Afenah, *Engineering*; Amoako, Inkoom, *The production of flood*; Little, *Bodies, toxins*.

32. Non si tratta di casi singoli, come mostra una notizia apparsa su alcuni giornali nel luglio 2022. Vicino a Kumasi, una sacerdotessa delle divinità Tano – un importante fiume che attraversa il Ghana sud occidentale e sfocia nell'Atlantico dopo essersi unito alla laguna di Aby in Costa d'Avorio – aveva impedito l'inaugurazione di servizi sanitari pubblici, lungo Bomofia, un affluente del Tano. Dopo una lunga consultazione con le divinità, la sacerdotessa aveva dichiarato che Tano era furente perché le sue acque venivano usate come una discarica da anni e ora si voleva produrre ulteriore inquinamento con la fossa settica. Tano aveva comunicato che sarebbe stato necessario il sacrificio di cinque esseri umani. (https://www.myjoyonline.com/river-gods-demand-5-humans-as-sacrifice-before-re-commissioning-of-a-toilet-facility/ (7 luglio 2022).

33. Il rapporto tra calamità naturali e azione divina ha una lunga storia, che inizia probabilmente con la tradizione ebraica del diluvio universale e dell'arca di Noè e con le precedenti mitologie, come quella dell'epopea di Gilgamesh. Ancora oggi nelle chiese cristiane, come ad esempio, tra i Testimoni di Geova, si producono discorsi millenaristi e apocalittici, che sottendono una visione etica della religione ma non una soluzione pratica alle questioni che riguardano l'uomo, le divinità e il loro ambiente.

34. A tal riguardo è interessante un parallelo con gli studi di Alexandra Lavrillier (Lavrillier, *Climate change*) sulle dinamiche religiose indotte dal cambiamento climatico in alcune aree siberiane.

recenti fenomeni di indebita appropriazione delle acque comuni.[35] La relazione tra gli umani, i non umani e l'ambiente, nonostante le derive apocalittiche, resta, almeno nel contesto qui analizzato, regolata dai tempi del rito, che obbliga a un interesse per le cose, i luoghi, la materia e i cicli della vita; è una pratica incarnata che aiuta a osservare i dettagli di ciò che succede.

3. *Entità acquatiche: ibridi tra umani e pesci*

Le lagune sono tradizionalmente concepite dai ga come delle divinità in sé, non un luogo che ospita dei geni numinosi. Nella regione del Volta, la presenza delle entità acquatiche è invece più frammentata. Qui le acque sono pensate come il luogo dove risiedono una miriade di entità spirituali, che si possono incarnare in altrettante creature, come gli alligatori, i serpenti e i pesci. A est del fiume Volta si raggiunge una regione ancora oggi pervasa dal *vodu*, una religione caratterizzata da un'incredibile vitalità e da una altrettanto esuberante capacità di cambiamento. Qui gli dei si moltiplicano e non sono strettamente legati a un solo luogo geografico.[36]

Un esempio della dinamicità *vodu* è il culto Yewe che, secondo i suoi sacerdoti e fedeli, sarebbe il «campione dell'oceano».[37] Yewe fu introdotto nell'area anlo, attorno alla laguna di Keta, nella prima metà dell'Ottocento, e raccolse al suo interno un gruppo di entità d'acqua e d'aria originarie del Dahomey (attuale Bénin). All'interno di Yewe confluirono da principio tre divinità quali Heviossou, il dio del fulmine, Avlekete, una divinità del mare, qui pensata come la moglie di Heviossou e Dan il serpente, ma nel corso degli anni se ne aggiunsero molte altre.[38] Per gli anlo-ewe che vivono tra oceano e laguna, il culto di Yewe, celebrato per propiziare la stagione della pesca, era anche noto per la sua capacità di controllare l'erosione della costa e le improvvise inondazioni che affliggevano la città di Keta. Il culto divenne particolarmente influente, al punto che durante l'epoca colo-

---

35. Si veda ad esempio il caso della gestione delle acque nella regione del Kilimanjaro (Stambach, Kwayu, *Witness to a passing*).
36. Sul *vodu* africano si vedano tra gli altri: Le Hérissé, *L'Ancien Royaume du Dahomey*; Herskovits, Herskovits, *An outline*; Maupoil, *La Géomancie*; de Surgy, *Le systeme*; Augé, *Il dio oggetto*; Lovell, *Cord of blood*; Hamberger, *La parenté vodou*; Brivio, *Il vodu*; Rush, *Vodun*.
37. Akyeampong, *Between the sea*, p. 107.
38. Venkatachalam, *Slavery, memory and religion*, pp. 55-60.

niale vi furono diversi tentativi di vietarlo, limitarne le cerimonie e controllare l'accesso degli adepti. Secondo Akyeampong, la persecuzione di Yewe avrebbe contribuito alla crescita del culto di Mami Wata, il cui primo altare sarebbe apparso negli anni Trenta del Novecento a Kedzi, grazie a Mami Shika, la sua sacerdotessa. Mami Wata, che presto si diffonderà anche nelle località limitrofe, nascondeva al suo interno anche le divinità del pantheon di Yewe, che probabilmente in questo modo riuscì a camuffarsi e sopravvivere alla persecuzione coloniale.[39]

Yewe già prima degli anni Trenta del Novecento dava però corpo a entità non dissimili da Mami Wata. Sandra Greene, grazie a un'attenta ricerca negli archivi della Basel Mission, ha raccolto la testimonianza di un missionario tedesco, nella quale si legge di alcune donne che si diceva vivessero nelle profondità dell'oceano.[40] Erano gli ultimi anni dell'Ottocento:

> non è raro che un sacerdote affermi che una donna di Yewe divenuta selvaggia (cioè posseduta perché lei e per associazione la sua divinità sono state offese) si tuffi nell'oceano e si fermi a vivere nelle sue profondità. Come sicura prova di quanto detto, si mostrano i suoi vestiti e i suoi gioielli, rinvenuti lungo la spiaggia, alla persona che l'ha offesa. Un servitore iniziato al culto allora va a casa con il cesto della pesca e la rete e comunica che nella sua rete è appena rimasta intrappolata una persona invece che un pesce. Dopo di ciò, la gente di Yewe inizia a danzare e torna con il pescatore sulla spiaggia, qui si recupera la persona pescata nell'oceano e la si porta di nuovo nella sua casa. Fatto ciò il colpevole viene condotto di fronte alla donna Yewe che era stata offesa... La "selvaggia" ha una calabash riempita con i suoi capelli e l'acqua di mare. Questi oggetti sono la prova che Yewe stessa la ha portata con sé nell'oceano e le ha tagliato i capelli.[41]

Gli iniziati di Yewe hanno il privilegio di cadere in uno stato noto come *alaga*, cioè di "diventare selvaggi", quando qualcuno li insulta. In questo stato l'iniziato può aggirarsi come una furia per il villaggio lamentandosi del suo aggressore, fino a quando questo non viene preso e la disputa affrontata ed eventualmente risolta. Secondo Meera Venkatachalam, la capacità di risolvere le dispute potrebbe essere una delle ragioni del successo del culto in

---

39. Akyeampong, *Between the sea*, pp. 122-123; Wicker, Opoku, *Togbi Dawuso Dofe*, p. 16.
40. Secondo Greene questo racconto fu trascritto da Spieth ma si basava su una precedente pubblicazione che risaliva al 1894 (Greene, *Sacred Sites*, p. 153n).
41. Ivi, p. 57.

alcuni momenti di crisi.[42] È interessante che le donne "selvagge", in preda alla furia, potessero raggiungere Yewe in fondo al mare e che ai pescatori potesse capitare di trovarle nelle loro reti. Non sappiamo se le sacerdotesse fossero possedute da Avlekete, la dea del mare, o da Dan, il serpente, ma questa testimonianza prova che i racconti mitici attorno alla vita subacquea di Mami Wata e di altre simili creature, erano già diffusi.

Nelle parole del missionario tedesco vi era l'intenzione di sottolineare l'infantile ingenuità degli africani; era comune per gli europei adottare un tono fiabesco e intriso di ironia quando descrivevano le credenze degli altri. Anche A.B. Ellis aveva raccolto diverse storie acquatiche, tra le quali una che narrava di alcuni bambini-sirena, che abitavano in una delle lagune di Porto Novo, nell'attuale Bénin.[43] La laguna di Tochi era tristemente nota perché nelle sue acque si svolgevano delle ordalie che spesso, secondo Ellis, avevano esito negativo. Si credeva che nelle acque vivesse Togbo, il quale sapeva giudicare i reati commessi dagli uomini, affogando i colpevoli e salvando gli innocenti; il corpo del colpevole veniva poi riportato a riva da Togbo stesso. Questa pratica si diceva fosse legata alle disavventure di una madre che, con i suoi due figli, era solita aggirarsi nella boscaglia attorno alla laguna per fare legna. Un giorno, dopo aver finito di lavorare, era tornata sulle sponde di Tochi, dove abitualmente lasciava i bambini, ma non li aveva più trovati; potevano quindi essere affogati o essere stati rapiti.

La madre disperata andava ogni mattina verso la laguna a cercarli e a piangere la loro scomparsa, fino al giorno in cui aveva visto emergere dall'acqua i suoi due figli che si erano però trasformati in pesci, anche se la parte superiore del loro corpo aveva mantenuto le sembianze umane. I figli, nuotando verso di lei, le avevano detto:

> non piangere più, madre. Qui siamo felici. Il *vodu* ti vedeva faticare, giorno dopo giorno, per la nostra salvezza, e ha avuto pietà. Ha visto che noi eravamo un peso per te, e ci ha portato nella sua casa sotto le acque, dove ci sono pesci in abbondanza tutti i giorni per sfamarci. Viviamo in una casa sotto le acque e i pesciolini giocano con noi.[44]

Attraverso l'intermediazione della madre, la divinità acquatica aveva chiesto al re di Porto Novo di costruire un santuario sulle rive della

---

42. Venkatachalam, *Slavery, memory and religion*, p. 59.
43. Ellis, *The Ewe-speaking peoples*.
44. Ivi, p. 87.

laguna. In cambio Togbo lo avrebbe aiutato nella gestione della giustizia, decidendo le sentenze di quei casi in cui non vi erano prove certe contro gli accusati. Ellis proseguiva descrivendo le cerimonie che da allora la popolazione aveva svolto prima nelle acque della laguna e, dopo aver aperto il collegamento, anche in quelle del mare.

Tali pratiche s'interruppero però il giorno in cui il re del Dahomey inviò alcune sue Amazzoni (le soldatesse dell'esercito reale) con la scusa di partecipare ai rituali ma con la missione di impossessarsi degli spiriti femminili che abitavano le acque, portarli ad Abomey e fare di loro delle potenti Amazzoni. Arrivate alla laguna, le soldatesse avevano catturato tutte le donne presenti ma, mentre cercavano di legarle, queste si erano trasformate in gocce di rugiada, sfuggendo alla loro presa. Da allora le cerimonie cambiarono e il collegamento tra le acque della laguna e quelle del mare era stato chiuso. Il riferimento alle Amazzoni nascondeva altri eventi e probabilmente si riferisce alla cattura di quelle donne che poi venivano vendute come schiave. Ellis ci restituisce però un quadro che, per quanto un po' sfuocato, mostra una laguna abitata da una divinità maschile, Togbo e da una miriade di spiriti acquatici di identità prevalentemente femminile, probabilmente provenienti dal mare, ma soprattutto una delle prime testimonianze di esseri umani anfibi sirenidi, disgiunto dall'iconografia di Mami Wata.

Oggi su quelle sponde sorge il santuario di *Notre Dame des Lagunes de Porto-Novo (Maria Tokpa)*, costruito in seguito a un miracolo avvenuto nelle acque della laguna nel 1960. La storia narra di due canoe cariche di fedeli che si erano imbarcati a Porto Novo per raggiungere una chiesa in Nigeria, dove si sarebbe celebrata una messa in onore di Maria. Poco dopo essere salpate, le canoe erano state scosse da onde molto violente e avevano rischiato di affondare. I due preti, che accompagnavano il gruppo, avevano iniziato a invocare la Vergine e a pregare assieme ai passeggeri terrorizzati. Improvvisamente una forza aveva sollevato le due canoe dall'acqua, salvando in tal modo i passeggeri dalle onde.[45] Per tutti fu chiaro che si trattava di un intervento della Vergine. Il miracolo diede inizio al culto mariano e alla successiva costruzione del santuario, che è ancora oggi un luogo verso cui convergono quotidianamente gli abitanti di Porto Novo.[46]

---

45. Secondo la versione ufficiale non vi fu un'apparizione, ma la Vergine, sentita la preghiera dei suoi fedeli, intervenne, sollevò la barca e salvò i passeggeri. Tra la popolazione di Porto Novo e i frequentatori del santuario si parla invece sia del miracolo sia dell'apparizione.

46. Intervista con il guardiano del santuario, Porto Novo, Bénin, 6 agosto 2018.

Non si tratta dell'unica apparizione mariana legata alla laguna; nelle acque prospicenti Togoville, in Togo, si racconta che la Vergine apparve a una giovane *vodussi* (adepta del *vodu*). Era notte e improvvisamente la ragazza, che si era persa nel buio, vide una donna vestita di bianco, la quale la ricondusse verso l'abitato, la salutò e le disse di essere Maria. Questo evento fu riconosciuta dalla popolazione come un'apparizione della madre di Gesù; negli anni diede vita a un culto molto partecipato e il luogo divenne meta di regolari pellegrinaggi. Per tale motivo negli anni Settanta del Novecento, il sito fu ufficialmente riconosciuto dalla Chiesa con l'installazione della statua di *Notre Dame du Lac*.[47]

Le apparizioni mariane mostrano come l'acqua sia un elemento numinoso da cui promanano presenze spirituali, geni e divinità, di differente provenienza confessionale. Non sono solo i cattolici a frequentare questi luoghi: a Porto Novo, il culto della Vergine è molto sentito e partecipato anche dalle donne musulmane, mentre a Togoville è stato riconosciuto dai dignitari *vodu* della regione.

4. L'oceano

Per le popolazioni costiere, l'oceano è una divinità. In Bénin si chiama Hu mentre in Ghana, per i ga, è Nai. Non si tratta di divinità che vivono in un punto specifico, ma della personificazione dei luoghi stessi.[48] Le divinità sono l'elemento naturale in sé e se in taluni casi si sono moltiplicati i santuari, ciò potrebbe dipendere dal fatto che ogni piccola comunità ha voluto officiare i propri rituali in onore del fiume o del mare, localizzando nel corso del tempo il culto in un punto specifico. Sotto il nome della singola divinità, come vedremo, si riuniscono più entità, immaginate come luoghi specifici dell'ambiente principale. In taluni casi, come per i ga, sono rocce e anomalie della costa, in altri, come tra i fanti (Ghana) e gli hua (Bénin), sono invece le diverse forme del moto ondoso.

Probabilmente le divinità del mare acquisirono una crescente centralità, rispetto a quelle lagunari, in funzione degli interessi commerciali che

---

47. Questa apparizione non fu però mai riconosciuta dalla Chiesa, secondo alcuni, tra cui il parroco incaricato del santuario, Don Giorgio Koudjodji, perché la ragazza non era cattolica e anche dopo l'apparizione decise di restare all'interno del *vodu* e di non convertirsi (Togoville, Togo, 9 agosto 2018).
48. Grottanelli, *Una società Guineana*, p. 73.

intrecciarono con gli europei. A Ouidah, Hu, il mare, era la terza divinità per importanza, dopo il pitone e gli alberi sacri, ed era a capo di un gruppo di divinità che dominavano lo spazio acquatico; era associata soprattutto alle onde che si frangevano sulla barra (la lunga secca che corre parallela alla costa), mentre Naete, sua moglie, alle acque calme che fluivano tra la barra e la battigia. Confermando come le acque dolci e le salate fossero un sistema integrato, tra i figli di Hu e Naete vi erano anche alcune entità lagunari, come la divinità femminile Tokpodun, che si riteneva vivesse nella laguna e fosse un coccodrillo.[49]

La prima testimonianza scritta relativa al culto di Hu fu, anche in questo caso, quella di Jean Barbot, del 1682 a Grand Popo. Si diceva che i mercanti europei fossero obbligati, prima di imbarcare gli schiavi sulle canoe, a portare dei doni ai sacerdoti, in modo che questi placassero il mare, facilitando il superamento della barra.[50] Bosman, dieci anni dopo, notava come a Ouidah le offerte consistessero in beni di consumo che venivano gettati tra le onde; dopo la conquista della città da parte di Abomey, furono registrati anche dei sacrifici umani, e anche in questo caso il corpo della vittima veniva buttato in mare.[51]

Il capitano Phillips, che nel 1694 era a capo della nave negriera inglese Hannibal ancorata al largo di Ouidah, ha lasciato un'altra importante testimonianza da cui emerge come il mare fosse chiamato in causa nei rapporti commerciali tra sovrani africani e commercianti europei. Phillips aveva spiegato al re che il moto ondoso era troppo violento per riuscire a sbarcare le merci promesse in cambio degli schiavi; il re aveva quindi inviato sulla costa il sacerdote di Hu che aveva celebrato un rituale per placare la forza delle sue onde. Phillips scriveva:

> come da accordi, (*il re*) mandò il suo *fetishman* con un vaso di olio di palma, un sacco di riso e di mais, un vaso di pitto, una bottiglia di brandy, una misura

---

49. Law, *West Africa's discovery*, p. 19; Phillips, *A Journal of a Voyage*, p. 222.
50. Le difficoltà ad ammarare furono notate da tutti i commercianti europei, a cominciare da De Marees, nel 1602. Secondo Bosman, i mesi peggiori erano da aprile a luglio durante i quali il mare era così violento e come diceva «il proverbio, è preferibile avere due vite per avventurarsi» (Law, *Ouidah*, p. 211). Alla forza delle onde si aggiungeva una forte corrente in direzione est e la massiccia presenza di squali, soprattutto a Ouidah (Phillips, *A Journal of a Voyage*, p. 219). Law cita una fonte anonima del 1714, secondo cui a Ouidah (Juda) la popolazione non pescava mai in mare per la difficoltà a superare la barra ma anche per paura degli squali (Law, *Ouidah*, p. 212).
51. Law, *Between the sea*, pp. 218-219.

di calicò dipinto e diverse altre cose da offrire al mare. Giunto a riva, fece un discorso rivolto al mare, lo rassicurò che il re gli era amico e che amava gli uomini bianchi; che erano persone oneste ed erano venuti a commerciare ciò che lui desiderava; che chiedeva al mare di non essere arrabbiato e non impedire loro di sbarcare le merci; disse al mare che se voleva l'olio di palma, il re lo aveva mandato; e quindi gettò il vaso con l'olio in mare, e lo fece, seguendo lo stesso protocollo con il riso, il mais, il pitto, il calicò, etc.[52]

Il giorno seguente il mare era più calmo, secondo Phillips semplicemente perché era cambiata la luna; le merci furono sbarcate e iniziò la compravendita di schiavi.

Nelle località della costa più coinvolte nei commerci atlantici, le divinità capaci di garantire un migliore e più sicuro approdo alle merci provenienti dalle navi europee acquisirono ovviamente una certa preminenza e autorità. Non possiamo però escludere che la maggiore attenzione alle divinità marittime oggi ci appaia tale perché gli europei ne scrissero più diffusamente. D'altra parte, grazie ai commerci atlantici, i sacerdoti aumentarono il loro giro d'affari. Tra i ga del Ghana, le tre principale divinità sono oggi Nai, Sakumo e Korle, che incarnano rispettivamente l'oceano e due lagune. Nai (letteralmente mare) è a capo di questa triade e probabilmente la sua importanza sovrastò quella degli altri due solo dopo che iniziarono i commerci con gli europei, grazie ai quali il sacerdote del mare (Nai *wulomo*) poté accumulare ricchezze e quindi esercitare una maggiore influenza politica.

Il reverendo Carl Reindorf nel 1895 scriveva che il sacerdote di Nai, essendo a capo della costa, riceveva dal governo olandese un tributo mensile; poteva inoltre chiedere 16 dollari da ogni capitano che gettava l'ancora ad Accra, oltre a un regalo annuale da parte di ogni mercante. Anche Sakumo *wulomo* si era arricchito, perché chiunque attraversasse la laguna e utilizzasse il traghetto veniva tassato, ma indubbiamente l'oceano dominava il commercio.[53]

Negli anni Trenta del Novecento, la tendenza si era invertita e, sebbene Nai fosse ancora nominalmente la principale divinità di Accra, di fatto il potere era nelle mani di Korle e soprattutto di Sakumo, i quali erano i proprietari delle terre della città e dei villaggi limitrofi, mentre Nai avendo perso i proventi delle tasse imposte alle navi straniere, viveva solo dei po-

---

52. Phillips, *A Journal of a Voyage*, p. 226.
53. Reindorf, *History of the Gold Coast*, p. 39.

chi soldi ricavati dai pescatori.⁵⁴ Le vicende di Oyeni, la seconda divinità marittima dei ga, erano ancora meno fortunate. Nai era a capo della parte orientale della spiaggia e Oyeni di quella occidentale, ma la roccia sulla quale si svolgevano le cerimonie in suo onore era stata inglobata all'interno di James Fort, il forte olandese; in quegli anni i rituali si potevano svolgere solo dopo l'ottenimento dell'autorizzazione governativa ad aprire i sotterranei del forte, che ora fungeva da prigione.⁵⁵

Vinigi Grottanelli, scrivendo degli nzema del Ghana sud-occidentale, notava come i commerci avessero potenziato le divinità marittime anche in questa regione, o meglio come Amanzule, un dio fluviale, a un certo punto della sua storia avesse deciso di trasferirsi nell'oceano e di farlo «in maniera sorprendentemente moderna, cioè possedendo e manovrando una barca a motore».⁵⁶ Vale la pena soffermarsi sulle parole di Grottanelli, perché forniscono una versione opposta a quella più diffusa, secondo la quale il successo delle divinità marittime fosse legato alla necessità di favorire il commercio con gli europei. Amanzule sembrava incarnare una volontà di resistenza alla penetrazione dei bianchi, o forse meglio esprimeva il più pragmatico desiderio di impossessarsi delle loro merci. Quando avvistava una delle navi:

> era solito segnalare con le luci per attirare la barca verso la spiaggia – un vero tranello poiché non c'è porto nella zona, e la costa è molto pericolosa. Quando i piloti europei si accorgevano del loro errore e tentavano di riprendere il mare, era troppo tardi. Amanzule agiva prontamente con la sua magia attaccando un *nyemabile* (un particolare filo nero usato dalle donne nzema per legarsi i capelli) alla prua della nave e tirandola fino a che questa urtava nelle secche e naufragava.⁵⁷

Le divinità, come l'acqua, fluivano tra mare e laguna con una certa facilità. Il mare si andò arricchendo di significati che alludevano in modo sempre più esplicito al desiderio, perfettamente espresso da Amanzule, di accumulare merci e denaro. Un esempio esplicito di questa risignificazio-

---

54. Field, *Religion and medicine*, p. 86.
55. Negli ultimi anni la tendenza sembra nuovamente mutata: Nai *wulomo* è la persona più presente sui media locali, invitato dalle autorità tradizionali e nazionali in occasione delle celebrazioni rituali, come rappresentante della tradizione e religione ga nel suo insieme.
56. Grottanelli, *Una società Guineana*, p. 80.
57. *Ibidem*.

ne, che poi si troverà anche nei miti più recenti su Mami Wata, viene fornito da Olukun, la divinità del mare yoruba (Nigeria contemporanea):

> (essa) acquista un ruolo centrale nel discorso sull'accumulazione materiale e sulla ricchezza [...] Olokun, oltre a essere la divinità dell'oceano e la protettrice dei pescatori, è diventata la divinità della prosperità, detentrice di un ricco deposito di perle, dispensatrice di bambini, proprietaria di un palazzo costruito con le conchiglie ciprée nel mezzo dell'oceano e protettrice dei commercianti e dei potenti più coinvolti negli affari con gli europei.[58]

L'oceano aumentò probabilmente la sua importanza in funzione dei commerci e alcune popolazioni acquisirono dimestichezza con le sue acque solo dopo aver famigliarizzato con quelle lagunari, ma ciò non vale per tutta la costa.[59] I fanti, la popolazione che vive attorno alla città di Cape Coast (Ghana), erano tradizionalmente pescatori e ottimi conoscitori delle tecniche di navigazione, come attestano alcune delle prime fonti cinquecentesche.[60]

5. *L'oceano dei pescatori*

La supremazia del movimento, l'idea che gli esseri spirituali non esistano in un luogo specifico ma che si manifestino nel loro percorso e quindi nel loro divenire sono alcune delle peculiarità attraverso le quali, secondo Ingold, molte comunità umane riconoscono l'esistenza di ciò che è animato, superando quindi il rapporto quasi dicotomico e scenografico tra il soggetto e lo sfondo ambientale, che caratterizza invece le società occidentali contemporanee. Per gli Inuit del Canada, sia le persone sia gli animali sono riconoscibili in base ai segni del loro movimento, e per i nativi del Nord America, il sole non è un cerchio ma una linea ad arco con una piccola tacca a destra o a sinistra che indica l'alba o il tramonto. E ancora Ingold rileva come il movimento capace di portare in sé e con sé la vita sia piuttosto quello che implica un rinnovamento e non il semplice spostamento da un punto all'altro dello spazio. Il sole, quindi, è vivo perché si muove nel firmamento, rigenerandosi, e gli alberi lo sono, non solo perché crescono, ma perché i rami e le foglie ondeggiano continuamente nell'aria. Se si riconosce il prevalere del

---

58. Ogundiran, *Of Small Things*, p. 422.
59. Akyeampong, *Between the sea*, p. 34.
60. Law, *West Africa's discovery*, p. 2.

movimento nel cosmo, continua Ingold, includere in un pantheon ciò che la moderna scienza definisce come semplici fenomeni metereologici (il vento, il tuono, le onde...) diventa del tutto comprensibile.[61]

Ritorniamo ora all'oceano, come era percepito da chi lo osservava costantemente perché basava la propria esistenza sulla pesca. Il panorama delle divinità di mare era molto dettagliato e attento al movimento; Ellis aveva notato come in un'area costiera di poco più di un miglio, ogni scoglio nascondesse una divinità.[62] Congruentemente con la sua visione di tipo evoluzionista, giustificava queste presenze come una diretta conseguenza della paura che gli elementi della natura incutevano agli uomini. A Cape Coast vi era Tahbi, incarnato nell'enorme roccia nera su cui era stato costruito il forte. Era una divinità distruttiva, come la forza delle onde che si rompevano sulla roccia, e raramente acconsentiva a che i corpi delle persone affogate fossero ritrovati. Possiamo quindi dedurre che la forza di Tahbi fosse l'incessante e violento movimento delle onde contro la roccia. Vi era poi Tahbi-yiri, la moglie di Tahbi, un'altra roccia che si ergeva a qualche centinaio di metri dal marito. Anch'essa era distruttiva e scatenava la sua forza soprattutto contro le persone che non appartenevano alla città. La gente diceva fosse una sirena, di colore bianco e con la testa lanosa. Il suo seno era un tempo solido e fermo ma ora era pendente perché stava invecchiando. Ellis ammetteva che l'idea di questa divinità potesse essere stata mutuata dagli europei, perché le voci dicevano che fosse stata avvistata la prima volta ai tempi dei portoghesi; alcuni pescatori che stavano navigando al largo, l'avevano notata mentre nuotava verso riva; l'avevano seguita a bordo della loro piroga e lei era poi scomparsa nella roccia. Si trattava probabilmente di una delle molte sirene di cui si iniziò ad avere testimoniava nel corso dell'Ottocento.

Tra Cape Coast Castle e Acquon Point vi era Codjo, la divinità della barra o barriera, sulla quale durante la cattiva stagione le onde si frangevano pericolosamente; era temuto per la sua forza ma anche apprezzato, poiché impediva ai nemici di attraccare. Era immaginato di piccola statura e di colore scuro. Ancora Codjo era lo stupore delle onde che all'infinito producono un'energia ravvisabile nella spuma che da esse emerge.

Ahtoh-enteffi era la divinità racchiusa nelle onde che si frangevano tra il porto a Cape Coast e il quartiere di Omanfo. Era aggressivo, con un aspetto umano, bianco, con la lanuggine in testa e alto come un gigante.

---

61. Ingold, *Rethinking*, p. 15.
62. Ellis, *The Tshi-speaking peoples*, pp. 44-46.

Abroh-ku (il nome di un pesce a forma di serpente) era un'altra divinità-onda che si frangeva nel porto; non era molto forte, non causava la morte ma era in grado di rovesciare le canoe e disperdere il pescato. Con il miglioramento delle tecniche di navigazione, era divenuta una divinità benigna, perché era proprio sfruttando la spinta di quell'onda che le barche potevano rientrare a riva. Era di colore grigio, con un aspetto umano, piccolo e grasso.

Infine vi era Ichar-tsirew, un'altra roccia che sorgeva a est di quella del forte. Era una donna e agli uomini era vietato avvicinarsi sia alla roccia sia alla spiaggia adiacente. Nelle sue prossimità le donne andavano a lavarsi, i bambini appena nati venivano portati dalle madri per l'attribuzione del nome e quando una ragazza doveva sposarsi passava dalla roccia, prima di andare alla casa del marito. Qui versava del rum e lasciava un tessuto bianco, perché si riteneva che ciò avrebbe favorito la pace della nuova unione e un parto sicuro per la futura madre.

Le peculiarità delle sei divinità entravano nel dettaglio del rapporto tra l'uomo e il mare e testimoniavano un'assidua frequentazione e attenta osservazione del movimento ondoso. Vi era anche una divinità, forse più recente delle altre, chiamata Akum-brohfo «assassina degli uomini bianchi» che, secondo Ellis, si era originata a causa dell'alto numero di incidenti in mare durante i quali perdevano la vita solo i bianchi. Capitava, infatti, che le navi europee affondassero e i marinai bianchi, appesantiti dai vestiti o forse semplicemente cattivi nuotatori, affogasse mentre i neri, imbarcati sulle medesime navi, riuscivano a nuotare fino a riva e a salvarsi.

Ellis continuava il meticoloso elenco delle divinità acquatiche, passando in rassegna i diversi insediamenti fanti, limitrofi a Cape Coast. Ciò che emergeva era quindi un litorale costellato di rocce, anomalie del fondale, secche e tipologie di onde a cui la popolazione riconosceva un valore spirituale. Questo percorso probabilmente si potrebbe seguire ancora oggi, fino a giungere ad Accra, dove durante la cerimonia svolta a conclusione dell'Homowo, Nai *wulomo*, con i notabili della casa di Nai e altri sacerdoti della diaspora guen-mina di Aneho in visita, è solito raggiungere in processione i luoghi dove risiedono le sette divinità acquatiche raccolte in Nai. Nel 2021, quando ho avuto l'occasione di seguire la cerimonia, la processione si era fermata, tra gli altri punti, sulla roccia di Osekan, dove incessantemente le onde mostrano la loro potenza. Su di essa erano stati aspersi, oltre a numerose bottiglie di gin e a svariate bibite, tutti gli alimenti cucinati secondo quanto previsto dalla tradizione di Nai, proprio per la chiusura dell'Homowo.[63]

Come vedremo nel prossimo capitolo, secondo Bernard Maupoil nel Dahomey, Dan, il *vodu* serpente rappresentato come un arcobaleno, era l'espressione popolare di un concetto astratto, attraverso il quale si dedicava un culto al movimento e alla sua inesorabile forza.[64] Così come per i nativi americani il sole era una linea curva, il mare, ma anche la laguna e i fiumi, per gli abitanti del Dahomey, erano linee ondulate attraverso le quali si riproduceva il movimento delle onde, ma anche le tracce lasciate sulla terra dai serpenti.

6. *Teorie animiste ed entità della natura*

Secondo l'antropologo britannico Edward B. Tylor, lo stadio originario dello sviluppo del pensiero religioso gravitava attorno alla "dottrina dell'anima".[65] La percezione della differenza tra i vivi e i morti e l'esperienza onirica, durante la quale i morti potevano apparire come fossero vivi, erano all'origine della percezione dell'esistenza del doppio, di un altro da sé, da cui si era poi sviluppata l'idea stessa di anima. Il doppio aveva un proprio grado di autonomia perché poteva staccarsi dal corpo e comparire nei sogni, inoltre l'anima poteva sopravvivere alla morte poiché quella dei defunti continuava a vivere, come proprio i sogni sembravano dimostrare. La teoria dell'anima non si applicava solo agli umani ma si estendeva agli animali, alle piante e agli oggetti. Da questo elementare presupposto, secondo Tylor, si passava alla credenza negli spiriti, perché le anime di alcuni particolari antenati erano concepite come sovrumane e quindi elevate al rango di spiriti personali. Alcune anime si fissavano in un luogo, in un tempo e soprattutto nella coscienza dei vivi, diventando entità spirituali specifiche e riconosciute da una comunità di vivi.

Ellis faceva propria la teoria animista, denunciando però come il suo punto critico fosse il meccanismo di riconoscimento degli esseri spirituali. Quindi proponeva la "teoria del *kra*" attraverso la quale si poteva fare luce sulla genesi di tale credenza almeno tra le popolazioni della Costa d'Oro

---

63. Ho seguito la cerimonia ad Accra l'11 settembre del 2021.
64. Maupoil, *La Géomancie*.
65. Tylor, *Primitive Culture*.

e della Costa degli Schiavi, dove si credeva che ogni oggetto o fenomeno della natura possedesse *kra*. I fiumi e gli alberi avevano *kra*, così come anche gli animali, e ovviamente anche gli umani, e tale attribuzione si originava, secondo Ellis, dallo stupore di fronte alla morte accidentale. Quando una persona moriva annegata in un fiume e veniva ritrovata senza alcuna ferita visibile, «l'ingenuo africano» dopo aver constatato che non poteva essere l'acqua la responsabile della morte, perché in sé era un elemento innocuo se non benefico, cercava la causa della morte altrove e la trovava nelle azioni dello spirito dell'acqua, il *kra* dell'acqua. Preso quindi atto che non tutti annegavano, ma avendo paura che la stessa sorte potesse capitare anche a lui, l'africano decideva di placare quello spirito minaccioso, dando vita a un culto. Questo stesso modo di procedere, secondo Ellis, si applicava a tutti gli elementi della natura, che accidentalmente potevano causare la morte di una persona, come un albero che cadeva o un fulmine che carbonizzava il malcapitato. Dalla risposta a una paura personale si passava quindi, nel corso del tempo, a un culto collettivo.

La credenza s'instaurava di conseguenza solo nei confronti di quegli elementi naturali che più facilmente potevano essere la causa di un incidente, come il mare, i fiumi, le montagne, le pestilenze, ma probabilmente per lo stesso motivo anche i coccodrilli e i leopardi. Le parole di Ellis erano indubbiamente intrise di malcelata commiserazione di fronte alla primitiva ingenuità degli altri e, analogamente a Tylor, applicava l'ingannevole logica del ragionare "come se" fosse stato un nativo. Il concetto di *kra* gli consentiva però di affermare che:

> lo spirito che abita nella natura non è pensato come inseparabile dall'oggetto, ma se ne può andare e poi tornare a piacimento, così come il *kra* degli esseri umani può abbandonare il corpo del suo proprietario. Può andarsene in giro e, a uno stadio successivo della credenza, entrare nell'immagine che è stata realizzata per rappresentarlo, o nel corpo del prete, quando è posseduto, ma il suo luogo abituale è nell'oggetto e nell'elemento naturale che gli è proprio.[66]

L'osservazione interessante non è ovviamente la presunta origine delle credenze, ma l'avere identificato il *kra* come fondamento del sentimento religioso, un soffio vitale o una forma di energia comune a tutto ciò che è animato, in movimento, e che produce un'azione, quindi un principio ubiquo e indefinibile che, di volta in volta, per comodità può fissarsi in un

---

66. Ellis, *The Ewe-speaking peoples*, pp. 22-23.

luogo, in un oggetto o in un'immagine. Quindi un mondo che non è dato, la cui l'energia vitale non emana da qualche cosa di preesistente, ma è immanente all'interno di un processo di continua generazione e formazione di nuove presenze.[67]

Ellis, facendo proprie le teorie evoluzioniste, sosteneva che con il progredire della credenza, i molti culti personali si coagulassero in un culto generale che talvolta appariva sradicato dall'elemento naturale che lo aveva originato, con l'ovvia conseguenza che si perdeva la nozione di «spiriti interni» ai fenomeni della natura. La responsabilità di questo slittamento era attribuita ai sacerdoti, che avevano iniziato a dare corpo e forma alle divinità in modo da convogliare in un punto le preghiere e i sacrifici: «il risultato di anni di questa pratica porta necessariamente a un indebolimento del legame tra la divinità e il suo habitat».[68]

Gli stadi evolutivi, fornivano, a suo avviso, un esempio di come la religione potesse "procedere":

> gli dei locali della Costa degli Schiavi sono in declino, perché non possono competere con le più famose divinità generali, che sono sostenute da un clero ben organizzato. Nella fase successiva dello sviluppo perderanno ancora più terreno, e diventeranno spiriti dell'acqua, gnomi e ninfe del bosco; poi resteranno solo nell'immaginazione popolare come elfi o fate e alla fine scompariranno. Allo stesso tempo i sacerdoti delle divinità generali dovranno combattere tra di loro per ottenere la supremazia del loro dio. I meno potenti o noti saranno esclusi dal gruppo e il loro numero diminuirà progressivamente fino a che non ne resteranno che due o tre; i sopravvissuti assimileranno al loro interno le funzioni di quelli scomparsi. Si raggiungerà l'ultimo stadio quando sarà restato un solo dio che combinerà in sé tutti gli attributi di quelli su cui ha avuto la meglio.[69]

Ellis non aveva preso in considerazione la possibilità che tutte le entità da lui citate coesistessero, forse proprio grazie al prevalere di una visione ontologicamente dinamica che lui stesso aveva ben individuato parlando di *kra*. La sua analisi ci può comunque aiutare a comprendere le metamorfosi avvenute nel corso del tempo e a capire come indefiniti e astratti spiriti dell'acqua abbiano potuto assumere un aspetto umano, come nel caso di Mami Wata, senza però che andasse persa, a differenza di quando riteneva Ellis, la consapevolezza della pervasiva ubiquità delle forze in gioco.

---

67. Ingold, *Rethinking*, p. 10.
68. Ellis, *The Ewe-speaking peoples*, p. 28.
69. *Ibidem*.

L'esistenza di un principio generale e diffuso non contraddice, infatti, la possibilità d'individualizzazione. Lo stesso concetto, seppur con altri termini, era espresso anche dal reverendo Reindorf, quando spiegava i sentimenti dei ga di fronte alla loro insperata vittoria contro l'assedio degli asante. Essi la attribuivano non solo ai loro "feticci", ma anche a «ogni creatura cartilaginosa, spinosa e testacea del mare che considerano, ancora oggi, essere i soldati del feticcio Nai (il mare) e suppongono che abbiano preso parte nella battaglia e che, da un certo punto di vista, abbiano anche subito delle ferite».[70]

Il mare in questo senso è simile al cielo, perché è abitato da esseri superiori che riescono ad attraversarlo, a navigarlo e a "volare" nelle profondità. Ingold ha denunciato l'assenza all'interno del dibattito filosofico tradizionale di concetti che descrivano il mondo come un flusso perpetuo e a suo avviso tale omissione ha fatto sì che sia stato immaginato come un luogo dato a priori, trascurando ciò che vi è al di sopra, come il cielo, e soprattutto gli elementi metereologici e in qualche misura, ritengo, anche ciò che c'è al di sotto, quindi le acque. Si tratta della conseguenza di un'equazione che ha accomunato la materialità con la sostanza solida della terra e con l'idea che la vita scorra nella parte esterna della sua superficie, data nella sua forma definitiva, negando quindi che si tratti di un processo in un continuo divenire. Tra «la mente e la natura, le persone e le cose, e tra l'*agency* e la materialità, non vi è spazio concettuale per i fenomeni e per le trasformazioni di quel mezzo che generalmente viene riconosciuto sotto il nome di tempo metereologico».[71]

Tale omissione è per Ingold il risultato di una logica d'inversione che ha anteposto lo spostamento al movimento attraverso, l'occupazione alla dimora e la superficie al mezzo, il cui risultato è stato rendere il tempo meteorologico come impensabile. Ciò che invece è impensabile nella logica animista è proprio l'idea che la vita si svolga sopra la superficie inanimata di un mondo preconfezionato. Perché il clima è vita:

> il clima è dinamico, sempre in svolgimento, sempre in grado di cambiare i suoi caratteri, la qualità della luce e dell'ombra, i colori, il clima è alternativamente carico o secco, caldo o freddo, e così via. In questo mondo la terra, lontano dall'essere il luogo che fornisce una base solida all'esistenza, sembra fluttuare come una fragile ed effimera zattera, tessuta dai fili della vita

---

70. Reindorf, *History of the Gold Coast*, p. 214.
71. Ingold, *Rethinking*, p. 16.

terrestre e sospesa nella grande sfera del cielo. Questa sfera è dove si svolge l'azione superiore: dove il sole risplende, i venti soffiano, la neve cade e le tempeste infuriano. È la sfera verso la quale le persone potenti, che non cercano di imprimere la loro volontà sulla terra, prendono il volo per librarsi con il vento e conversare con le stelle. Le loro ambizioni, potremmo quindi dire, sono più celesti che terrestri.[72]

Quindi la superficie della terra è divenuta una sorta d'interfaccia tra ciò che è concreto e ciò che è immaginario. Nelle ontologie animiste, il cielo non è una superficie ma un mezzo attraverso cui si muovono molte entità, tra cui il sole, la luna, gli uccelli, il vento e così via.

Le acque sono più ancorate nella terra rispetto all'aria, ma anch'esse sono un mezzo verso il quale molte popolazioni hanno volto lo sguardo e diretto la loro esperienza. Le acque, così come il cielo, sono attraversate dal sole e dalla luna, percorse dalle onde che senza sosta producono lo stesso movimento e la medesima forma, abitate da pesci noti e ignoti e da entità reali e immaginarie. Tutti lasciano la loro traccia effimera nelle acque, una traccia che a volte arriva sulla superficie per scomparire quasi subito nelle profondità, come quella disegnata dai granchi sulla spiaggia e subito cancellata dall'onda che sopraggiunge. L'incessante movimento nell'acqua e dell'acqua, così come i continui attraversamenti del cielo, inducono un senso di meraviglia che non è sorpresa ma una disposizione all'apertura verso il fluire del mondo.

Il movimento è quindi una prassi esperienziale, vissuta dal pescatore, dal cacciatore e da tutti quelli che più profondamente hanno occasione di essere meravigliati e quindi entrare in dialogo con forze solo apparentemente meno concrete di altre. Il movimento è anche il risultato di una forza che "anima", che vitalizza le cose, le persone, l'aria e l'acqua e che ci porta nuovamente all'idea di una sostanza vitale capace di animare tutto ciò che è in divenire, come il *kra*, il *gbogbo* degli ewe, o la *psyché* nell'antica Grecia, cioè il soffio che si spegne forse solo con la fine della vita.

Michael Lambek si è interrogato sulla trasmissione dell'energia vitale e sul suo destino dopo la morte. Esiste solo prima della nascita, come il concepimento ci fa intuire, o anche dopo la morte, come sostiene chi crede nel culto degli antenati? Può effettivamente l'"animazione" essere trasferita e come si differenzia questa forza pervasiva e indistinta, nel suo senso più materiale e fisico, dall'unicità dell'individuo o dalla specificità sociale della

---

72. Ivi, p. 17.

cosa animata a cui viene attribuito un nome? Per cercare una risposta Lambek fa riferimento a quei sacrifici nei quali a essere importante non è tanto la dimensione del dono quanto il bisogno di canalizzare la forza vitale in una direzione precisa, come se si trattasse di una trasfusione di sangue.[73]

Anche nell'ambito religioso analizzato in questo lavoro, i sacrifici offerti alle divinità rispondono all'esigenza biologica di trasferire la vita da un animale che sta morendo a un oggetto, all'interno del quale transita o risiede l'entità spirituale che, grazie al sangue, acquisirà forza vitale da utilizzare per continuare a vivere ed eventualmente per aiutare chi ha compiuto il sacrificio. L'energia vitale è quindi un continuo divenire che non si estingue, ma transita in un flusso che come quello delle onde è inarrestabile.

---

73. Lambek, *After life*, pp. 631-634.

2. I culti ofidici

Il culto del serpente attrasse, probabilmente per la sua iconica universalità, l'attenzione dei primi viaggiatori e mercanti che visitarono l'Africa occidentale; molti tra loro dedicarono parte dei resoconti a Dangbé, il pitone di Ouidah.[1] Le prime testimonianze del culto del pitone risalgono agli ultimi anni del XVII secolo e sono giunte a noi grazie all'opera di Willem Bosman. Tutti i resoconti successivi sono poi ritornati su questo tema, talvolta limitandosi a copiare le sue parole, altre volte concentrandosi ed enfatizzando alcuni aspetti specifici del culto, come il ruolo delle donne e l'ambiguo rapporto che si supponeva intrattenessero con il serpente. Pierre Verger, nel suo colossale lavoro sulle corrispondenze tra le divinità africane e gli *orisha* della diaspora brasiliana, notava come Dangbé, pur avendo una dimensione locale, avesse attratto l'attenzione dei viaggiatori che lo avevano trasformato in un modello universale delle religioni africane.[2]

Per il pensiero illuminista europeo, il culto di Dangbé aveva rappresentato un esempio paradigmatico di "feticismo", cioè di una religione della superstizione, eretta poi a emblema di una civiltà perversa, irrazionale e infantile.[3] Non si trattava ovviamente di un'immagine veritiera della religiosità in Africa Occidentale bensì di una sua deformata e tenace interpretazione. Il culto di Dangbé probabilmente risvegliava nella mente degli europei ciò che già sapevano sui significati religiosi e mitologici del serpente. La cultura occidentale era stata saturata dalle immagini della donna

---

1. Per Bosman Ouidah era Fida, altre denominazioni attribuite alla città furono: Whydah, Whidaw, Juida, Juda. Ouidah si sviluppava alle spalle del porto da dove venivano imbarcati gli schiavi provenienti dal Dahomey.
2. Verger, *Notes sur les cultes*.
3. Pietz, *The problem III*, p. 105.

serpente e da creature serpentine, come Echidna, nell'antica Grecia oppure la fata Melusina di epoca Medioevale, ma anche dal peccaminoso e tragico sodalizio tra Eva e il serpente. Era quindi un animale simbolo di una sessualità aggressiva, suadente e pericolosa.

Nella mitologia europea, le metamorfosi del serpente sono state segnate da una progressiva semplificazione, come mostra il mutamento che la figura della donna serpente ha subito nell'antica Grecia. In epoca tardo antica, l'icona anguiforme divenne il simbolo di una vitalità pericolosa e inquietante, e la sua immagine iniziò ad essere affiancata da quella di conturbanti fattezze femminili.[4] Nei testi più antichi, secondo le prime rappresentazioni di Esiodo e di Erodoto, Echidna, il serpente donna, era invece un essere "ctonio", che viveva nascosto nella terra e che manteneva una prevalente dimensione di animalità. Con Dione, le strane creature, metà donna e metà serpente, si trasformarono invece nella rappresentazione dei pericoli del piacere. I mostri, nella loro metà umana, erano di straordinaria bellezza e dotati di un incredibile potere di seduzione, per cui i malcapitati che le incontravano non riuscivano a sottrarsi alla potenza del loro sguardo e restavano soggiogati da un desiderio irresistibile. Gli uomini cedevano all'impulso sessuale e le donne-serpente immediatamente rivelavano la propria ferocia animale e li divoravano, usando le fauci che chiudevano la loro parte serpentiforme. La donna-serpente usciva così dall'ambito ctonio in cui l'avevano collocata Esiodo ed Erodoto per divenire il simbolo del carattere doppio del femminile, incarnato da donne seduttrici, che celano dietro il proprio fascino umano, la natura del più ripugnante e pericoloso tra gli animali, il serpente.[5]

I caratteri di questa figura mitologica saranno poi ereditati da Melusina.[6] Nella tradizione popolare europea, la fata ha alcune caratteristiche

---

4. Visintin, *Di Echidna*, p. 208.
5. Ivi, pp. 215-219.
6. Melusina è una fata di straordinaria bellezza che riesce a sposare Raimondo, un cavaliere ignaro della sua vera natura di serpente. Nel racconto di Gervasio di Tilbury, *Otia imperialia* (1209-1214), poi ripreso da Jean, *Melusine ou la noble Histoire de Lusignan* (1392-94), si narra di come il matrimonio tra i due avvenga a patto che Raimondo non veda mai Melusina di sabato e che non sveli a nessuno il loro segreto. In cambio lei contribuirà ad accrescere la ricchezza e la potenza del suo sposo. Raimondo non rispetta però l'accordo, e un sabato, incuriosito da cosa la moglie potesse nascondere nel corso di quella giornata, la spia mentre sta facendo il bagno e scopre che nella parte inferiore è un serpente. Melusina, infranta la promessa, svela la sua natura e fugge in volo trasformandosi in serpente.

ricorrenti, che in parte erano già presenti nelle creature dell'antica Grecia: la bellezza, il risiedere in un luogo nascosto e spesso sotterraneo, la connessione con una fonte o un corso d'acqua, i poteri soprannaturali, la provenienza da un altro mondo e il legame con quello animale, l'offerta del loro amore, sempre accompagnata dall'imposizione di un divieto, e il desiderio di generare figli.[7]

Nella tradizione dell'Italia settentrionale queste fate si chiamavano Anguane, dal latino popolare "Aquane", cioè ninfee, mentre secondo altre fonti il nome deriverebbe da "anguis", cioè serpente, a causa della forma ofidica che assumevano nella loro metamorfosi. Le Anguane condividevano molti tratti con Melusina, ma anche con altre figure di transizione della tradizione popolare, come le *fadas* della Sardegna e le nereidi delle montagne della Grecia moderna.[8]

Erano creature che testimoniavano le continuità con le più antiche mitologie e il sopravvivere di un animismo che riempiva di presenze incantate e pericolose i paesi europei più morfologicamente complessi.[9] La cultura popolare europea era quindi intrisa di tradizioni orali in cui si raccontava di esseri fantastici e di figure femminili mostruose e metamorfiche che alimentavano gli immaginari connessi all'alterità assoluta della donna, capace di trasformarsi in un essere demoniaco, minaccioso, crudele e incantatore.[10]

Le Gorgoni, così come Melusina, Morgana e le stesse Anguane, sono state rappresentate secondo molte e differenti iconografie, ma hanno sempre esibito la loro straordinaria bellezza, che per antitesi, ma non mutandone il significato, si poteva trasformare in mostruosa bruttezza; un tratto stigmatizzante che si ritroverà anche nelle descrizioni seicentesche delle spose di Dangbé, il serpente di Ouidah, e che sarà poi ereditato in modo più compiuto proprio da Mami Wata.

L'immagine del serpente è oggi alla base di tutte le narrazioni che riconoscono in Mami Wata un'emanazione del demonio; il serpente si trasforma in donna, seduce le sue vittime e le possiede carnalmente; dopo

---

7. Sulla figura di Melusina e di Morgana si veda: Harf-Lancner, *Morgana e Melusina*.
8. Perco, *Le Anguane*, p. 71; Loukatos, *Les néréides*.
9. Loukatos, *Les néréides*, p. 298.
10. Tra le molte tradizioni orali, si può ricordare anche una vecchia leggenda toscana che racconta di un luogo tra i massi e l'acqua abitato dalle fate. Una di esse si era innamorata di un giovane del paese, ma quando andò a trovarlo perché lui si era ammalato e cercò di baciarlo, si trasformò in serpente e fu uccisa dalla madre di lui che credeva lo volesse mordere. Il giovane guarì ma non vide più la fata (Cretella, *Acque miracolose*, p. 288).

l'amplesso, riacquista la forma animale, mentre l'uomo, ormai privato della sua forza vitale, diventa una specie di macchina che, isolata in un angolo della casa del suo carnefice, vomita soldi. Risuonano in queste immagini alcune delle sequenze narrative più diffuse nella mitologia e nelle fiabe europee sulla donna-serpente. Non ha senso però cedere alla tentazione di ricondurre «le manifestazioni pur sorprendentemente simili negli esiti di un medesimo tema animale a quella sospirata unità di significati, interpretazioni e referenti iconici»,[11] che è stata chiamata simbolo, perché significherebbe dimenticare la dimensione storica e le implicazioni politiche delle narrazioni mitologiche.

Il culto del serpente, nel Dahomey, così come oggi in Bénin e in Togo, ha una valenza fondativa che manca alle leggende delle fate europee. È una divinità che regola la fertilità della terra e garantisce la continuità della vita dopo la morte.[12] Le polarizzazioni che hanno fatto di Mami Wata una divoratrice di uomini devono essere contestualizzate, come suggeriva Cesare Poppi, anche tenendo conto «dell'influsso del cristianesimo e delle sue strutture ideologiche e concettuali», rafforzate in Africa occidentale dalle retoriche pentecostali.[13] Può essere però utile valutare il possibile impatto della mitologia e delle fiabe che circolavano in Europa nel condizionare lo sguardo di chi scrisse i primi resoconti sui culti africani. Queste possibili commistioni sono in parte affrontate nel terzo capitolo, mentre nelle pagine che seguono, il serpente emerge soprattutto come un animale al centro di un importante culto della terra, del movimento e della fecondità.

1. *Il culto del serpente nel Dahomey*

Nel 1929 Wilfrid Hambly dedicò un articolo al culto del serpente in Africa, che a causa di una facile tendenza alla generalizzazione, era stato, a suo avviso, erroneamente correlato all'antico Egitto. Hambly identificava alcuni tratti ricorrenti grazie ai quali raggruppare i culti in cinque catego-

---

11. Visintin, *Di Echidna*, p. 217.
12. Un attento studioso dell'universalità dei simboli come Eliade, non aveva dubbi nell'affermare che le molteplici relazioni tra donna e serpente non potessero "in nessun caso" essere spiegate con un simbolismo erotico simplicista. La forza simbolica del serpente e la sua relazione con il femminile era piuttosto dovuta alla sua natura di animale che si trasforma e si rigenera (Eliade, *Trattato*, p. 174).
13. Poppi, *L'"Uomo selvaggio"*, p. 89.

rie: il culto del pitone; il culto del serpente arcobaleno, legato alla pioggia; il culto del serpente della fecondità e della nascita; il serpente-anima collegato alla reincarnazione e ad alcune forme di totemismo e infine il serpente-medicina che egli includeva tra le forme di superstizione e tra i riti terapeutici.[14]

Nella regione costiera del golfo del Bénin, le funzioni elencate dalle cinque categorie di Hambly sono presenti ma non corrispondono a cinque entità differenti. Si può tracciare una prima distinzione tra Dan, divinità ancestrale dei fon e Dangbé legata invece agli hueda di Ouidah. Dan, che in fon (la lingua prevalente nell'attuale Bénin) significa appunto serpente, era una delle divinità più importanti del Dahomey, detto anche Danhomé, che significa la casa, la dimora, o secondo altre ricostruzioni etimologiche, il ventre di Dan.[15] Dangbé, il pitone, era invece a capo di tutte le divinità degli hueda e il suo santuario si trovava a Ouidah, dove ancora oggi ha sede, proprio nella piazza principale, di fronte alla cattedrale cattolica.

Ricostruire la genealogia di queste due divinità significa addentrarsi nella storia delle migrazioni e delle conquiste che hanno segnato le vicende di ciò che oggi si chiama Bénin. Si tratta di un compito che supera gli obiettivi di questo lavoro, ma seguire alcuni percorsi può aiutare a comprendere il legame fondativo e la dinamica religiosa, dove la simbiosi dell'uomo con la natura, mediata proprio dagli dei, si coniuga con la loro valenza storica e politica.

La tradizione locale riferisce che il culto di Dangbé sarebbe stato portato a Ouidah da Kpase, l'eroe fondatore degli hueda.[16] Secondo Christian Merlo e Pierre Vidaud, si tratta di una divinità ctonia propria della regione che si estende sulla riva settentrionale della laguna di Ouémé (dove oggi sorge Porto-Novo).[17] Sarebbe quindi una divinità proto-yoruba che giunse a Ouidah seguendo le vicissitudini e le migrazioni degli hueda. I resoconti di Bosman – approfonditi nel prossimo paragrafo – confermavano l'ipotesi

---

14. Hambly, *The serpent*, p. 656.
15. All'origine la parola designava solo il palazzo reale, poi la città di Abomey e quindi tutta la regione sottoposta al suo controllo e potere. Secondo la tradizione il re Hwegbàdjà, giunse nei primi decenni del XVII secolo con le sue truppe sul luogo, dove poi sorgerà Abomey; qui uccise con un picchetto Dan e all'interno del suo ventre costruì il palazzo per suo figlio Akàjà (Segurola, Rassinoux, *Dictionnaire*, p. 122). Sull'etimologia di Dahomey, come ventre di Dan, si veda anche: Burton, *A Mission to Gelele*, pp. 160-161.
16. Law, *Ouidah*, p. 23.
17. Merlo, Vidaud, *Dangé*.

che Dangbé fosse la divinità principale del regno hueda; negli anni Novanta del Seicento, il santuario si trovava però a Savi, allora capitale degli hueda, e non a Ouidah, dove fu trasportato negli anni Venti del Settecento, a seguito della distruzione di Savi durante l'invasione dei dahomeyani.[18]

Dopo la conquista, Dangbé giunse anche a nord, nella capitale Abomey, portato dallo stesso re dei vincitori, Agadja. Qui non fu però mai confuso con Dan, il serpente, che aveva probabilmente un'altra origine e, a differenza di Dangbé, non s'incarnava in un serpente reale né in una specie particolare.[19] Il primo a fare un esplicito riferimento a una divinità serpente – differente dal pitone Dangbé – e alla sua particolare metamorfosi in arcobaleno, fu Richard Burton, che ne scrisse nel suo libro del 1864.[20]

Secondo alcuni autori, i due serpenti, divinità telluriche e fondative, avrebbero un'antica e precedente origine comune,[21] ma sicuramente nei primi anni del Settecento acquisirono forti connotazioni identitarie,[22] come dimostra la decisione del re Agadja, il quale, dopo aver conquistato e distrutto Savi e aver così ottenuto l'accesso al mare e un più facile e diretto contatto con i mercanti europei, fece installare tra Ouidah e la spiaggia un altare in onore di Dan, al fine di garantirsi anche un controllo mistico dei luoghi.[23]

1.1. *Il serpente simbolo di ricchezza e fecondità*

Nella letteratura etnografica più recente, Dan si manifesta in due forme principali: Dan Ayidohouédo, il serpente arcobaleno, e Dan dell'ac-

---

18. Law, *Ouidah*, p. 24.
19. Verger, *Notes sur les cultes*, p. 511.
20. Law, *Ouidah*, pp. 91-93.
21. Saulnier, *Le meurtre du vodun*.
22. Anche tra gli asante del Ghana, secondo quanto scriveva Rattray, il serpente aveva un valore ctonio e fondativo ed era all'origine della continuità della stirpe degli umani. Rattray aveva trascritto un mito secondo cui, quando il primo uomo e la prima donna erano giunti sulla terra dal cielo, con loro era arrivato anche un pitone, detto *onini*, che era andato a vivere in un fiume, chiamato poi Bosommuru. L'uomo e la donna non avevano figli perché non provavano desiderio sessuale e il concepimento non era ancora parte della loro natura. Un giorno il serpente andò a trovarli e chiese loro la ragione dell'infertilità e gli promise che avrebbe fatto in modo che la donna potesse concepire; fece una cerimonia nell'acqua del suo fiume e ordinò ai due di tornare a casa e dormire assieme. La donna partorì il primo bambino della stirpe umana che ebbe come *ntoro* proprio Bosommuru, il serpente (Rattray, *Ashanti*, pp. 48-50). *Ntoro* è la componente del nuovo nato che si ritiene passi di padre in figlio e la procreazione sarebbe il risultato dell'incontro di *ntoro* con il sangue femminile.
23. Merlo, Vidaud, *Dangé*, p. 293.

qua.[24] Entrambi hanno una dimensione cosmica e tellurica.[25] Si ritiene che il primo unisca la terra all'acqua attraverso il canale di luce che si scatena dopo i temporali ed sia quindi strettamente legato a So, detto anche Heviossou, il *vodu* del fulmine.[26] Dan delle acque vive invece nel profondo del mare da dove può spingersi fino alla terra. Durante il suo movimento verso riva, si ritiene depositi degli escrementi che altro non sono se non le preziose perle con cui si adornano le sue sacerdotesse.[27] Trovare queste

24. Alcune fonti ne citano invece tre, distinguendo i serpenti del mare da quelli dell'acqua dolce (Saulnier, *Le meurtre du vodun*). I limiti tra le diverse identità del serpente sono mutevoli e localmente si possono riscontrare delle sovrapposizioni soprattutto per quanto riguarda l'habitat di questa divinità. Gilli, nell'area ewe-ouatchi ha identificato almeno sei tipologie di Dan. Da Dokuno è il serpente che porta ricchezza ai suoi adoratori; Da Vodu Dzeno Ganno porta abbondanza, ed è rappresentato dalle perle e dai soldi, Da Tono è il proprietario dell'acqua, sulla quale veglia e contribuisce alla proliferazione dei pesci; Da Vodu Zumenu è il serpente della foresta; Da Anyidohouédo, l'arcobaleno, veglia sul firmamento e regola le piogge e infine Vodu Da Gbe, il pitone (Gilli, *Un culte du vodu Hebiesso*, pp. 67-68).

25. Secondo Paul Mercier (Mercier, *Civilisation*, p. 51), Ayidohouédo era un enorme serpente arrotolato a spirale attorno alla terra, il cui ruolo era tenerla ferma e impedirne la disgregazione; Christian Merlo e Pierre Vidaud riportavano una leggenda secondo cui, per evitare che la terra affondasse nel mare, il serpente maschio era stato arrotolato su se stesso, con la coda in bocca e appoggiato, come fosse un cuscino, sotto la terra in modo da sostenerla (Merlo, Vidaud, *Le symbole*, p. 17). L'iconografia del serpente riprodotta nelle terrecotte presenti negli altari di queste divinità ha la medesima origine. È raffigurato nella sua posizione di riposo, arrotolato su se stesso; lo si trova abitualmente sui coperchi delle terrecotte, resi bianchi dal caolino, all'interno dei quali vi sono gli ingredienti che costituiscono l'energia pulsante del *vodu*. Questi contenitori vengono radicati nella terra, di solito nella foresta o comunque di fianco a un grande albero, e il loro insieme costituisce l'altare di Dan. Ognuno accoglie al suo interno il serpente individuale dei componenti della comunità che si riconosce in questo culto.

26. In Togo, secondo de Surgy, Dan Ayidohouédo è sempre associato a due altri *vodu*, So, appunto, il fulmine e Agbui, una divinità complementare che ha lo scopo di placare gli ardori di So, produttore di fuoco e fulmini, portando la pioggia. È proprio l'associazione tra i fulmini di un temporale violento e la pioggia che lasciano il mondo pacificato dall'arcobaleno (de Surgy, *Le systeme*, p. 112).

27. Con perle traduco l'inglese "trade beads", utilizzato per definire l'insieme delle multiformi perle che venivano utilizzate come moneta di scambio nei commerci tra Africa e Europa e poi all'interno del continente stesso. Le perle di vetro erano realizzate prevalentemente in Europa, soprattutto a Venezia, in Boemia e in Olanda, quelle di avorio, conchiglie, pietre, etc. erano produzione locale. Le perle di corallo, richieste soprattutto per il mercato nigeriano, provenivano dall'Italia. Le *beads* e le conchiglie ciprèe, acquisirono un valore sociale strettamente connesso al loro uso e alla rete all'interno della quale si muovevano. Divennero oggetti il cui possesso conferiva status, attestava disponibilità economica e con-

perle nascoste sotto terra era ritenuto un segno mandato da Dan a chi doveva iniziarsi al suo culto.[28]

L'intellettuale beninese, Maximilien Quénum, negli anni Trenta del Novecento, descriveva Dan Ayidohouédo come un produttore di ricchezze, di giacimenti di oro e di perle che si depositavano nelle profonde cavità prodotte dalla coda dell'arcobaleno nel toccare la terra. Dan donava alle persone da lui prescelte, soprattutto ai cacciatori, i tesori che i fortunati potevano raccogliere e tenere per sé.[29] Si tratta di una narrazione ancora oggi diffusa, tra i sacerdoti *vodu*, per spiegare il valore e l'origine di alcune delle perle che indossano durante le cerimonie. La prima volta che ho sentito raccontare questo mito era il 1989 e mi trovavo nel mercato delle erbe e delle medicine di Lagos Island in Nigeria. Mi ero fermata a parlare con una signora il cui banchetto esponeva un confuso ammasso di perle murrine. Non le avevo mai viste se non nella loro versione contemporanea a Venezia, ma queste erano molto più belle. Le chiesi quanto costassero e il prezzo mi sembrò troppo elevato rispetto alle altre merci in vendita (modesto comunque se comparato al valore del mercato internazionale di questi oggetti, come capii più tardi); la signora mi spiegò che si trattava di pietre preziose e rare. Mi disse che si trovavano solo sotto terra e quindi non era facile procurarsele; erano, infatti, gli escrementi di un serpente grande e potente. Le parole della signora mi stupirono, e solo più tardi ne capii il significato. Oltre alla spiegazione di ordine cosmologico, vi era anche una verità fattuale in ciò che mi aveva raccontato, infatti, le perle più antiche venivano spesso rinvenute dai contadini in prossimità dei luoghi di sepoltura, quindi effettivamente sotto terra.

Con il Novecento, s'iniziò ad approfondire il legame tra il serpente e l'accumulazione di ricchezza; secondo una visione morale dell'economia, il serpente, dispensatore di ricchezze, doveva essere espressione anche di una forza malefica e di una potenza divoratrice. Lo scrittore beninese Paul Hazoumé, ad esempio, lo descriveva come capace di ingoiare le barche che si avventuravano sulla superficie delle sue acque.[30] Analogamente Quénum evocava in questi termini il lato oscuro e malvagio del serpente:

---

sentiva la «produzione e riproduzione delle relazioni sociali e politiche» in una vasta area dell'Africa Occidentale (Ogundiran, *Of Small Things*, p. 431). Sono ancora oggi un segno di potere mondano e mistico.

28. de Surgy, *Le systeme*, p. 112.
29. Quénum, *Au pays des Fons*, p. 71.
30. Hazoumé, *Le pacte*, p. 6.

Dan s'impossessa del principio vitale degli esseri umani per andare a rivenderlo, vivo e trasformato in un corpo, nei paesi lontani. Per agire, egli assume forma umana e resta in attesa ai bordi delle grandi strade. Si riesce a sfuggire al serpente sfregando una testa d'aglio sul corpo oppure insultandolo con le parole più volgari.
Dan può ancora, sotto forma umana, introdursi nelle abitazioni; coloro che lo accolgono verranno ricoperti di tesori, mentre maledirà coloro che, al contrario, lo scacceranno.[31]

I due autori beninesi, sicuramente influenzati dalla loro formazione intellettuale di stampo francese e dalla loro fede cristiana, erano più sensibili a raccogliere quel corpus mitologico secondo cui il serpente, così come tutte le pratiche "pagane", era essenzialmente malefiche.[32] Dalle loro parole emerge un chiaro riferimento all'accumulazione di ricchezze conseguenza della tratta atlantica, tema che sarà approfondito nel quarto capitolo.

Nel suo lavoro sul *vodu* Dan, Pierre Saulnier, antropologo e missionario della SMA (*Société des Missions Africaines*), ha discusso alcuni miti da lui raccolti negli anni Settanta del Novecento, e ne ha fornito una lettura comparativa rispetto a quelli trascritti diversi decenni prima da altri autori.[33] La trama narrativa dei miti si sviluppava attorno a tre elementi: il serpente, la pioggia, la fertilità della terra e degli esseri umani; in questo caso la polarità negativa pareva dialogare con quella positiva, la capacità riprocreativa, simbolizzata dal serpente. Si possono già ravvisare alcuni temi che permangono ancora oggi nei racconti popolari su Mami Wata, come la ricchezza, qui espressa in termini di fertilità della terra e di abbondanza del raccolto, e la possibilità per gli umani di avere una discendenza, quindi la questione della procreazione e dell'accesso al matrimonio.

A titolo esemplificativo riporto una delle variazioni analizzate da Saulnier, tratta a sua volta dal lavoro di René Trautmann.[34] Il mito raccontava

---

31. Quénum, *Au pays des Fons*, p. 71.
32. Paul Hazoumé sosteneva di aver scritto *Le Pacte de sang au Dahomey*, testo nel quale mostra l'importanza del *vodu* nella storia del Dahomey, per aiutare i colonizzatori nella comprensione del paese. Come scrive Guy Ossito Médiohouan, Hazoumé era un uomo cristiano che si auspicava il successo della missione civilizzatrice della Francia e una sua positiva influenza nell'eliminazione delle pratiche pagane e degli altri «costumi barbari» ancora presenti nel suo paese. Un medesimo distanziamento dalle pratiche, che vedeva come espressione di una mentalità "feticista", era presente anche nell'opera di Quénum (Médiohouan, *Vodoun et littérature*, p. 252).
33. Saulnier, *Le meurtre du vodun*.
34. Trautmann, *La littérature*.

di come il *vodu* Dan ogni anno esigesse che gli fossero offerti un uomo e una donna; questa era la condizione che garantiva l'inizio della stagione delle piogge. Dan li avrebbe portati con sé nel suo palazzo fastoso con 41 stanze, situato in fondo al mare. Un anno, però, la scelta era caduta proprio sulla figlia del re, il quale, sconcertato dalla decisione di Dan, aveva chiesto a tre uomini di andarla a liberare. I tre erano rispettivamente un ladro, un cacciatore e un carpentiere, i quali, grazie alle loro capacità professionali e alla piroga che il re aveva fornito loro, erano riusciti a penetrare nella casa di Dan e a liberare la figlia. Il ladro aveva aperto le 41 porte, il cacciatore aveva ucciso il serpente, che si era accorto dell'intrusione e aveva reagito con violenza, e il carpentiere aveva riparato l'imbarcazione, che era stata danneggiata durante la battaglia scatenata dall'intrusione del ladro. Sconfitto il serpente, i tre erano tornati dal re, che li aveva ringraziati, chiedendosi, senza però riuscire ad arrivare a una risposta, chi di loro fosse il più meritevole, e non premiando alla fine nessuno.

Circa cinquant'anni dopo, sempre in Bénin, Saulnier aveva ascoltato lo stesso mito ma con alcune variazioni. Nella nuova versione, il palazzo non era altro che il ventre del serpente, i tre uomini erano rispettivamente un veggente, un cacciatore e un saldatore e, dettaglio più importante, come ricompensa il re aveva dato sua figlia in moglie al veggente, ma anche gli altri due uomini, grazie al successo della loro impresa, erano riusciti a ottenere una donna in sposa.[35]

Il serpente ogni anno chiedeva un uomo e una donna in sacrificio (nei miti viene sempre offerta una donna) e in cambio garantiva la regolarità delle piogge e quindi l'abbondanza del raccolto. Le sue richieste sembravano però entrare in conflitto con le esigenze riproduttive degli uomini. Nel mito si narrava, infatti, di tre uomini in cerca di moglie (in altre versioni vi è solo il cacciatore che chiede al re una sposa e grazie all'uccisione del serpente ottiene proprio sua figlia), quindi dell'esigenza di assicurare il susseguirsi delle generazioni e la continuità della vita. La fertilità della terra, garantita dal serpente, e quella degli uomini, possibile grazie alle donne, entravano in conflitto nella lotta tra la divinità e l'eroe-cacciatore. L'eroe per ottenere la donna doveva affrontare la morte, spingersi in mare aperto e cercare di uccidere il serpente;[36] una volta superati, grazie al pro-

---

35. Saulnier, *Le meurtre du vodun*, pp. 30-32.
36. Saulnier notava come l'eroe per ottenere la fertilità dovesse affrontare la morte, perché dal viaggio in piroga verso il mare, luogo dei morti, di solito non si faceva ritorno (ivi, p. 134).

prio ingegno, tutti gli ostacoli frapposti dalla divinità, poteva sottrarre la donna al serpente e finalmente sposarsi. Dan, da parte sua, per concedere la fertilità alla terra, voleva ogni anno una donna per sé, o in altri termini, chiedeva un sacrificio.[37]

Non possiamo escludere che il mito e i racconti popolari avessero una reale corrispondenza con la pratica rituale. Margaret Field, antropologa coloniale in Gold Coast, descriveva nel dettaglio il rituale di apertura all'oceano della laguna di Kpesi (ad Accra). Durante la cerimonia, a cui non aveva però mai assistito perché gli inglesi avevano interrotto l'imboccatura della laguna con la costruzione di una strada, un'anziana donna doveva trascinava per tre volte, afferrandola per i piedi una ragazzina attraverso la duna di sabbia che bloccava l'ingresso dell'oceano.[38] Un tempo, scriveva Field, la ragazzina veniva affogata nella laguna, mentre negli anni Trenta del Novecento, ci si limitava ad offrire una parte della carne degli animali sacrificati.[39]

Nel cercare di spiegare la dimensione predatrice del serpente, che chiaramente emergeva nei racconti popolari, Saulnier proponeva un'ipotesi molto interessante. Il rapimento delle donne da parte di Dan esprimeva la paura degli uomini di non potere avere accesso al matrimonio. I motivi potevano essere molteplici: la donna preferiva, contro le pratiche consuetudinarie, sposarsi all'interno del proprio lignaggio, oppure sceglieva la bellezza e la ricchezza, come aveva fatto la figlia del re forse accettando di andare a vivere con il serpente nel ricco palazzo di 41 stanze. Si trattava di un'attitudine non ammissibile e quindi il padre-re doveva sottrarre la figlia alle sue passioni e ricondurla al pretendente-cacciatore. Era quindi

---

37. La logica non è molto diversa da quella dei sacrifici agrari. Per procedere con il raccolto bisognava distrarre gli spiriti della terra con un sacrificio il cui obiettivo era la desacralizzazione della stessa. Dopo aver raccolto i suoi prodotti e trascorso il periodo di riposo, il sangue di un nuovo sacrificio avrebbe ricondotto la vita nella terra (sacralizzazione) e consentito un futuro nuovo raccolto. La terra andava ingannata per ottenere il raccolto, ma poi assecondata con un sacrificio affinché la stagione si ripetesse e il raccolto potesse crescere (Hubert, Mauss, *Saggio sulla natura*). In modo analogo il serpente veniva simbolicamente ucciso per ottenere le donne, ma poi, alla fine della stagione secca, il sacrificio andava celebrato per convincere il serpente a portare la pioggia sulla terra.

38. Le mani della ragazza erano piene di mais. Dopo il terzo passaggio lanciava i chicchi verso gli uomini presenti che accorrevano per raccoglierlo. Gli uomini mostravano poi il loro bottino alle mogli, perché si riteneva che la loro prodezza le avrebbe rese fertili (Field, *Religion and medicine*, p. 57). Ritroviamo anche in questo rituale il tema ricorrente dell'antagonismo tra le acque e gli esseri umani e dello sforzo maschile di sottrarre alle acque cioè che può garantire la fecondità delle donne e della terra.

39. Ivi, p. 56.

una lotta tra maschile e femminile, dove gli uomini si confrontavano con la possibilità che le donne si sottraessero al lavoro riproduttivo, lasciando gli uomini di fronte alla morte, rappresentata dall'assenza di discendenza. Questa lettura è in sintonia con l'idea di stregoneria femminile e con le molte leggende popolari che vedono il serpente-Mami Wata come un pericoloso sovvertitore dell'ordine morale, simbolo di un uso socialmente inaccettabile ed egoistico della sessualità e della fecondità da parte delle donne.

1.2. *Il serpente simbolo di movimento*

Bernard Maupoil, a differenza di quanto appena visto, non si soffermava sulla dimensione malefica di Dan, al contrario enfatizzava il rapporto personale tra il serpente, la divinità, trasfigurazione del cordone ombelicale, e gli esseri umani.[40] Si trattava quindi di un'entità che ogni individuo aveva al proprio fianco, cruciale nella costruzione della soggettività dei singoli individui, poiché permetteva di mantenere aperto un collegamento con la dimensione trascendentale. Era proprio il cordone ombelicale, cioè il serpente personale, a portare dal cielo alla terra il nuovo nato e ad assicurare la continuità della vita dopo la morte.[41]

Questa stessa versione era ancora diffusa nei primi anni del 2000 in Bénin, dove Dan era classificato tra i *vodu* personali, sottolineando in tal modo una differenziazione rispetto al Dan di Abomey, quello ctonio.[42] Afiyeye Combete Ande, un'anziana sacerdotessa di Mami Wata di Cotonou (la incontreremo nuovamente nelle prossime pagine) mi aveva spiegato che Dan era dentro ognuno di noi, perché era l'ombelico con cui tutti nasciamo. Nella maggior parte dei casi, il serpente non ha motivo di uscire dal corpo e quindi gli individui "normali" possono condurre la loro esistenza, inconsapevoli della sua presenza; la questione è molto più delicata se fuoriesce senza che l'interessato se ne renda conto. In tal

---

40. Maupoil, *La Géomancie*, pp. 73-75.
41. Gli adepti di Dan affermano, infatti, di essere nati con il cordone ombelicale nelle mani o arrotolato attorno al corpo. Come mi raccontò una sacerdotessa di un villaggio poco distante da Amegneran nel 2003, lei era nata con il cordone che le stringeva il corpo; era stato un parto difficile per sua madre ed entrambe avevano rischiato di morire. Era stato però subito evidente che la sua esistenza sarebbe stata strettamente legata al serpente e che lei ne era una "figlia".
42. A Cotonou, al centro del più importante mercato urbano chiamato Dantokpa, vi è un santuario dedicato a Dan, che regola le attività commerciali che qui si svolgono.

caso l'esistenza della persona sarà tormenta da mille problemi, soprattutto legati alla sfera familiare. La persona non riuscirà ad avere figli, sarà costretta a cambiare uomo o donna in continuazione, non potrà quindi costruire una famiglia stabile e incontrerà molte difficoltà sul lavoro.[43] Il serpente d'altra parte, come suggeriva Saulnier, è una divinità che ostacola il desiderio riprocreativo degli uomini e delle donne, i quali devono negoziare con lui un compromesso tra la ricchezza dei raccolti e la fecondità del genere umano.

Maupoil era però più interessato alla dimensione del movimento. A suo avviso, il simbolismo dell'arcobaleno era solo un'ingenuità popolare, che non consentiva di coglierne a pieno l'aspetto «sensibile». Dan era il principio che regolava ogni forma di movimento, *in primis* quello solare. Si diceva, infatti, che facesse camminare il sole. Maupoil si soffermava sull'idea della regolarità del moto, di cui Dan era garante, e notava come tutto ciò che portava in sé la causa stessa del proprio procedere dipendesse da lui:[44] «l'auto, *moto*, ma spesso detta *hu*, il treno *ayi-hu*, il battello a vapore *to-ji-hu*, l'aereo *joho-hu*, Dan non comanda solo il loro movimento serpentino ma il luogo stesso dove le cose si muovono: le strade, i binari, le scie, le rotte aeree. *Hu* definisce tutto ciò che è motorizzato. Il principio *hu* è subordinato al principio Dan».[45]

Maupoil sembrava fare riferimento proprio alle tracce che il movimento lascia nel suo divenire e mettere in luce come queste fossero più importanti di ciò che si muoveva. Il serpente, spesso raffigurato come una piccola sinusoide di ferro, potrebbe quindi non essere altro che la raffigurazione del profilo delle onde. Analogamente il serpente-arcobaleno che crea un arco tra il mare e la terra potrebbe essere la traccia che il sole ogni giorno lascia nel suo costante movimento. Parafrasando ciò che scrive Ingold circa le iscrizioni pittografiche delle popolazione del nord America, il sole non è una sfera ma il movimento vitale che incessantemente produce, perché «il mondo animico è un flusso continuo, dove gli esseri che vi par-

---

43. Intervista con Afiyeye Combete Ande, Cotonou, Bénin 30 novembre 2006.
44. La ricostruzione etimologica di Maupoil non è del tutto chiara. *Hun* effettivamente significa veicolo, *ayi-hu* (terra-veicolo, quindi treno) *jome-hu* (vento dentro il veicolo, quindi aereo) e così via. *Hun* è anche la parola che indica il cuore, quindi il movimento della vita. Maupoil non spiega per quale motivo il principio *hu* sarebbe etimologicamente subordinato a Dan, probabilmente si tratta di una sua personale ma anche ovvia deduzione.
45. Maupoil, *La Géomancie*, p. 74.

tecipano seguono le loro differenti strade. Questi esseri non esistono in un luogo, accadono lungo il percorso».[46]

Quindi, continuava Maupoil, quando la popolazione afferma che Dan risiede nell'oceano (*xu*), intende con ciò esprimere il concetto più astratto incarnato dalle onde, espressione di una potenza che genera un movimento ininterrotto. Il *vodu* Dan è quindi capace di garantire «la regolarità delle forze che producono il movimento» e le diverse raffigurazioni non sono altro che «delle immagini semplici», quasi caricaturali, che la «coscienza popolare» adotta per esprimere il concetto astratto che sta dietro la possibilità di movimento.[47] L'idea di cambiamento, di movimento, di transizione e di divenire erano, seguendo il ragionamento di Maupoil, intrinseci al culto del serpente.

La traccia lasciata dal movimento del serpente sul terreno si specchia nell'andamento sinusoidale delle onde del mare. Forse anche da questa similitudine nasce lo stretto rapporto tra il serpente e l'acqua.

2. *Serpenti e donne: Willem Bosman e Reynaud De Marchais*

Willem Bosman giunse nel 1688, a soli 16 anni, nell'attuale Ghana, come impiegato della Compagnia olandese delle Indie Occidentali. Quando tornò in Olanda nel 1702, pubblicò il resoconto dei suoi viaggi in Africa occidentale; il testo in breve tempo fu tradotto nelle principali lingue europee e divenne uno strumento divulgativo per la conoscenza delle popolazioni che abitavano lungo le coste del Golfo di Guinea; fu un riferimento per tutte le pubblicazioni successive, che spesso ne riproposero intere parti.[48] Il passato successo ma anche l'attuale importanza di Bosman risiedono nelle sue descrizioni che furono in grado di catturare alcuni aspetti della vita quotidiana di quei tempi. Egli fu attratto dalla religione e dalle "super-

---

46. Ingold, *Rethinking*, p. 14.
47. *Ibidem*.
48. La prima edizione fu pubblicata in olandese nel 1703, poi ristampata almeno altre cinque volte. Negli anni immediatamente successivi apparve la traduzione in inglese: *A New and Accurate Description of the Coast of Guinea* e in francese: *Voyage de Guinée,: contenant une description nouvelle & très-exacte de cette Cote où l'on trouve & où l'on trafique l'or, les dents d'Elephant & le Esclaves*. Secondo Albert van Dantzig la traduzione francese è più accurata rispetto a quella inglese (van Dantzig, *Willem Bosman's*; Id., *English Bosman*). Nella sua analisi del testo, Dantzig studia anche le parti che riguardano il culto del pitone a Ouidah, di cui ho tenuto conto in questo senso (Id., *English Bosman VII*).

stizioni" delle popolazioni tra cui visse, ma ovviamente le sue osservazioni furono un insieme di realtà e rappresentazione, una continua negoziazione tra i peggiori pregiudizi e la sua sincera curiosità.

L'autorità etnografica di Bosman è stata a ogni modo tra le più durevoli, per cui dalla sua lettura, oltre a importanti e dettagliate testimonianze di un mondo passato, emerge anche la genealogia di alcuni stereotipi che continuano ad abitare il nostro campo interpretativo. Le ricostruzioni e gli aneddoti sulla vita quotidiana fornita da Bosman contribuirono a dare forma ai primi discorsi sul "feticismo" e diventarono parte di quel corpus di saperi che furono ideologizzati e riconfigurati in epoca illuminista.[49] Come ha evidenziato William Pietz, il suo stile narrativo rendeva efficace l'ironia attraverso forme descrittive e una costruzione del testo che si rifaceva al genere fiabesco. Bosman parlava di una realtà in cui tutto era possibile, come nelle fiabe appunto, dove gli esseri umani credevano a un mondo favoloso nel quale gli animali parlavano e le donne prendevano addirittura decisioni al posto degli uomini.[50] Accettare la superiorità di una donna era assurdo e infantile come credere in un sasso o nel potere mistico di un serpente. Egli aveva, infatti, notato il ruolo che alcune di loro occupavano nella società e l'influenza politica che esercitavano proprio grazie alla loro posizione all'interno del sistema religioso.

Le sacerdotesse del culto del pitone erano donne che appartenevamo a tutte le estrazioni sociali, riferiva Bosman: vi erano quelle del popolo ma anche le mogli e le figlie del re. Una volta iniziate, a prescindere dalla loro origine, acquisivano potere e godevano di un'alta considerazione tra la popolazione.[51]

L'idea, che la religione africana fosse costruita grazie a un consapevole e continuo gioco d'inganni e che le donne utilizzassero questa "sceneggiatura" per sottrarsi al controllo dei mariti, era perfettamente espressa in queste parole:

> le donne, che altrimenti non sarebbero state altro che delle schiave, se diventano sacerdotesse sono stimate quanto i sacerdoti; ciò che le rende ancora più rispettate è che esse stesse si attribuiscono il nome di figlie di Dio.

---

49. Uno degli aneddoti raccontati da Bosman, relativo all'esecuzione di alcuni maiali accusati di aver ucciso un serpente fu, come nota Pietz, ripetuto in molti resoconti successivi (Pietz, *The problem III*, p. 118), tra gli altri da Jean-Baptiste Labat (Labat, *Voyage du Chevalier*).
50. Pietz, *The problem III*.
51. Bosman, *Voyage*, p. 410.

A differenza delle altre donne che sono obbligate a servire i loro mariti, come se fossero delle schiave, esse esercitano un'autorità assoluta su di loro, dispongono come meglio credono dei propri beni e vivono secondo i propri desideri; i mariti sono obbligati a rispettarle così come loro facevano prima di essere elevate a questa dignità, in altri termini, devono rivolgersi loro e servirle stando in ginocchio. I Negri che hanno un po' di carattere non prendono una sacerdotessa come moglie e accettano con pena che le loro donne siano fatte sacerdotesse; quando ciò accade, non si possono però opporre, a meno di non voler avere dei terribili conti in sospeso e di essere considerati come degli uomini che vogliono frapporsi al corso ordinario dei culti divini.[52]

Il pitone era il "capo" di tutti gli dei, seguito dalle divinità degli alberi e da Hu, il mare. Aveva un indubbio valore politico, era invocato in caso di guerra e di siccità e la popolazione organizzava pellegrinaggi annuali al suo santuario durante i quali si offrivano al serpente e al suo sacerdote abbondanti e costosi doni.[53] Le fedeli credevano che il serpente fosse veramente capace di possedere durante la notte «le giovani e belle donne».[54] Si diceva che il contatto con l'animale le rendesse «folli» e quindi fosse necessario curarle; a tale scopo, venivano condotte in una casa costruita per loro, dove erano costrette a restare per diversi mesi, fino a quando la loro «follia» non fosse stata sanata. Durante quel lungo periodo, continuava Bosman, la famiglia era obbligata a fornire tutto ciò di cui avevano bisogno e inoltre, prima che le ragazze fossero liberate, doveva restituire le spese sostenute per la loro «cura» e il loro mantenimento.[55] Il numero di donne «imprigionate» era di diverse migliaia, poiché ogni villaggio, non solo Ouidah, aveva una o più «case» destinata a quello scopo. La follia che le affliggeva era «una sorta di pazzia sacra o religiosa, qualche cosa che un tempo era stato messo in relazione alle Baccanti, o a quelle donne attraverso la cui voce parlavano gli Oracoli Divini».[56]

Bosman condannava queste forme di furiosa sacralità che, a suo avviso, non erano altro che il risultato di azioni «diaboliche», di cui le donne

---

52. *Ibidem*.
53. Bosman, *A New and Accurate*, pp. 370-371.
54. van Dantzig, non corregge il riferimento alla bellezza delle donne (van Dantzig, *English Bosman and Dutch VII*). Nella versione francese si legge che il serpente prendeva con sé le giovani donne «che più gli piacevano» (Bosman *Voyage*, p. 398).
55. Bosman, *A New and Accurate*, p. 372.
56. *Ibidem*.

riuscivano a liberarsi solo dopo essere state condotte nella «casa».[57] Nella traduzione francese si legge che le stesse, in preda al serpente, rompevano e rovinavano «tutto ciò che incontrano e invece di fare delle opere di pietà, esse non producono che del male diabolico, e non hanno riposo fino a che non le portano nelle case».[58]

Gli abitanti di Ouidah avevano cercato di convincerlo che fosse proprio il serpente a condurle materialmente nella «casa» e a chiuderle all'interno, mentre lui aveva ben chiaro che erano i sacerdoti e le sacerdotesse del culto che influenzavano le novizie. Non era necessaria la presenza del serpente, perché in realtà le donne venivano sedotte con delle promesse, e se queste non bastavano, convinte con delle minacce. Prima che chiunque potesse accorrere in loro aiuto, il presunto serpente era già scomparso e la verità restava nascosta per sempre, perché sulle donne pendeva l'obbligo di non raccontare a nessuno cosa fosse veramente accaduto nel momento della loro cattura.

A dimostrazione della credulità dei più, Bosman portava l'esempio di un uomo dotato di una personalità superiore alla media della popolazione. Questi gli aveva confidato di come era riuscito a tenere a bada una delle sue mogli: la donna, anch'essa un'adepta del serpente, era stata "presa dalla rabbia" e aveva iniziato a rompere tutto ciò che la circondava; l'uomo, che sapeva bene quale fosse la vera origine di questa follia, non si era fatto intimidire, le aveva preso la mano con dolcezza, facendo finta di volerla portare al santuario; l'aveva invece ingannata e l'aveva condotta verso il luogo dove risiedevano i «brandeburghesi», arrivati in città per comprare gli schiavi. La donna aveva immediatamente capito che il marito la voleva vendere, aveva quindi «rinunciato alla sua follia» e si era gettata ai suoi piedi, chiedendogli perdono e promettendogli di cambiare; il marito l'aveva perdonata, a patto però che lei si redimesse per sempre.[59]

Si trattava, per Bosman, di un racconto a lieto fine, perché la donna si era liberata della follia e il marito di una moglie insubordinata. L'uomo aveva dato indubbia prova del proprio coraggio perché, se i sacerdoti avessero scoperto il suo inganno, lo avrebbero sicuramente ucciso. La

---

57. Le case di cui scriveva Bosman erano i conventi dove le donne venivano sottoposte alla lunga iniziazione; non si trattava di una pratica esclusiva del dio serpente, ma necessaria per accedere al culto di tutte le divinità.
58. Bosman, *Voyage*, p. 400.
59. *Ibidem*.

donna era guarita dalla sua "isteria" grazie alla paura di essere venduta come schiava; Bosman con questa parabola, oltre a mostrare la falsità delle credenze locali, indirettamente giustificava la schiavitù, che diveniva uno strumento utile a riportare alla ragione gli eccessi d'irrazionalità tipici degli africani.

Emergeva già in questo testo quello che resterà per anni lo sguardo europeo sui rapporti di genere in Africa, visti da un lato come relazioni di dominio, dove la donna ricopriva il passivo ruolo della schiava, e dall'altro come motivo di scandalo, per il potere esercitato dalle stesse e per la loro incomprensibile influenza politica.

Bosman aveva tracciato la strada all'esotizzazione delle donne africane e alla feticizzazione del loro corpo. Qualche decennio dopo, De Marchais (nel testo riscritto da pére Labat) descriveva in questi termini le sacerdotesse di Dangbé:

> insolenti, pigre, obbediscono solo quando lo vogliono loro, fanno solo quello che desiderano e considerano loro marito più come uno schiavo che come il loro padrone. I mariti non osano ordinare nulla, né sgridarle, né minacciarle e ancora meno correggerle. Se lo facessero, una nuvola di queste megere, pronte con il bastone in mano, piomberebbe su di loro per insegnargli a non avvicinarsi mai più, al punto che gli uomini si riterrebbero comunque fortunati se ciò non gli costasse la vita.[60]

Labat in tono quasi farsesco, riconfermando lo stile di Bosman, descriveva il destino dei poveri uomini, ingenuamente vittime della rapacità delle loro donne e della malvagità dei sacerdoti. Le donne invece erano felici di questa posizione di potere e gioivano «dei loro privilegi», della loro indipendenza e, se avessero trovato un marito «tra gli esseri umani», cioè non spirituale, non si sarebbero fatte «mettere fretta per prenderselo».[61] Troviamo qui il tema delle donne che si sottraggono al matrimonio e che, come suggerirà Saulnier, preferiscono vivere con il serpente piuttosto che con un uomo.[62]

Il riferimento, quasi accidentale, di Bosman alla gioventù e soprattutto alla bellezza delle adepte, sarà enfatizzato da Labat, secondo il quale solo le più belle erano consacrate a questo culto.[63] La pulsione erotica suscitata

---

60. Labat, *Voyage*, p. 182.
61. Ivi, p. 188.
62. Saulnier, *Le meurtre du vodun*.
63. Labat, *Voyage*, p. 167.

dai corpi "selvaggi" stimolava la morbosa immaginazione degli europei; l'iniziazione delle donne era, infatti, descritta come un rito orgiastico:

> le si conduce alla casa del grande Serpente e quando arriva la notte, le si fa scendere, due o tre alla volta, in un pozzo che ha dei cunicoli sotterranei a destra e a sinistra, dove si dice vi siano due o tre serpenti, emissari del grande Serpente; mentre le giovani si trovano in quel luogo, le sacerdotesse anziane e le altre che ancora si devono sposare, danzano e cantano al suono degli strumenti collocati attorno al pozzo, ma a una distanza tale da non poter né sentire né vedere cosa succede laggiù. Dopo che è passata un'ora, le si fa uscire e da allora le si considera come le mogli del grande Serpente. Si dice che oltre ai serpenti, [là sotto] vi siano degli altri animali più capaci di unirsi in matrimonio rispetto ai rettili. In effetti, molte di queste ragazze non escono da questo buco vergini come vi erano entrate, e danno alla luce, al fine del termine previsto dalla natura, a qualche cosa di ben diverso di un serpente.[64]

Le donne erano giovani, belle e perdevano la loro verginità nel furore religioso. Il linguaggio allusivo usato da Labat era decisamente eloquente e non celava le fantasie degli europei, eccitati dai corpi delle donne africane, dalle loro danze e dai loro rituali. Allo stesso tempo l'inversione dei ruoli di genere, che gli spazi cultuali consentivano, scandalizzava e confermava l'idea di un popolo irrazionale. L'irrazionalità feticista si arricchiva quindi di un fecondo immaginario erotizzante.

Ellis, a distanza di un secolo e mezzo, riproponeva, con molta più assertività, la medesima visione: le mogli del serpente erano sottoposte a un'iniziazione di cui non si conoscevano i dettagli ma «sicuramente erano i preti a consumare questa unione». Non si limitava a una vaga allusione alla dimensione sessuale perché, a suo avviso, le cerimonie in onore di Dangbé erano «delle orribili orge» durante le quali le «mogli» del serpente si lasciavano andare «al più sfrenato libertinaggio».[65]

3. *Riti* vodu, *possessione e sessualità*

Leggendo oggi i resoconti dei viaggiatori e mercanti europei, lo scandalo e la fascinazione suscitati dalle pratiche religiose africane, e in particolar modo dai fenomeni di possessione, possono apparire a tratti ingenui.

64. Ivi, p. 187.
65. Ellis, *The Ewe-speaking peoples*, p. 61.

Per gli europei però, l'associazione tra la ritualità e la sessualità appariva scontata, soprattutto se si trattava di donne. Il missionario Jacob Spieth, nei primi del Novecento, definiva le adepte del *vodu* come delle «puttane sacre.[66] Mezzo secolo prima, Brodie Cruickshank, citando le sacerdotesse in Gold Coast, ne denunciava il generale degrado e commentava:

> il carattere di queste pazze è infame all'estremo; la loro vita è un continuo giro di sfrenata oscenità e dissolutezza. Sotto l'influenza di una frenesia superstiziosa e infiammate dal suono dei tamburi feticcio e dalle acclamazioni della folla, si abbandonano selvaggiamente a ogni sorta di eccessi.[67]

Secondo Thomas Edward Bowdich, le adepte erano delle «licenziose prostitute»;[68] giudizio confermato da Ellis, secondo cui la principale attività delle sacerdotesse di Heviossou era la prostituzione.[69]

Il cambiamento epistemologico che spinse a interpretare la possessione come una crisi di nervi non si liberò dello sguardo erotizzato.[70] Nel corso dell'Ottocento in Europa si era sviluppata un'ossessione per l'alterità, sia quella esterna ai propri confini, incarnata dal selvaggio, sia quella interna, rappresentata invece dai folli, dalle donne, dai "freak" e dai criminali. Il paradigma medico-scientifico aveva prodotto un cambiamento del linguaggio, per cui la donna non era più soggetta alla trance estatica o alla possessione demoniaca, ma era vittima dell'isteria, una patologia di chiara origine organica. Il processo di razionalizzazione non aveva però sradicato la relazione tra il fenomeno dissociativo e la sessualità femminile. Il riferimento dominate era, infatti, il corpo sessuato, la fragilità e volubilità emotiva delle donne e la loro incerta biologia.

Stefania Napolitano ha studiato un'epidemia di "possessione diabolica" avvenuta in Friuli nel 1878, mostrando il mutamento storico e antropologico in atto, e la costruzione di un nuovo oggetto epistemologico,

---

66. Meyer, *Translating the devil,* pp. 61-62.
67. Cruickshank, *Eighteen years,* p. 153.
68. Bowdich, *Mission from Cape Coast,* p. 264.
69. Ellis, *The Ewe-speaking peoples,* p. 38.
70. Gli studi sui culti religiosi africani e afro-americani, hanno a lungo ipotizzato che la possessione fosse una crisi psichica, soprattutto quando i soggetti coinvolti erano le donne. In Brasile, il Candomblé, disprezzato in quanto superstizione, ma anche temuto come espressione e strumento della stregoneria, fu studiato etnograficamente per la prima volta da Nina Rodrigues, la quale lo «guardò con gli occhi della scienza». Non si trattava, a suo avviso, di rituali demoniaci, come pensava l'élite locale, ma di una forma di malattia mentale (Sansi, *The hidden life,* p. 141).

quello della donna isterica. Tra le pazienti e il medico oltre al rapporto di potere entrava in gioco il desiderio: gli sguardi degli uomini di scienza erano «palesemente affascinati». I medici, nel redigere le loro relazioni sulle «ossesse», sentivano il bisogno di mettere in luce la loro giovane età e la loro avvenenza. Le isteriche erano, infatti, «più donne delle altre donne» e il temperamento femminile già intrinsecamente mutevole, incerto, fantasioso, incongruo e brillante si esasperava, generando la nevrosi: un eccesso di carattere femminile non poteva che essere patogeno.[71]

Nonostante le distanze geografiche e storiche, il maschio adulto, occidentale e razionale continuava a esprimere giudizi sui corpi femminili, che mettevano in scena la fascinazione e l'orrore di fronte a un eccesso di femminilità. In Africa tutte le donne erano altre e marginali, in Europa soprattutto quelle che mettevano in atto comportamenti e idee non conformi.

Anche Maupoil, nelle pagine dedicate alla possessione, si soffermava sulle prospettive adottate dai suoi contemporanei e rilevava come vi fosse effettivamente un'affinità «clinica» tra le concezioni mistiche deliranti e le idee erotiche. Azzardava anche l'ipotesi che proprio in questa dimensione andasse cercata l'etimologia del termine *vodu-si*, sposa del *vodu*, appellativo attribuito alle adepte. Maupoil però smentiva l'ipotesi che i rituali fossero atti erotici:

> alle allucinazioni sensoriali e cinestetiche, alle mortificazioni, alle mutilazioni, non si accompagnano mai, neppure nei momenti di massimo delirio, degli atti, dei gesti mimetici, delle parole oscene: la morte li sanzionerebbe immediatamente. Al contrario si assiste alla formazione di un fenomeno completamente esteriore alla coscienza, forse l'illusione di un commercio genesico, più o meno materializzato, con lo spirito misterioso. Esiste nella maggior parte dei casi la certezza di star obbedendo a delle allucinazioni imperative, di ordine divino.[72]

L'onestà intellettuale, che Augé ha riconosciuto all'importante lavoro etnografico di Maupoil,[73] gli permetteva di superare gli stereotipi che generazioni di viaggiatori e scrittori avevano accumulato. La dimensione sessuale era forse riscontrabile nel desiderio stesso dell'unione con le forze dell'invisibile, nella capacità di farsi completamente permeare da una realtà altra da sé. Comprendere l'estasi mistica delle adepte implica-

---

71. Napolitano, *L'Isterica*, p. 64.
72. Maupoil, *La Géomancie*, p. 60.
73. Augé, *Il dio oggetto*, p. 10.

va un lavoro di relativismo culturale, grazie al quale accettare che la nozione di corporeità di stampo occidentale era un'eccezione piuttosto che la norma. Il loro corpo durante la possessione era effettivamente invaso, spesso con violenza, da forze estranee, i corpi si dibattevano in modo sensuale e talvolta mostravano la resistenza opposta alla metamorfosi in corso; la possessione non poteva essere compresa attraverso una banale spiegazione in termini sessuali e l'esperienza etnografica di Maupoil gli aveva permesso di cogliere l'importanza della corporeità, senza cadere nello stereotipo erotizzante.[74]

Maupoil cedeva comunque alla tentazione di confondere il serpente con l'organo sessuale maschile. I fedeli, quando celebravano il proprio cordone ombelicale *ho-da*, sepolto ai piedi della palma *ho-de*, adoravano in realtà l'opera di un altro Dan, incarnato nell'organo maschile e responsabile della loro nascita.[75] Si trattava di un'ipotesi plausibile ma che non aveva un chiaro riscontro nelle leggende e nei miti locali, secondo cui il serpente aveva una funzione di ordine geologico, serviva a regolare le piogge, era il motore del ciclo della vita e della morta, simbolizzato dalla circolarità del serpente che con la bocca si mangia la coda, ed era connesso alla fertilità della terra e delle donne. Non sembravano esserci espliciti riferimenti all'organo genitale maschile, semmai riscontrabili in altri *vodu*, come ad esempio Legba. La competizione tra gli uomini e gli dei, come emerge dai miti raccolti da Saulnier, si concentrava sulla consapevolezza dell'instabile rapporto tra gli esseri umani e la natura e sulla necessità di rinegoziarlo a ogni stagione.

4. *Il serpente, le streghe e le fate*

Il serpente è ancora oggi una divinità fondamentale nel pantheon religioso in Bénin e, per affinità culturale e vicinanza geografica, in Togo. In Ghana il quadro è differente, perché non esiste un culto specificatamente dedicato al serpente. Gli asante lo ritenevano uno spirito fondativo, come

---

74. Quasi a voler contraddire la violenza, immaginata quale parte integrante dei fenomeni di possessione, i fedeli *vodu* di lingua ewe, per indicare la trance usavano, allora come oggi, il termine *vodupopo*, che significa "giocare con il vodu", mettendo così in luce anche una dimensione di gioia e di sensuale passione (Brivio, *Il vodu*, pp. 154-161).

75. Maupoil, *La Géomancie*, p. 74.

attesta la credenza in *anini*, il pitone, grazie al quale la prima coppia aveva iniziato a procreare. In epoca più recente, a partire almeno da quella coloniale, il serpente poteva essere un animale numinoso, ma non era descritto come l'incarnazione di una divinità specifica, cui tributare un culto.[76] Secondo Ellis, la presenza di serpenti nei santuari non era, infatti, segno di ofiolatria, perché la popolazione non mostrava una particolare deferenza nei confronti dell'animale e se qualcuno ne avesse incontrato uno nella foresta lo avrebbe ucciso senza esitazione. Il confronto era con Ouidah, dove invece era vietato a chiunque uccidere i pitoni e si punivano con la morte i colpevoli, anche i bianchi, come molti dei resoconti settecento-ottocenteschi avevano evidenziato.

Tra gli akan della Gold Coast, era possibile trovare dei serpenti all'interno dei santuari, che si riteneva appartenessero alla divinità che lì risiedeva, non erano però essi stessi oggetto di un culto ma semplicemente circondati da un'aura di rispetto, grazie al luogo in cui vivevano. Negli stati più orientali dell'Asante, vi erano alcuni villaggi che veneravano il pitone ma, sempre secondo Ellis, si trattava di una credenza importata dal Dahomey.[77]

Rattray introdusse un tema che non sembrava essere stato toccato dalla letteratura che si era interessata al Dan dahomeyano, cioè il legame che poteva sussistere tra i serpenti e la stregoneria. Si riteneva fosse una delle forme possibili della metamorfosi di streghe e stregoni e si diceva che alcune donne non indossassero la tipica collana di perline attorno ai fianchi, ma proprio un serpente.[78] In Ghana, nei primi anni del Novecento, le accuse di stregoneria contro le donne raccontavano spesso di serpenti. Le donne confessavano di nascondere dei serpenti all'interno delle loro vagine e vi erano anche dei guaritori specializzati nell'estrarre gli animali dai corpi di chi era posseduto dalla stregoneria.[79] L'enfasi sulle parti intime femminili non era però tanto frutto di un'ossessione di ordine sessuale ma, ancora una volta, il risultato di una differente concezione del corpo umano. Non si trattava, infatti, di un'entità autonoma ma di un complesso permeabile

---

76. Secondo Rattray, chi aveva *ntoro* Bosommuru, non poteva uccidere il serpente e se ne avesse trovato uno morto lungo la strada, avrebbe dovuto cospargerlo di caolino e dargli sepoltura (Rattray, *Ashanti*, pp. 48-50).
77. Ellis, *The Tshi-speaking peoples*, pp. 95-96). Il culto del pitone è ancora oggi presente nella comunità Afife nel distretto di Ketu nella *Volta Region*.
78. Rattray, *Ashanti*, p. 29.
79. Debrunner, *Witchcraft in Ghana*, p. 53; Field, *Search for Security*.

e mutevole, posto all'interno di una rete di significati, pratiche e relazioni. Le sue parti interne, come il ventre, collegato agli organi genitali, oppure lo stomaco, raggiungibile dalla bocca, erano i luoghi più accessibili ma pur sempre oscuri, dove si riteneva potessero annidarsi le forze mistiche. Il serpente che si arrotolava nel corpo della donna era inoltre il segno di una pericolosa inversione della norma sessuale.[80]

L'associazione tra serpente e stregoneria potrebbe far supporre che a ovest del fiume Volta, Mami Wata, sirena ma anche incantatrice di serpenti, si sia diffusa prevalentemente attraverso il discorso normalizzante dei pastori e prima ancora dei missionari, che riconobbero in lei un'entità demoniaca. Nel Ghana akan, non vi sono santuari dedicati a Mami Wata (eccetto quelli gestiti da sacerdoti che si rifanno alla tradizione ewe); qui è piuttosto una presenza pervasiva e prevalentemente malefica.

Nel prossimo capitolo si analizzeranno alcune di queste polarizzazioni negative, ma prima vorrei collegare Mami Wata, nella sua configurazione attuale, alle molte presenze femminili acquatiche che hanno abitato l'immaginario europeo, a partire dall'epoca medioevale. Si trattava, come nel caso delle Anguane,[81] o della Magada in Valtellina,[82] di creature femminili, giovani, belle e acquatiche. Le molte fate, protagoniste della tradizione popolare europea, vivevano prevalentemente nell'acqua, oppure nelle grotte e nei boschi e, così come Mami Wata, il loro carattere oscillava tra una polarità positiva (prevalente in alcune aree) e una negativa (maggioritaria in altre). Nel caso della facies "strega", si tratta di una donna brutta e vecchia, lavandaia notturna, rapitrice di bambini e antropofaga, come "fata" è invece una donna affascinante e giovane, una lavandaia molto gelosa dei suoi bucati splendenti, spesso è filatrice o tessitrice, è esperta di agricoltura e dell'arte casearia, è capace di prevedere il clima e proteggere il raccolto, è una sposa e una madre esemplare, nonostante la condizione melusiniana che impone agli uomini. Anche nella facies positiva può essere una donna molto vendicativa e in diversi racconti popolari si trasforma in serpente, in rana o rospo.

Leggendo il prossimo capitolo, le similitudini con Mami Wata appariranno a volte sorprendenti. Quello che ora mi preme sottolineare sono invece alcune differenze, forse più metodologiche che narrative. Gli storici

---

80. Brivio, *La mia stregoneria è un serpente*.
81. Perco, *Le Anguane*.
82. Fassin, *Il mito valtellinese*.

che hanno scritto delle fate europee, spesso concordano nell'attribuire la polarizzazione tra le due identità femminili al prevalere di un sistema simbolico imposto dalla cristianizzazione.

Secondo Fassin, la loro deriva demoniaca va letta alla luce della diffusione, in Valtellina, della caccia alle streghe:

> Molte di queste presenze femminili, già originariamente caratterizzate da una forte ambivalenza, devono aver subito una traduzione in chiave del tutto negativa, in particolare nella nostra realtà, anche in conseguenza della capillare diffusione dei processi e della persecuzione delle streghe nei secc. XV-XVII e oltre. Così devono essere state senz'altro demonizzate e qualificate come *strie* molte delle creature fantastiche presenti nella narrazione popolare, forzandone la rappresentazione in questo senso.[83]

Anche L.Harf Lancner, facendo riferimento alla letteratura medioevale, ha mostrato la progressiva trasformazione della fata in strega, operata dalla cultura teologica cristiana che, come ha sintetizzato Valerio Petrarca «tende ad assimilare il meraviglioso da una parte alla magia diabolica (al pari di altre figure soprannaturali precristiane) e dall'altra all'universo miracoloso e benefico».[84]

Mami Wata sembra vittima della medesima polarizzazione, da una parte donna affettuosa ma comunque intrinsecamente problematica a causa della sua natura spirituale, e dall'altra antropofaga e mostruosa. Non si può escludere che alcuni dei racconti che la riguardano siano stati influenzati, come potremmo supporre nel caso di Ellis, dal mito melusiniano, oppure come nel caso dei cronisti settecenteschi, così colpiti dai rituali di Dangbé, da una cultura religiosa intrisa di riferimenti al peccaminoso rapporto tra le donne e i serpenti. Le predicazioni dei missionari e poi dei pastori hanno sicuramente rafforzato un'interpretazione in chiave demoniaca di tutte le divinità locali; ritengo però importante da subito ricordare come Mami Wata sia una divinità a cui molte donne fanno riferimento e i cui rituali si sono integrati con successo in quelli di altre entità acquatiche, nonostante la consapevolezza del pericolo rappresentato dalla stessa.

In Africa occidentale, nei paesi qui analizzati, non si può riscontrare quindi quella sequenza quasi teleologica di progressiva scomparsa del meraviglioso e dell'incantato a favore di un esclusivo orizzonte demoniaco.

---

83. Ivi, p. 223.
84. Petrarca, *La nascita delle fate*, p. 614.

Gli immaginari contrastanti possono coesistere anche nei medesimi luoghi, affiancandosi e a volte quasi dialogando, come ad esempio nell'apparizione della Vergine di Tchévié (si cui si parlerà nel quinto capitolo), dove la Vergine stessa sente il bisogno di dire ai suoi fedeli di non confonderla con Mami Wata.

Petrarca ha sottolineato come nell'analisi dei testi che hanno tramandato i miti e le leggende relativi a Melusina e Morgana, se si adottasse una prospettiva che trattenga le invarianti più profonde si rischierebbe di ottenere «un modello così ben funzionante da poter essere esteso a insiemi narrativi storicamente e geograficamente pressoché universali»,[85] per cui lo schema melusiniano finisce per essere riconoscibile in molti insiemi rituali e contesti anche estranei alla scrittura, constatazione che potrebbe condurre ad adottare un'ottica sostanzialmente diversa da quella storico-culturale. Il suggerimento dato è di trattenere sia «i moduli più profondi del racconto di carattere universale» sia gli aspetti specifici e propri del contesto considerato.[86]

Un'altra difficoltà che emerge dalla lettura storica di questi racconti è il rapporto sbilanciato tra cultura d'élite e popolare. La seconda è solitamente più frammentata e sporadica, per cui si ricorre alla prima per cercare di colmarne le lacune, facendo quindi riferimento a credenze e riti di cui non è sempre facile capire se appartengano a un universo mitico-rituale popolare o se siano già parte di una tradizione narrativa orale di cui è difficile ricostruire la genesi. Si tratta di questioni applicabili anche nel caso del culto di Mami Wata, la cui ritualità e i cui racconti spingono a interrogarsi sulla fluidità tra universo mitico-religioso e racconto orale, a chiedersi se la cultura popolare riconosca una distinzione tra racconto formalizzato, legato all'universo rituale, e racconto meno formalizzato e più libero, collegato a quelli che in Africa si definiscono *rumours* e che oggi sono veicolati anche dalle immagini video e dai film. Come si alimentano gli uni con gli altri, da dove si originano e quale dinamica di apertura o chiusura seguono? Emerge quindi l'esigenza di comprendere cosa la religione locale trattenga di una cultura per alcuni aspetti egemonica, come quella occidentale, e di una religione, quella cristiana, numericamente molto importante in Africa.

---

85. Ivi, p. 616.
86. *Ibidem*.

3. Mami Wata. Sirena e incantatrice di serpenti

Un discorso ormai classico degli studi che si sono sviluppati attorno alla figura di Mami Wata è quello sul rapporto tra modernità e tradizione in Africa. Mami Wata sembrerebbe incarnare perfettamente le contraddizioni, i traumi, le violenze, i desideri e le potenzialità del processo di transizione verso la modernità. Indubbiamente Mami Wata, creatura ontologicamente ambigua nella sua capacità di sedurre e poi uccidere, simboleggia una possibile idea di modernità; il suo fascino è ingannevole, la sua forza è mercificabile e la sua passione è accumulare ricchezza e futili beni di consumo. Questa lettura presuppone però che la modernità sia un'epoca dello sviluppo dell'umanità ben definibile, compiutamente realizzata e in opposizione alla sua antitesi, la tradizione. La modernità resta invece un progetto incompiuto e come Mami Wata non può essere aprioristicamente definita.[1]

Ciò non toglie che ormai in Africa occidentale, così come altrove, esista un discorso condiviso su questa entità ibrida e che tale discorso abbia contribuito alla costruzione di un certo stereotipo di femminilità. Ai bordi del mare, come altrove, capita di ascoltare i racconti e le leggende che circolano attorno a Mami Wata. Si tratta proprio di quelle narrazioni che l'hanno resa, secondo molti antropologi, "un'icona della modernità", espressione di una cultura popolare capace di incorporare e reinventare le paure, i desideri e gli immaginari prodotti dalla società contemporanea. Lo studioso che più ha reso famosa Mami Wata tra gli antropologi euro-americani è sicuramente Henry Drewel, il quale le ha dedicato innumerevoli articoli,[2] una curatela di oltre 700 pagine e una mostra al Fowler Museum dell'UCLA nel 2008.[3]

---

1. Augé, *Non luoghi*; Latour, *Non siamo mai*.
2. Drewel, *Interpretation*; Id., *Performing the Other*; Id., *Mermaids*; Id., *Mami Wata*.
3. *Sacred Waters*.

In questo capitolo si prosegue la panoramica delle entità acquatiche femminili che abitavano queste regioni, prima che il culto di Mami Wata si coagulasse attorno a un'unica immagine, divenuta poi iconica. Traccerò poi una possibile ricostruzione della genesi di Mami Wata come incantatrice di serpenti e della sua attuale iconografia. Il singolare legame che si è venuto a creare tra un'immagine rappresentazione d'altro e un'entità spirituale in qualche misura preesistente, ci obbliga ad aprire una parentesi sull'importanza delle immagini nel fenomeno religioso e sull'*agency* delle stesse. Il processo di acquisizione d'iconografie eterodosse è continuato anche dopo l'apparizione dell'immagine dell'incantatrice di serpenti; all'interno del mondo acquatico di Mami Wata si sono aggiunte alcune divinità mutuate dal pantheon hindu.

È utile ricordare ancora una volta che la tradizione rituale africana si contraddistingue per l'attitudine alla «continua rivelazione»;[4] ciò consente agli uomini e alle donne di riconoscere nuove entità spirituali negli oggetti, nei luoghi o in eventi anomali, senza che la singolarizzazione di questi stessi eventi entri in contraddizione con l'universalità dell'entità o del suo principio. In tal senso ogni *vodu* è unico perché è il risultato di un evento che lo ha realizzato ma è anche l'attualizzazione di qualcosa che già preesisteva, di una entità virtuale.[5] In questi termini si comprende come una stessa divinità possa frammentarsi e riprodursi all'infinito, in funzione degli esseri umani che la incontrano, in luoghi e in tempi differenti.[6]

Grazie a un atteggiamento aperto alla continua scoperta, possono emergere elementi che prima non esistevano, che non erano presenti nella forma che poi assumeranno; possono nascere nuove divinità. Vi è spazio per «eventi inaspettati» che non sono solo il frutto della creatività umana ma possono risultare da incontri particolari, unici e irripetibili, dove è proprio la loro eccezionalità ad aprire una finestra sul trascendente.[7] Gli eventi possono poi dare forma a quelle entità che furono definite "feticci", termine che, nonostante la sua drammatica genealogia, è oggi ancora utile per definire delle realtà risultato di eventi unici e irripetibili.[8] Ha quindi un'ir-

---

4. Thornton, *Africa and Africans*, p. 258.
5. Goldman, *An Afro-Brazilian*.
6. Brivio, *Il vodu*.
7. Sansi, *We worship nature*, p. 97.
8. Pietz, *The problem I*; Id., *The problem II*; Id., *The problem III*.

riducibile dimensione storica, non tanto e non solo nel senso del divenire, ma di una storia fatta di eventi, incontri, rivelazioni e rotture.

Mami Wata è al contempo il frutto di un evento unico, poiché è stata ri-conosciuta una prima volta, ma continua anche nel presente a rivelarsi durante accadimenti irripetibili, grazie ai quali la realtà muta, anche adattandosi alle nuove possibilità di riproduzione tecnica.

1. *Mami Wata prima di Mami Wata*

Le figure femminili che oggi sono riconosciute come Mami Wata erano presenti anche prima del diffondersi della nota iconografia verso la quale poi si sono addensate le molte entità acquatiche preesistenti. Ellis ci aveva fornito sia la storia dei due bambini affogati nella laguna di Porto Novo, che ricomparivano come esseri anfibi alla madre, sia la visione della sirena, che viveva in una delle rocce di Cape Coast.[9] Nella sua opera sulle popolazioni di lingua twi dell'attuale Ghana, Ellis dedicava un capitolo ai tabu alimentari e a come questi andassero a costruire e differenziare i lignaggi.[10] Due delle leggende da lui raccolte facevano riferimento a entità acquatiche che qualche decennio dopo sarebbero state incorporate nelle strutture narrative del mito di Mami Wata.

La prima storia raccontava di un uomo che aveva da poco perso la moglie e stava camminando sconsolato lungo la spiaggia, quando improvvisamente era stato affiancato da una giovane che gli aveva chiesto quali fossero le ragioni di tanta prostrazione. L'uomo mentre le confidava le sue recenti sfortune, era stato «catturato dal suo fascino». Le aveva subito chiesto di poterla sposarla, la donna aveva acconsentito e i due erano tornati a casa assieme. Tutto sembrava procedere per il meglio, fino a quando un giorno la moglie, che era sempre più inquieta, aveva chiesto al marito di poter tornare a trovare la propria famiglia; lui aveva acconsentito ma si era proposto di accompagnarla. Nonostante la ritrosia della donna, si erano incamminati insieme lungo la spiaggia; giunti a destinazione, lei lo aveva pregato di fermarsi e gli aveva detto: «non puoi venire perché quando torneremo tu riderai di me». Il marito ovviamente aveva giurato che non avrebbe mai fatto alcuna allusione alla sua casa e ai suoi parenti, per cui la

9. Ellis, *The Ewe-speaking peoples*.
10. Ellis, *The Tshi-speaking peoples*.

moglie gli aveva svelato che la loro abitazione si trovava in fondo al mare e che lei stessa era un pesce quindi, se voleva ancora seguirla, doveva «contare i frangenti che si rompevano sulla spiaggia e tuffarsi con lei sotto la terza onda». Così avevano fatto e dopo poco erano giunti dai genitori della moglie, i quali lo avevano accolto con benevolenza e tra le molte raccomandazioni, lo avevano pregato di non uscire mai dall'abitazione.

Il marito passava il tempo a osservare i pesci che giocavano tra di loro e aveva gradualmente assunto alcune delle loro peculiarità, tra le quali quella di emettere una luce fosforescente durante la notte. Ovviamente non aveva seguito il consiglio di restare in casa e un giorno si era unito ai giochi degli altri pesci. Aveva però commesso l'errore di avvicinarsi troppo alla superficie ed era stato avvistato da alcuni pescatori, i quali, attratti dalla luce che emanava e da ciò che sembrò essere un pesce anomalo ma molto bello, lo avevano arpionato. La famiglia appena si era resa conto di ciò che stava accadendo, aveva chiesto a uno squalo di tagliare il filo dell'arpione; in tal modo era stato tratto in salvo, curato e quindi rimandato, con la moglie, nella sua dimora terrestre, dove aveva portato con sé anche l'arpione. Tempo dopo i padroni di casa in cui la coppia viveva, avevano visto e riconosciuto il proprio arpione. Il marito, temendo di essere accusato di furto, era stato costretto a raccontare l'intera storia, trasgredendo alla promessa fatta alla moglie. Ciò non ebbe conseguenze immediate, ma quando un giorno, in seguito a una lite, la insultò, dicendole che era un pesce, la moglie profondamente offesa gli disse che se ne sarebbe tornata in mare; nulla riuscì a dissuaderla. La coppia si salutò per l'ultima volta sulla spiaggia, la donna si gettò tra le onde con il loro ultimogenito, mentre i primi due figli restarono con il padre. Da quel giorno a tutti i discendenti della famiglia fu vietato di mangiare il *sarfu*, perché «la donna-pesce quando era nel mare era proprio un pesce di quel tipo».[11]

Nella seconda storia, si raccontava di un altro uomo solo e triste che si autocommiserava per la propria incapacità a trovare una moglie. Una notte, era andato a pescare da uno scoglio ed era finalmente riuscito a prendere un bel pesce che aveva chiamato *appei*; mentre si stava dirigendo verso la spiaggia per ucciderlo questo aveva iniziato a parlare e gli aveva detto: «non uccidermi, sarò per te una moglie e tu per me un marito». L'uomo, stupito, aveva portato il pesce a casa e poi era tornato nuovamente a pescare. Qualche ora dopo, rientrato a casa, invece del pesce aveva

---

11. Ivi, pp. 211-213.

trovato una bella e giovane donna che stava facendo i lavori domestici. Si trattava ovviamente del pesce che, come lei stessa aveva ammesso, era stato mandato dagli antenati dell'uomo per dargli finalmente conforto. In questo caso entrambi giurarono che né loro né i loro discendenti avrebbero mai mangiato *appei* e che un giorno sarebbero ritornati assieme nel mare, cosa che effettivamente fecero. Negli anni il «numero dei loro discendenti aumentò a tal punto che si originò il paese di Appem».[12]

In entrambe le storie vi sono uomini soli e pesci che si trasformano in donne docili e desiderose di esaudire i desideri dei loro futuri mariti. Nelle parole di Ellis appaiono alcuni schemi narrativi tipici della tradizione melusiniana e morganiana. Della prima troviamo la moglie e madre amorevole, la promessa come condizione dell'unione e l'incapacità dell'uomo di rispettarla che implica il ritorno definitivo della donna nel mare. Della seconda, il soggiorno dell'eroe maschile in un mondo alieno. Ovviamente è impossibile stabile se Ellis (o i suoi informatori) avesse arricchito le narrazioni di dettagli melusiniani, che appartenevano al suo orizzonte culturale o se questi fossero già parte della tradizione orale.

Dopo circa quattro decenni, nello stesso mare, appariranno delle Mami Wata che avranno perso la loro docilità, ma non la loro bellezza; saranno amanti esigenti e, secondo la polarizzazione negativa, avide accumulatrici di denaro e crudeli eviratrici di uomini. In tutte le narrazioni orali, Mami Wata è sempre pensata come una donna straniera, probabilmente orientale o europea, di pelle leggermente più chiara, rispetto alla media della popolazione, e con i capelli fluenti. Questa sua natura esogena potrebbe avvalorare anche l'ipotesi che alcuni suoi comportamenti non siano parte della tradizione mitico-rituale locale e siano entrati a far parte della cultura popolare in tempi più recenti.

All'epoca in cui scriveva Ellis, il mare era dunque già abitato da sirene, ma non era ancora apparsa l'incantatrice di serpenti, di cui si trova una possibile prima traccia in un aneddoto raccontato nella biografia della famiglia Quist di Keta. Si tratta delle sfortunate vicende di Elias Mensah Quist, un uomo in viaggio verso l'Europa alla ricerca del padre danese. In seguito a una lite avvenuta sulla nave, era stato buttato in mare e il suo corpo era stato trovato su una spiaggia, in un punto tra Lagos e Cotonou. I pescatori che avevano rinvenuto il corpo avevano visto in lui una divinità, perché un serpente avvolgeva il suo corpo e i lunghi capelli, appiattiti

---

12. *Ibidem.*

dall'acqua, gli coprivano il volto.[13] Erano probabilmente gli ultimi anni dell'Ottocento e le voci già raccontavano della possibilità di trovare sulla spiaggia una divinità che aveva l'aspetto di Mami Wata.

2. *Le prime Mami Wata*

Grottanelli ha raccolto delle testimonianze particolarmente interessanti perché colgono una fase, quella degli anni Cinquanta e Sessanta del Novecento, di transizione tra ciò di cui scriveva Ellis e quello che poi diventerà l'immaginario più massificato sulle prodezze delle Mami Wata.[14] A suo avviso, tra gli nzema del Ghana sud-occidentale le divinità marine non avevano una posizione di rilievo nel sistema religioso locale e le «mamewata» erano pressoché assenti.

Le prime testimonianze, da lui raccolte, relative a queste creature risalgono al 1954; secondo i suoi informatori le «mamewate» erano entità simili alle «nostre» sirene, metà esseri umani e metà pesci, vivevano nel mare ed erano prevalentemente di sesso femminile. Nel 1963 un indovino di Axim aveva raccontato a Grottanelli di avere visto delle «mamewata» nuotare verso la spiaggia, alla confluenza con il fiume Ankobra. Una di esse, un giorno, gli aveva riferito un messaggio, destinato però a un amico che faceva l'impiegato ad Accra: «disse che desiderava fare amicizia con quell'uomo, e che questi non avrebbe dovuto temere se un giorno ella gli fosse apparsa: gli avrebbe portato denaro e oggetti, fra cui pepite d'oro, dalla sua dimora nell'oceano».[15] L'indovino le aveva potute vedere solo perché lui «aveva gli occhi», cioè il dono della visione; erano donne, non sirene, avevano la pelle chiara, i capelli fluenti e indossavano lunghe gonne che arrivavano fino ai piedi.

La seconda testimonianza risaliva al 1971, in questo caso Kabu Kabenla, un fotografo e Testimone di Geova di Beyin, raccontava il caso di un suo conoscente di Accra, il quale, non essendo ancora sposato, aveva preso in moglie una «mamewata». Nonostante fosse scostante e avesse l'abitudine «di apparire e sparire nei modi più imprevedibili», l'uomo era felice della sua vita coniugale. Vi era però un problema: il denaro continuava a sparirgli, anche se chiudeva a chiave i cassetti; aveva addirittura comprato

---

13. Ipsen, *Daughters of the trade*, p. 265.
14. Grottanelli, *Una società Guineana*, pp. 118-120.
15. Ivi, p. 119.

una cassaforte ma non era valso a nulla. L'uomo, grazie all'amicizia con Kabu Kabenla, aveva iniziato a dedicarsi alla lettura della Bibbia e ben presto si era convertito al credo dei Testimoni di Geova. La moglie aveva molto apprezzato il suo cambiamento spirituale, gli aveva restituito tutti i soldi, ma dopo era scomparsa per sempre.

I due casi mostravano delle Mami Wata che avevano una certa famigliarità con i soldi ed erano attratte dall'«uomo medio di città». Secondo Grottanelli questi riferimenti ad Accra dimostravano che le «mamewata» erano «un elemento estraneo, con ogni probabilità un'aggiunta recente al corpus folklorico locale, nel quale sono lunghi dall'essere integrate».[16] Dei temi melusiniani era rimasta solo quello dell'improvvisa e definitiva scomparsa della donna in seguito a un cambiamento prodotto dall'uomo.

Era però già chiara la tenacia di questa credenza estranea alla tradizione locale e, infatti, Grottanelli chiudeva l'argomento, riportando alcune voci che nel 1976 ormai circolavano nella regione. Si parlava di un uomo benestante, e a tutti noto, il quale pur avendo due mogli aveva allestito sulla spiaggia una casetta arredata sontuosamente dove trascorreva la notte in compagnia di una «mamewata». La seconda voce, che circolava in quegli anni, raccontava di come anche i giovani (che presumibilmente non avevano grandi disponibilità economiche) avessero iniziato a interessarsi alle sirene e avessero escogitato un modo per attrarle verso terra. Durante la notte, in piccoli gruppi di due o tre persone s'incontravano sulla spiaggia e si raccoglievano all'interno di un cerchio tracciato nella sabbia; recitavano un incantesimo e poco alla volta le «mamewata», una per ciascun uomo, iniziavano a emergere dal mare. Il gioco magico non era privo di rischi, infatti, se non fossero giunte, il primo o l'ultimo dei ragazzi a mettere un piede fuori dalla sabbia sarebbe impazzito.[17] Grottanelli precisava di non aver mai ascoltato una testimonianza diretta di uno di questi giovani, ma che si tratta di voci insistenti.

I *rumour* sono stati uno dei più efficaci mezzi di diffusione delle leggende che hanno continuato a raccontare le prodezze di Mami Wata. In quelle raccolte da Grottanelli appaiono alcuni temi che poi diventeranno ricorrenti e che invece erano assenti dalle vicende delle donne-pesce de-

---

16. Ivi, p. 120.
17. La possibilità dell'incontro con entità numinose non appartiene all'ordine del miracoloso ma ciò non ne diminuisce la pericolosità. Il gioco dei giovani sulla spiaggia ricordava sotto diversi aspetti un processo iniziatico, durante il quale il contatto con la trascendenza deve essere preparato ed è necessario rispettare delle regole, poiché il rischio è la morte.

scritte da Ellis; con gli anni Cinquanta e Sessanta del Novecento quindi le sirene iniziarono a esprimere una predilezione per i soldi e per il lusso, in alcuni casi per gli uomini di città e, dettaglio che presenta una certa continuità anche con il passato, a rappresentare una sfida pericolosa per gli uomini che si ostinano a desiderarle.

La paura è uno dei temi ricorrenti dei racconti popolari su Mami Wata. Genevieve Nrenzah, durante la sua ricerca a Half Assini, nei medesimi luoghi dove Grottanelli aveva lavorato diversi decenni prima, ha raccolto alcune interessanti testimonianze, tra le quali il racconto di un pescatore:

> Mame Wata ha dato un numero di telefono [...] Il numero è 888 e quando chiami, Mame Wata risponde dalla sua casa in fondo al mare. Lei ti promette tutto ciò che le chiedi, ma prima devi essere pronto a incontrarla di notte e da solo in spiaggia. Ti spiega come comportarti, l'ora per incontrarla e il punto esatto della spiaggia dove comporre il numero... se ti rifiuti di incontrarla inizierai ad avere allucinazioni. E se invece dovessi decidere di andare, una serie di cose terrificanti appariranno e scompariranno prima che lei arrivi. Devi solo stare lì; se corri via, diventerai pazzo.[18]

La comunicazione con Mami Wata si è quindi aggiornata ai tempi, le incantazioni recitate sulla spiaggia sono state sostituite dalla possibilità di una comunicazione diretta tramite il telefono (si tratta di un immaginario molto diffuso) ma la struttura dell'incontro e i rischi connessi sono restati pressoché gli stessi.

La paura e il pericolo sono categorie analitiche importanti nello studio del sacro; la dimensione della trascendenza, così come il mare, affascina per la sua natura indicibile e ambigua, attrae a sé gli uomini e le donne ma può essere avvicinato solo rispettando una serie di regole e di tabu, altrimenti diventa sinonimo di morte. Nel caso delle Mami Wata la paura e il pericolo s'intersecavano con la dimensione di genere, proprio in un periodo, come quello degli anni Cinquanta e Sessanta del Novecento, in cui Mami Wata assurge anche a simbolo di quelle soggettività eccentriche rispetto ai modelli consolidati e più aderenti alla consuetudine. La sua pelle chiara, così come i capelli lunghi, indicavano un carattere di alterità, che poteva alludere a donne "straniere" ma anche semplicemente diverse.[19] Il

---

18. Nrenzah, *Inventing*, p. 81.
19. Il colore bianco è però anche quello attribuito agli antenati e alle divinità d'acqua. Anche le fate melusiniane erano vestite di bianco, in alcune descrizioni bionde, e complessivamente molto chiare e il loro pallore testimoniava la vicinanza al mondo dei morti.

loro esotismo, i riferimenti alla città e alcuni comportamenti anomali consentivano di identificarle con le "donne cattive" che, a partire dagli anni Trenta, avevano iniziato da posizioni di marginalità a scuotere le categorie tradizionali dei rapporti di genere, a proporre nuove soggettività femminili e a sperimentare nuovi percorsi esistenziali.[20]

Il discorso rischia di allargarsi verso temi che fuoriescono dall'ambito di questo lavoro, ma alcune precisazioni sono necessarie perché in quel dato momento storico, che vide anche il diffondersi della stregoneria e di un crescente numero di accuse ai danni delle donne sospettate di praticarla, Mami Wata sembrava incarnare proprio la pericolosità della donna che si sottraeva al controllo maschile.

Il discorso coloniale in quegli anni aveva interesse a immaginare soggettività femminili uniformi, ontologicamente deboli e sottomesse, ma al contempo sessualmente minacciose ed esuberanti.[21] La stabilità politica si poteva ottenere anche grazie alla cristallizzazione di presunte tradizionali dinamiche di genere che riconfermavano l'egemonia maschile. Il sistema coloniale doveva, infatti, sostituirsi alle strutture politiche ed economiche preesistenti, ma era disposta a sostenere l'egemonia patriarcale all'interno delle dinamiche familiari. Esemplare di questo processo fu, ad esempio, l'accettazione dei matrimoni forzati per le giovani che non volevano sposarsi nel Ghana coloniale, pratica fallimentare ma che formalmente fu ostacolata solo da alcuni esponenti della chiesa cattolica.[22]

Leggendo con attenzione i documenti, i casi giudiziari, le dispute, le denunce e i report degli amministratori di epoca coloniale, emergono le strategie messe in atto dalle donne per perseguire i loro obiettivi e sottrarsi a quelle forme di controllo e di dipendenza a cui non volevano sottostare.[23] Si trattava di donne capaci di esprimere una decisa autonomia; mentre con «gli occhi dell'occidente», si preferiva vederle come vittime della loro stessa società, contribuendo così alla loro reificazione in soggetti monolitici e impedendo al contempo una reale conoscenza del contesto storico e sociale in cui esse vivevano e agivano.[24] Un discorso differente veniva invece proposto nei riguardi di quelle donne che ricoprivano ruoli di potere:

20. Hodgson, McCurdy, *Wicked" women*.
21. Si veda: Coquery-Vidrovitch, *African women*; Sheldon, *Pounders of Grain*; *Readings in Gender*; Berger, *Women*.
22. Allman, *Rounding up spinters*.
23. Brivio, *Donne, emancipazione*.
24. Mohanty, *Under Western eyes*.

le ricche mercanti, le aristocratiche, le donne impegnate nei movimenti per l'indipendenza africana o nelle nuove professioni della modernità. Anche in questo caso però lo sguardo era ideologicamente sbilanciato e veniva a mancare la possibilità di restituire un quadro complessivo delle dinamiche di genere. Una visione dicotomica della realtà ha quindi rischiato di cancellare tutte le negoziazioni di cui le donne di tutte le estrazioni sociali sono state protagoniste.

Dorothy Hodgson e Sheryl McCurdy hanno utilizzato il concetto di "cattiveria" per analizzare le dinamiche di genere in Africa; il termine non è ovviamente utilizzato come un attributo offensivo ma come categoria, posta all'intersezione di una molteplicità di dimensioni, che ha prodotto sia continuità sia cambiamento.[25] «Donne cattive» poteva quindi essere parte di un discorso egemone maschile volto a stigmatizzarle e a cercare di controllare e normalizzare i loro comportamenti. Ma «cattive» è anche un attributo che mostra, secondo le autrici, le manifestazioni di un potere femminile consapevole, grazie al quale le donne sfidavano i vincoli politici, economici e culturali frapposti al loro agire. Le donne erano quindi «cattive» perché rompevano «la rete di relazioni sociali che le definivano, e che dipendevano da loro, in quanto figlie, sorelle, mogli, madri e amanti». Spesso queste donne in modo diretto o indiretto sfidavano le attese normative di «rispettabilità»,[26] una qualità che delimitava e regolava i comportamenti di genere, rinforzando i meccanismi di controllo e ponendo anche le basi di un ordine morale e sociale. Chi trasgrediva i confini della rispettabilità, quindi «sfidava le fondamenta morali della società stessa».[27]

I comportamenti trasgressivi, che alcune donne mettevano in atto per migliorare le proprie condizioni di vita, andavano a destabilizzare i rapporti produttivi e riproduttivi che erano alla base delle unità domestiche di tipo tradizionale. La mobilità femminile, che proprio in quegli anni assunse dimensioni giudicate allarmanti, diventava quindi sinonimo di corruzione morale e di prostituzione, perché minacciava i rapporti di genere e di conseguenza gli assetti economici e politici. Basti ricordare che, ancora negli anni Sessanta del Novecento, uno studio sulla migrazione dalle aree rurali del Ghana verso le città, aveva mostrato come la maggior parte delle persone intervistate ritenessero che per le donne fosse un'esperienza

---

25. *"Wicked" women.*
26. Ivi, p. 6.
27. *Ibidem.*

d'irrevocabile corruzione morale.[28] Nell'accusa di non rispettabilità si nascondevano anche le paure maschili di fronte alla possibilità che le donne si sottraessero al loro lavoro riproduttivo o decidessero di svolgerlo fuori dagli ambiti prestabiliti, pericolo espresso anche dal corpus di miti relativi alla divinità serpente Dan.

Mami Wata diventerà una sintesi di queste paure, all'intersezione tra l'*agency* femminile e l'uso normativo della condanna morale; una sintesi perfetta della donna desiderosa di autonomia e di successo economico, capace di conseguire i propri obiettivi manipolando la propria sessualità e quella dei propri partner.

3. L'iconografia di Mami Wata

Al fine di capire la genesi dell'iconica Mami Wata è necessario interrogarsi sul potere delle immagini e sulla ricaduta che la loro riproducibilità ha avuto sulla dimensione rituale. Uno dei primi lavori sulla madre dell'acqua è apparso su *African Arts* nel 1977. Jill Salmons aveva condotto una ricerca sulle sculture lignee di Mammy Wata tra gli ibibio del Cross River State in Nigeria. Mammy Wata era un nome generico dato agli spiriti dell'acqua, indipendentemente dalla loro identità femminile o maschile, che sostituiva il temine ibibio *nedem* (spirito) *mmo* (acqua). Le sculture erano presenti nella regione da almeno trent'anni e l'idea che gli spiriti dell'acqua potessero avere un aspetto umano era solo una recente introduzione. Questa ipotesi era confortata anche da un articolo di Herbert Cole il quale, nella provincia di Owerri, tra gli ibo, aveva visitato un santuario dove vi era una scultura in terra cotta raffigurante una divinità "recentemente" introdotta e che si chiamava proprio Mammy Wata.[29]

Kenneth Murray, amministratore coloniale e *Surveyor of Antiquities* in Nigeria fu probabilmente il primo a ricostruire la genesi iconografica della divinità. Nel 1944 Murray incontrò Akpan Chukwu, uno dei più importanti scultori annang, un gruppo appartenente all'area linguistica degli ibibio. Chukwu gli aveva mostrato una scultura di Mammy Wata che aveva realizzato per un altare che si trovava a 128 km a occidente del delta del Niger e gli aveva confidato che nel realizzarla si era ispirato a una stampa

---

28. Caldwell, *African rural-urban*, pp. 102-111.
29. Cole, *Mbari is life*.

tedesca che raffigurava un'incantatrice di serpenti indiana: la stampa era stata prodotta da Arnold Schleisinger ad Amburgo. Murray non era riuscito a comprare la scultura di Chukwu, il quale era morto poco dopo, nel 1952. Salmons si era messa sulle tracce del fratello, Joseph, anch'egli scultore ed era riuscita a ricostruire la (probabile) storia che si nascondeva dietro alla scultura che Murray aveva visto nel 1944. Secondo Joseph, suo fratello era entrato in possesso della stampa grazie a un Ufficiale Distrettuale britannico che gli aveva chiesto di riprodurla, perché desiderava portare la scultura in Inghilterra come dono per la moglie. Secondo le ricostruzioni di Salmons e i racconti di Joseph, questo ufficiale era G.F.Hodgson, che era giunto effettivamente nella regione per la prima volta nel 1909.[30]

Drewel, che ha proseguito questo lavoro, sostiene che la prima riproduzione lignea rinvenuta sia parte di una maschera copricapo, fotografata nel 1901 nella città di Bonny, sempre nel delta del Niger,[31] quindi precedente a quella realizzata da Chukwu. La stampa dell'incantatrice di serpenti sarebbe poi, sempre secondo Drewel, un manifesto cromolitografico di fine Ottocento utilizzato per lo "zoo umano" di Carl Hagenbeck ad Amburgo. La cromolitografia dovrebbe essere strettamente connessa alla storia di Maladamatjaute. Si trattava del nome d'arte di una donna orientale, incantatrice di serpenti appunto, che fu portata in Europa verso la fine dell'Ottocento. La fotografia, che la ritraeva con un serpente arrotolato attorno al collo, era stata scattata nel 1887 per pubblicizzare una sua esibizione.[32] L'immagine di Maladamatjaute fu riprodotta in un calendario e, molto probabilmente,

---

30. Salmons, *Mammy Wata*, p. 13.
31. Drewal, *Mami Wata*, p. 198.
32. All'origine di tutto, secondo Drewel, ci sarebbe Carl G.C. Hagenbeck, un uomo di Amburgo e commerciante ittico che aveva colto, ma soprattutto era riuscito a sfruttare, il crescente interesse per l'esotico e il bizzarro. Aveva iniziato le sue attività esponendo animali che giungevano da luoghi lontani e che lui stesso commissionava ai viaggiatori. In una di queste missioni, Breitwieser, un cacciatore incaricato di portare dal sud est asiatico e dal pacifico animali rari, era tornato con la moglie: Maladamatjaute. Hagenbeck sfruttò la sua carica esotica, facendo esibire la donna come incantatrice di serpenti nei suoi spettacoli. Nel 1887 fu realizzata la cromolitografia che la ritraeva con un serpente attorno al collo, probabilmente per pubblicizzare la sua esibizione. Maladamatjaute divenne famosa in Europa e la sua immagine raggiunse anche gli Stati Uniti e probabilmente le coste africane. La riproduzione più antica rintracciata in Africa risale però solo al 1955, come parte di un calendario di produzione indiana. L'immagine di Maladamatjaute era però sicuramente già circolata, come testimonia una foto del 1901, che la immortala in una sua reinterpretazione plastica, durante una celebrazione a Bonny, nel delta del Niger (*Sacred Waters*, pp. 69-71).

questo fu il veicolo attraverso cui si diffuse anche nell'attuale Nigeria o forse invece, come sostiene Salmons, furono le statue di Chukwu a rendere famose le fattezze di Mami Wata e quindi ad aumentare la diffusione della stampa. Oppure inizialmente le due strade furono percorse in modo separato. Negli anni Quaranta, il culto era già presente nel delta del Niger e negli stessi anni arrivò anche nei paesi confinanti, spostandosi verso occidente (Bénin e Togo).[33] Come abbiamo visto non si trattò però di un'assoluta novità: le acque erano già abitate sia da creature femminili, che potevano diventare donne e condurre per un certo periodo una vita terrena, sia da creature di transizione tra la forma umana e quella del pesce.

La peculiarità del fenomeno Mami Wata è la presenza di un'immagine stampata nella quale gli occhi delle popolazioni costiere hanno riconosciuto qualcosa a loro noto. Al contempo, la riproducibilità dell'immagine ha standardizzato alcune peculiarità della divinità, enfatizzando un certo ideale di bellezza femminile. La potenza della stampa tedesca è stata dirompente, se si pensa che è riuscita a integrarsi in molti sistemi religiosi africani e a coagulare attorno a sé una miriade di divinità acquatiche. La forza d'attrazione esercitata dall'immagine ha consentito negli anni la formazione di diverse generazioni di adepte e ha suscitato un crescente interesse tra gli artisti e gli scultori ma anche registi, scrittori e non ultimi antropologi e africanisti.

Nei prossimi paragrafi la questione iconografica sarà affrontata secondo due differenti registri. Da un lato, l'immagine dell'incantatrice di serpenti ha favorito la polarizzazione negativa di Mami Wata, alimentata dai racconti popolari e da una ricca produzione cinematografica. La divinità che acquisisce una forma bidimensionale e riproducibile, in un contesto dove era sempre prevalsa un'estetica informale, sembra aver reso più facile la sua ascesa a icona di una femminilità predatrice, corrotta e peccatrice. Le immagini però impongono anche una riflessione sul loro ruolo nell'ambito del sacro, così come sulla funzione delle visioni nell'esperienza religiosa. Oltre agli immaginari disturbanti che hanno coagulato le paure e le tensioni interne alla società, Mami Wata è parte di un sistema religioso nel quale la visione e il sogno sono un importante mezzo di comunicazione con il trascendente.

---

33. Secondo Agbesseh Sadjedo, sacerdote di Mami Wata a Bè (Lomé), sua nonna fu la prima o tra le prime ad avere la divinità in città, più o meno tra la fine degli anni Cinquanta e gli inizi degli anni Sessanta (intervista del 10 agosto 2018).

4. L'agentività delle immagini

L'adozione d'immagini che appartengono ad altri contesti (che sia una pubblicità o le divinità hindu come nel caso del pantheon di Mami Wata) mette in primo piano il tema della loro forza e della loro agentività. Alfred Gell ha parlato di immagini più forti e potenti di altre, che sono frutto di una «tecnologia dell'incanto» ma anche di un differente investimento simbolico. La foto dell'incantatrice appartiene a questa categoria d'immagini cariche di fascino il cui successo va cercato anche nella portata simbolica ed evocativa del serpente che si arrotola sul corpo della donna. Gell ha messo in luce il valore indicale delle opere d'arte piuttosto che la loro valenza estetica o istituzionale, enfatizzando quindi la capacità che esse hanno di modificare i contesti in cui operano in quanto «agenti secondari».[34]

David Morgan, nel suo lavoro tra i credenti nordamericani, parla di «pietà visuale», cioè dell'atto di guardare che non si riduce al rapporto tra il fedele e l'immagine ma chiama in causa il contesto rituale, fisico, storico e le convenzioni relative al vedere. Le immagini sacre mostrano quindi ciò che è già negli occhi di chi le guarda ed è un'azione del tutto culturale. Lo sguardo vede ciò che conosce e quindi interpreta segni altrimenti intelligibili secondo i suoi codici e le sue aspettative.[35] Sono quindi le immagini che hanno la possibilità di dar vita a nuove divinità oppure esse consentono di trovare una corrispondenza a forme e significati preesistenti? Probabilmente si tratta di un processo dialettico, in cui le immagini agiscono modificando anche molto intimamente l'essere umano, le sue concezioni e le sue divinità e l'essere umano mette in atto la sua «pietà visuale» per comprenderle.

Morgan identifica due tipi d'immagini, quelle che riproducono il mondo di chi guarda, come un paesaggio, e quelle che impegnano in un dialogo con ciò che esse rappresentano. Fabietti ha sottolineato come tale distinzione vada sfumata, poiché tutte le immagini attivano una relazione con chi le guarda, sia un paesaggio sia il ritratto di un santo. Alcune però, realizzate dall'uomo o acherotipe, cioè prodotte da mano extraumana, interrogano gli umani in modo esplicito e lo obbligano a reagire. La reazione dipenderà ovviamente «dall'intenzione di chi guarda e da quanto chi guarda sia disposto o predisposto a investire nell'oggetto guardato».[36] I primi che vide-

---

34. Gell, *Art and agency*, p. 17.
35. Morgan, *The sacred gaze*.
36. Fabietti, *Materia sacra*, p. 194.

ro l'immagine dell'incantatrice riconobbero nel serpente una nota divinità ctonia e fondativa e quindi attribuirono valore e potenza anche alla donna che lo portava con sé, e probabilmente avevano anche conoscenza di donne pesce che vivevano nell'acqua.

Potremmo ipotizzare che si sia trattato di una sorta di apparizione, una rivelazione, anche se mediata da un'immagine stampata. Le apparizioni sono, infatti, un esempio di come solo gli occhi del fedele, di chi cerca un segno della presenza divina, siano in grado di vedere nelle ombre, nella forma delle nuvole, nelle macchie di salnitro prodotte dall'umidità, il volto della Vergine o di Gesù Cristo. Nel caso delle religioni politeiste, più porose e plastiche rispetto a quelle monoteiste, l'adozione di nuove divinità non produce un dubbio ontologico né la necessità di superare una contraddizione o di verificarne la veridicità. L'identificazione di un'immagine o di un oggetto con una nuova forza spirituale appartiene all'ordine delle cose, come accadde probabilmente nel caso dell'incantatrice di serpenti. La veridicità dell'apparizione è validata grazie a un criterio pragmatico basato sull'efficacia della nuova entità spirituale e sull'eccezionalità dell'evento.

La sovrapposizione tra prototipo e realtà in questo contesto religioso è differente rispetto a quella, tipica della tradizione cattolica, tra l'immagine della Vergine Maria e la sua realtà spirituale, proprio perché l'irruzione del sacro non è un evento miracoloso ma una possibilità che scandisce la quotidianità.[37] Non si tratta di un simulacro come può essere la statua portata in processione, che produce «una temporanea irruzione, epifanica, del trascendente nella vita quotidiana» e conseguenti momenti di estasi;[38] non equivale a un'apparizione miracolosa, perché Mami Wata s'incarna e appare ai suoi sacerdoti e ai comuni mortali, anche al di fuori dello spazio prettamente rituale.

La visione delle immagini e delle statue conservate nei santuari non produce fenomeni di possessione o di estasi, come può accadere quando le immagini sacre escono dalle chiese per andare in processione. La visione di Mami Wata non è eccezionale come quella della Vergine, sia perché Mami Wata si frammenta in una miriade di entità acquatiche ma anche nelle mille donne chiamate con il suo appellativo, sia perché la visione è parte della "normalità" del rapporto con il sacro.

Freedberg parla dei molti casi in cui avviene la fusione tra l'immagine e il prototipo, che impone il superamento delle distinzioni tra le due

---

37. Orsi, *Abundant history*.
38. Faeta, *Le ragioni delle sguardo*, p. 179.

condizioni.³⁹ Qui la distinzione sembra essere stata dimenticata, non essendoci alcuna difficoltà ontologica nell'accettare la sensazione di essere sopraffatti dalla realtà, nell'ammettere che le immagini e le cose possano animarsi, o nell'accettare la sensazione «per lo più inconscia, che le immagini siano potenti».⁴⁰

Le popolazioni che vivevano lunghe le coste del Golfo di Guinea accettarono di investire passioni e sentimenti nell'immagine che iniziò a circolare da un santuario all'altro. Resta però aperta la questione del suo riconoscimento iniziale. Si è trattato, infatti, solo in minima parte della raffigurazione di un immaginario preesistente, perché l'incantatrice, a differenza del serpente e in minor misura della sirena, non esisteva nel pantheon locale. Una sacerdotessa di Mami Wata, diversi anni fa, mi disse che il primo a vederla e a scattarle una foto sott'acqua era stato un europeo. Prima di quel momento nessuno aveva avuto la possibilità di dare un volto a chi viveva in un luogo inaccessibile. La sacerdotessa reagiva a una mia richiesta di logicità; a suo avviso era un prototipo che raffigurava in modo molto fedele un'entità, che poteva, come tutte, rendersi visibile agli uomini ogniqualvolta lo avesse voluto e se gli uomini avessero avuto la facoltà di vedere. In questo caso si era aggiunta la capacità tecnica di riprodurre la visione.

La risposta si basava su un assunto culturalmente condiviso, secondo il quale il confine tra visibile e invisibile non è delineato e la visione dipende da chi sta guardando, da chi è guardato e dal contesto in cui l'evento accade. Con un discorso analogo a quello secondo cui Mami Wata sarebbe stata svelata nella sua forma attuale da una foto scattata da un europeo, Dominique, che avevo incontrato ad Anfoin (Togo), nel santuario della sacerdotessa Aloumon Nouhessi, mi aveva spiegato che le raffigurazioni dipinte sulle pareti del santuario erano il frutto del desiderio della sacerdotessa di condividere con altri le sue visioni. Le Mami Wata, grazie alle cerimonie svolte in particolari luoghi, come ai bordi delle superfici acquatiche, e in particolare momenti, dall'una alle tre di notte, apparivano con sembianze umane. In seguito a questi incontri, era possibile condividere ciò che solo alcuni avevano il privilegio di vedere, come nel caso di Aloumon Nouhessi la quale aveva raccontato a un pittore le proprie visioni, e lui aveva semplicemente dato forma alle sue parole.⁴¹

---

39. Freedberg, *The Power of Images*, pp. 584-585.
40. Fabietti, *Materia sacra*, p. 205.
41. Conversazione con Dominique, Anfoin, Togo, 5 gennaio 2011.

Si tratta di riproduzioni, sia nel caso della foto, sia in quello del dipinto che, nonostante la loro forma inerte, riescono a suscitare una reazione emotiva.[42] Fabietti suggerisce di concentrarsi sul rapporto tipico di alcune adorazioni religiose tra l'immagine, o l'oggetto, e ciò che essa rappresenta e comprendere l'apparente contraddizione o ingenuità nell'ambito della "zona grigia" delle capacità cognitive umane. Se distinguere la copia dal prototipo è un'operazione che ha senso sul piano logico-astratto, nell'ambito rituale tale distinzione sfuma; le immagini nelle più diverse tradizioni religiose vengono, infatti, toccate, baciate, guardate e anche asperse del sangue dell'animale sacrificato. La materia entra in contatto con il corpo e, conclude Fabietti, proprio «in queste circostanze può diventare sacra».[43]

La circolazione di un'immagine riproducibile, e che svelava l'esistenza ma soprattutto le fattezza della divinità, ha probabilmente velocizzato la diffusione del culto se, come ricorda Paolo Apolito per il contesto mariano, la fotografia ha facilitato l'identificazione del vedere e del credere.[44]

5. *Visioni e superfici specchianti*

Agbesseh Sadjedo, sacerdote di Mami Wata a Bè (Lomé), mi raccontò che un giorno una donna molto bella si era presentata alla porta della casa di sua nonna e le aveva regalato uno specchio; era Mami Wata che da allora era entrata nella loro casa e nelle loro vite.[45] Secondo Agbesseh Sadjedo solo gli iniziati potevano distinguerla da una donna normale:

> è molto facile trovarle nelle discoteche, perché loro sono attratte dalle luci, soprattutto da quelle che si muovono, come quelle prodotte dalle sfere con gli specchietti […] amano anche la musica ma sono le luci che più richiamano la loro presenza […] per questo motivo cerco di metterne poche nell'altare per evitare che arrivino in continuazione. Sono attratte anche dall'incenso e quindi non bisogna esagerare […] Quando faccio le consultazioni con lo specchio, vedo delle cose che non posso dirvi, ma soprattutto vedo delle luci; le pareti qui attorno (eravamo nella stanza dell'altare) rilucono di puntini luminosi, come stelle, che solo io posso vedere... sono loro […]. Loro sono

---

42. Freedberg, *The Power of Images*, p. 36.
43. Fabietti, *Materia sacra*, pp. 202-203.
44. Apolito, *Internet*, p. 17.
45. Secondo Agbesseh Sadjedo, sua nonna era stata la prima sacerdotessa ad avere Mami Wata a Lomé.

luce: quando ho partecipato alla prima cerimonia con mia nonna di fronte al mare, molti anni fa, qui attorno non c'erano ancora le costruzioni che si vedono oggi e la sera era tutto completamente buio. La cerimonia era finita molto tardi, ma sulla strada del ritorno davanti a noi c'era una luce che ci precedeva e indicava la strada: era Mami Wata.[46]

Agbesseh Sadjedo raccontava di una moltitudine di Mami Wata, invadenti, probabilmente pericolose e comunque da tenere a bada. In un mondo ancora incantato appaiono sotto diverse forme e si adeguano alle nuove illuminazioni della città. L'idea che si possano trovare in discoteca a causa delle luci stroboscopiche sembra ribaltare un giudizio di ordine morale che spesso le vuole frequentatrici di locali notturni e potenziali prostitute. Secondo Agbesseh Sadjedo, le Mami Wata sono simili a un'energia che si accumula dove vi è una forza di attrazione; frequentano le discoteche perché amano lo scintillio. Non è necessaria la loro immagine riprodotta per rendere efficace il contatto con il trascendente, perché è il complesso sinestetico, fatto di profumi, luci ed altro che consente di accedere all'altrimenti invisibile.

Le Mami Wata "sono nella natura" e possono decidere la forma con cui palesarsi. Agbesseh Sadjedo ricordava che lui poteva vederle con sembianze sia maschili sia femminili. Era stato proprio un uomo a chiamarlo la prima volta quando aveva solo cinque anni: un giovane era entrato in casa, gli aveva toccato il viso e lasciato un bollino bianco sulla fronte; in tal modo gli aveva trasmesso i "poteri" che poi aveva sviluppato nel corso degli anni.

Il giorno prima del nostro incontro, invece, aveva visto Mami Wata con fattezze femminili. Agbesseh Sadjedo stava navigando in canoa per attraversare la laguna. Guardando l'acqua, nel punto in cui il remo rompe la superficie, lui, e solo lui, aveva visto Mami Wata che lo stava accompagnando per proteggerlo durante la traversata. Agbesseh Sadjedo nello specchio d'acqua della laguna anziché vedere se stesso scorgeva la sirena, così come quando consultava lo specchio per divinare, non vedeva il proprio volto ma le immagini di ciò che sarebbe stato.

Secondo Julien Bonhomme, nei processi di divinazione e d'iniziazione in Africa centrale, lo specchio è stato scelto come mezzo di transizione proprio per le sue proprietà ottiche e per la possibilità di produrre delle manipolazioni paradossali. La sua evidente capacità di riflettere l'imma-

---

46. Intervista con Agbesseh Sadjedo, Lomé, 10 agosto 2018

gine di chi guarda viene manipolata e il soggetto è messo in relazione con una serie di altre identità possibili. È una superficie che si apre, ovviamente solo per alcuni, sul mondo del non visibile, del non oggettivo e del non presente; rende possibile «un complesso lavoro sull'identità correlando in modo ambiguo il sé all'altro da sé».[47] Gli individui non intrattengono con esso un rapporto narcisistico, non trovano un'immagine condivisa di sé, ma fanno piuttosto esperienza della propria trasformazione strutturale e delle proprie potenzialità mistiche. È un dispositivo che frantuma le immagini e in qualche misura libera chi guarda al suo interno da sé.

La più comune e diffusa superficie specchiante non è altro che l'acqua, quel potente limite, che separa il fuori dal dentro, che «attira e allontana, perturba, inquieta»,[48] capace di ampliare i piani della realtà e della possibilità, nascondendo al suo interno un mondo altro, abitato dagli antenati, dagli spiriti e dalle loro spesso fantasmagoriche abitazioni e in ultima analisi dalla morte.

Lo specchio nell'iconografia di Mami Wata è un oggetto che rimanda anche alla dimensione edonistica di questo culto. La divinità è spesso raffigurata nell'azione di guardarsi in un piccolo specchio a mano, mentre nell'altra tiene un pettine. Questi due oggetti, dove il primo evoca in modo inequivocabile la pratica divinatoria e l'acqua, e il secondo i lunghi capelli – forse bagnati – hanno posto l'accento sulla cura del corpo che si ripercuote anche negli oggetti che compongono l'altare della divinità, che è una specie di colorata e fantasiosa *petineuse*. La ricerca della bellezza ha poi delle ricadute nel processo di soggettivazione di molte adepte e adepti e nell'immagine riflessa che la società proietta, in alcuni contesti, sulle donne che diventano Mami Wata, dove appunto la bellezza è un attributo ambiguo se non addirittura immorale e pericoloso.

6. *Un'icona deviante*

Gli studi che hanno indagato la materialità dei *vodu*, dall'articolato dibattito sul feticismo di Pietz fino al dio oggetto di Augé, hanno fatto uso di paradigmi esplicativi che si sono concentrati soprattutto sulla centralità della materia e sull'assenza della dimensione figurativa. Mami Wata, il

---

47. Bonhomme, *Réflexions multiples*, p. 3.
48. Teti, *Storia dell'acqua*, p. 26.

cui culto non nega la dimensione materica, si accompagna però anche alla diffusione a tratti seriale di un'immagine che potrebbe non solo mutare il fenomeno religioso dal punto di vista di chi lo pratica ma anche le categorie teoriche necessarie per comprenderlo.

Mami Wata è in qualche misura massificata perché chiunque è in grado di riconoscerla vedendo un'immagine. Il processo di rappresentazione figurativa, di qualche cosa che è sempre stato irrappresentabile, aniconico, poiché visibile solo nell'azione e nelle opere, al limite descrivibile con le parole, o per semplice analogia, in un assemblaggio di materie, ha prodotto un mutamento, sotto alcuni aspetti rivoluzionario, nel rapporto tra l'uomo e la sfera cultuale. Di questa opinione è Poppi, secondo cui: «le forme rappresentazionali ovvero bidimensionali – trasformano lo svantaggio di non essere tridimensionali, e dunque "esistenti" nel "qui ed ora" della loro evidente concretezza – nel vantaggio di poter far appello, inchiodandolo per così dire "alle sue responsabilità", al paradigma cognitivo realistico che tende a conflagrare significante e significato – fiction e realtà o, per intenderci, "eserciti e mulini a vento"».[49]

Il graduale passaggio alla rappresentazione bidimensionale delle divinità africane implicherebbe, sempre secondo Poppi, uno slittamento cognitivo profondo dove la credenza del dio oggetto, sintesi di una forma di pensiero capace di riassumere al contempo istanze personali e sociali, si trasformerebbe nella credenza del dio soggetto. Non più quindi una credenza razionale e scettica, perché fondata sulla prassi e quindi sulle reali capacità delle divinità di rispondere alle esigenze appunto sociali e personali del fedele, ma una credenza che impone, grazie alla forza spesso disturbante delle sue immagini, un repertorio predeterminato di comportamenti e predisposizioni personali. Indubbiamente queste "nuove" divinità dall'aspetto femminile, come Mami Wata e Mami Tchamba, impongono agli adepti un assoggettamento che passa anche attraverso l'adozione di canoni estetici predefiniti.[50]

---

49. Poppi, *Mammy Wata*, p. 134.
50. Le adepte di Mami Wata si schiariscono la pelle, si truccano con tratti decisi, adottano acconciature molto elaborate e che mettono in risalto la liscezza dei capelli; indossano pesanti collane di perle per mostrare la propria ricchezza, prova ultima del loro successo mistico e mondano al contempo. Lo schiarimento della pelle non è un dettaglio estetico privo di ricadute sulla dimensione esistenziale delle donne. Lo sbiancamento è drammaticamente diffuso tra la popolazione ed è veicolato da molte pubblicità che associano questa pratica antropopoietica a una riuscita sociale, ottenibile anche attraverso la seduzione di

Secondo Poppi il mutamento dei regimi della rappresentazione ha avuto implicazioni anche sul piano etico. Le immagini, come ad esempio quelle diffuse dai film di Nollywood, rendono realmente esistenti i fatti che rappresentano e invitano a «praticarli nella carne e nelle ossa», anche quando si tratta di quelle attività criminali che di questo immaginario si nutrono.[51] I riferimenti sono i furti nei cimiteri e i presunti rapimenti di uomini e donne per sottrarre organi, che poi saranno venduti a chi con essi realizzerà ancora più potenti pozioni magiche. Sulla realtà di queste associazioni criminali vi è sicuramente spazio di discussione ma un esempio può rendere più esplicito quando si sta dicendo.

Nel 2002, sull'unico canale della televisione togolese, il notiziario della sera aveva trasmesso un servizio su una rissa avvenuta in un *internet cafè* di Cotonou, durante la quale diversi giovani erano rimasti feriti. Le immagini filmate mostravano degli uomini nudi che, in preda a un'apparente follia, distruggevano il locale e scappavano dagli aggressori, una banda di nigeriani, noti per essere dei "ladri di pene". I giovani, terrorizzati all'idea di perdere la loro virilità, avevano reagito con violenza dando inizio alla rissa e distruggendo il negozio.

Colpita dal servizio, chiesi informazioni a chi era con me. Mi fu detto che casi simili erano già accaduti. La perdita della virilità, incubo di generazioni di maschi, aveva assunto anche altri significati. La si poteva, ad esempio, perdere in seguito a un patto faustiano con una divinità malefica, che in cambio garantiva ricchezza e successo. Nel repertorio di queste forze malvagie vi era anche Mami Wata, capace di sedurre gli uomini per sottrarre loro denaro, energia vitale e virile. Erano voci che circolavano tra la popolazione e che i film nigeriani e ghanesi proponevano con immagini surreali ma verosimili. Narrazioni che prendevano forma, carne e ossa,

---

uomini ricchi. Il corpo delle donne, qui come in occidente, è sottoposto a difficili prove per aderire a modelli estetici che le rendono vittime tanto della società quanto di sé stesse. Nell'ambito rituale, i livelli di significato che la pelle bianca implica sono anche altri. Il bianco della pelle avvicina il corpo dell'adepta a quello della divinità, per cui la pelle chiara è una prova della vicinanza a Mami Wata e lo schiarimento esprime il desiderio di acquisire le sue stesse caratteristiche somatiche; il bianco è poi il colore di tutte le divinità dell'acqua e degli antenati, un colore capace di veicolare valori di equilibrio, saggezza e tranquillità. Le Mami Tchamba (si veda il capitolo 4) assumono invece l'austera ed elegante postura delle donne della savana, si coprono il capo con elaborati turbanti, si forano le orecchie e la narice e indossano pesanti monili di ferro e di avorio.

51. Poppi, *Mammy Wata*, p. 134.

grazie ai banditi che si erano impossessati di tali rappresentazioni e minacciavano ai fini di estorsione quei giovani che con loro le condividevano.

Nel corso del tempo, più volte, ho sentito raccontare di una certa persona che aveva venduto il suo pene in cambio di denaro. Un uomo ricco che non riusciva ad avere figli era la prova di questo pericoloso e demoniaco patto. Le immagini televisive degli uomini nudi, il cui pene presente o assente che fosse era censurato da una striscia nera, davano corpo a un immaginario più vago e a loro volta alimentavano le narrazioni sul difficile e pericoloso rapporto degli uomini con il denaro e con la dimensione sessuale. Vi era quindi un continuo gioco di rimandi tra la finzione cinematografica, la materialità della vita reale, mediata dal web e dalla televisione, e gli immaginari mitici passati e presenti.

Mami Wata, soprattutto come incarnazione del male, è stata protagonista di molti film africani.[52] Birgit Meyer ne ha analizzato uno di produzione ghanese – *Women in love* del 1996 – dove si narra la storia di una donna, Julie, che in cerca di soldi per ampliare il suo salone di parrucchiera chiede aiuto a una giovane e ricca amica, la quale la introduce a uno "stregone". Questi la porta lungo una spiaggia e da lì, grazie a un sortilegio, negli abissi, dove finalmente incontra la sirena e segna con lei un patto di alleanza. Julie diventa ricca, ma a un prezzo: non potrà più avere rapporti sessuali con gli uomini e ogni donna con cui avrà una relazione amorosa, sarà costretta a rispettare il medesimo divieto; la punizione della trasgressione, come sempre, è la follia.[53]

Il legame con Mami Wata, qui identificata con il demonio, costringe le protagoniste del film a un rapporto lesbico e sterile attraverso il quale Julie riesce a legare a sé un numero sempre maggior di donne, che raggiungono il successo economico, violando i valori della tradizione a favore di una sessualità deviante, proibita e infeconda.[54] Sono donne vittime dei propri

---

52. È importante ricordare che Mami Wata è stata protagonista anche di diversi film africani d'autore, nei quali ha dato voce ad altri ideali, divenendo il pretesto per affrontare il tema, che ricorre «quasi ossessivamente» nel cinema d'autore, sul rapporto tra modernità e tradizione. Mami Wata appare quindi in alcuni di questi film come paladina «della cultura tradizionale e della memoria culturale genuinamente africana» nonché della natura violentata dalla modernità (Cella, *Mami Wata*, pp. 103-109). In questa produzione cinematografica quindi i significati veicolati da Mami Wata si muovono in una direzione quasi diametralmente opposta rispetto a quelli che appartengono alla galassia di Nollywood.

53. Meyer, *Visions of blood*.

54. Ivi, p. 34.

desideri e delle proprie passioni, non più indirizzati verso il matrimonio, ma corrotte dal consumismo e soggiogate dal fascino di un mondo mercificato secondo i modelli del capitalismo occidentale.[55]

Il film *Women in love* aggiorna secondo un linguaggio moderno alcuni dei modelli comportamentali tipici delle donne che venivano accusate di stregoneria. Ritroviamo quindi l'inversione sessuale che esclude l'uomo, sia perché la donna si soddisfa diversamente sia perché lei stessa ha il pene. Vi è poi il tema della trasmissione della stregoneria, che si ritiene avvenga prevalentemente per via femminile e che implichi sempre la rinuncia a qualche cosa: nei racconti degli anni Cinquanta del Novecento si parlava di donne disposte a uccidere i propri figli pur di acquisire potere malefico, qui di donne che rinunciano alla possibilità di generarli. Infine vi è il tema dominante dell'egoismo e dell'ingordigia della donna avida e non più disposta alla ridistribuzione nell'ambito familiare.

Questo è il mito negativo di Mami Wata, simbolo della società africana contemporanea afflitta, e allo stesso tempo soggiogata, dal desiderio indotto dalla macchina del capitalismo e dalla riconfigurazione della sfera mistica prodotta dall'evangelizzazione cristiana. Joseph Tonda ha definito Mami Wata proprio come «una componente del Dio cristiano in quanto Sovrano della modernità».[56] Per gli artisti congolesi, era divenuta il «simbolo della prostituzione e dell'erotismo», incarnazione della donna provocante ed emancipata, che sceglieva il proprio destino e i propri partner, secondo criteri di selezione basati sui soldi e sul prestigio. In Congo, per gli uomini, Mami Wata rappresentava una tentazione affascinante e pericolosa, e incarnava le loro preoccupazioni di fronte ai mutamenti dei comportamenti femminili.[57]

Non è un caso quindi che Mami Wata abbia accompagnato anche le donne che dalla Nigeria – Edo State – qualche decennio fa hanno iniziato

---

55. Si veda: Frank, *Permitted and prohibited*. Secondo le testimonianze raccolte da Birgit Meyer in Ghana negli anni Novanta del secolo scorso, lungo la spiaggia venivano avvistate vetture cariche di profumi e cosmetici che, guidate da donne affascinanti, si inabissavano verso il fondo del mare. L'oceano era diventato lo scrigno di quei beni di consumo che all'epoca restavano per i più economicamente inaccessibili. Nelle confessioni dei fedeli delle chiese pentecostali, le medesime visioni di lusso e abbondanza assumevano una valenza maligna e demoniaca. Satana gestiva il suo quartier generale dal fondo dell'oceano e da qui cercava di sottrarre il maggior numero possibile di anime alla salvezza eterna che la seconda venuta di Cristo avrebbe portato (Meyer, *Visions of blood*, p. 29).
56. Tonda, *Entre communautarisme*, p. 29.
57. Beccarini, *Mami Wata nella pittura*.

a migrare verso l'Europa e l'Italia e qui sono poi finite invischiate nelle reti dello sfruttamento della prostituzione.[58] Analizzando la mercificazione femminile in Africa equatoriale, Tonda ha parlato delle *tuée-tuée* ("uccisa-uccisa"), termine che definiva le giovani prostitute in Gabon, unite alla morte con un doppio legame: potevano morire loro, per una malattia sessualmente trasmissibile, così come causare la morte del loro cliente, secondo la stessa logica di contagio della malattia.[59] Le prostitute del Gabon, come le migranti nigeriane costrette a prostituirsi in Europa, sono figure del processo di deparentalizzazione, cioè d'impoverimento del legame di filiazione e discendenza, quindi di una doppia morte, sia verso il futuro per l'impossibilità di procreare sia nei confronti del passato, avendo abbandonato le proprie radici. Queste immagini non sembrano poi così lontane da quanto scriveva Saulnier, secondo cui le donne offerte al serpente per propiziare la fertilità della terra, molto probabilmente si stavano volontariamente sottraendo alle regole lignatiche e al controllo maschile, per ottenere il lusso del palazzo con 41 stanze in cui viveva il serpente.[60] La logica della doppia morte delle *tuée-tuée* non sembra però offrire nessuna possibilità di negoziazione e di speranza, né agli uomini né alle donne.

Come vedremo nell'ultimo capitolo, i punti di vista di alcuni dei soggetti coinvolti nell'universo di Mami Wata si allontanano da queste prevalenti narrazioni, che hanno però trovato un drammatico riscontro nelle forme di assoggettamento imposte dai regimi neoliberali e di migrazione forzata.

7. *I* vodu *Tohosou e Densu*

Secondo Afiyeye Combete Ande, l'anziana sacerdotessa di Cotonou, Mami Wata, che lei chiamava «la donna dalla pelle chiara» è solo una delle divinità che compongono l'ampia famiglia del serpente delle acque; in molti casi Mami Wata è un nome attraverso cui definire un gruppo di divinità. In questo pantheon trova posto anche Densu, Mami Siki, Ablo, Tohosou, il caimano Adjakpa e altri ancora, con cui ogni individuo può avere un legame personale.

58. Taliani, *Il tempo della sopravvivenza*.
59. Tonda, *Entre communautarisme*.
60. Saulnier, *Le meurtre du vodun*.

Come è già emerso nel caso del culto del serpente, le molte differenziazioni interne sono dovute all'origine storica e geografica della divinità e soprattutto dipendono dal gruppo a cui ciascuno fa riferimento. Ogni divinità porta in sé le tracce di un percorso esistenziale condiviso con gli umani, una traiettoria carica di implicazioni politiche e rimandi storici che a loro volta parlano di conflitti tra popoli, di migrazioni, posizioni egemoni o subalterne, all'interno di uno spazio religioso omogeneo ma attraversato da forti discontinuità. Si potrebbe seguire la biografia di ciascuna divinità e in tal modo tracciare la storia delle persone che si sono unite a vario titolo attorno a essa o che parimenti la hanno respinta.

L'immaginario mitico-rituale che narra delle vicende fondative delle entità numinose nel corso del tempo si arricchisce dei racconti popolari che lasciano traccia dei fantasmi e delle speranze di ciascun'epoca, rendendo il panorama complessivo molto effervescente e allo stesso tempo apparentemente caotico. Tohosou è il re (*hosou*) del fiume (*to*). Tohosou è la divinità dei bambini che nascono con una deformazione; il suo legame con la laguna dipenderebbe dal fatto che un tempo i bambini deformi venivano annegati, abbandonati o restituiti all'acqua. Si trattava molto più spesso di morti perinatali, cioè di neonati che nascevano morti o che non sopravvivevano a lungo dopo la nascita.

Alexander Adandé descriveva la reazione delle famiglie dove nasceva un Tohosou e le cerimonie che venivano svolte in tali occasioni a Porto Novo:

> dopo aver appurato l'identità dell'ospite della casa, l'officiante lo investe con parole cabalistiche per annientare le sue influenze negative. Solo a quel punto lo avvolge in un tessuto bianco, lo mette in una giara di giuste dimensioni, che viene chiusa con un impasto di argilla. Nel cuore della notte il vaso mortuario sarà immerso nella laguna, in un luogo poco frequentato ma ben segnalato. Anche tutti gli effetti personali della madre verranno gettati lì per soddisfare le esigenze espresse da Toxosu. Dopo circa tre mesi, la giara sarà rimossa dall'acqua per essere definitivamente interrata nella soglia di casa e consacrata come divinità.[61]

Seconda una logica comune alla maggior parte dei *vodu*, la rabbia di questi spiriti non-nati o morti appena nati, doveva essere soddisfatta e placata con la pratica rituale; per cui agli spiriti morti ingiustamente si dedicava un culto.

---

61. Alexandre Adandé citato in: Gilli, *Naissances humaines*, pp. 54.

Tohosou si diffuse ad Abomey durante il regno di Tegbesou (1740-1774) e acquisì una posizione egemonica all'interno della casa reale; ogni re fu, infatti, da quel momento associato a un Tohosou.[62] Le Hérissé a tal riguardo scriveva:

> Tegbesou si ricordò che una delle sue mogli aveva messo al mondo un bambino simile a un avvoltoio, che dopo un breve volo era caduto a poca distanza da Adankpodji [...], si ricordò inoltre che questo avvoltoio era stato ricoperto da un termitaio subito dopo aver toccato il suolo. Allora il re del Dahomey comprese che sua moglie aveva messo al mondo un "Tohosou", il quale aveva in tal modo scelto il posto dove voleva il tempio...[63]

Maximilien Quénum scriveva che tra i fon del Dahomey, la nascita di un Tohosou rappresentava per i genitori, che avessero svolto con precisione le cerimonie necessarie, una fonte di ricchezza. In particolare la madre poteva diventare oggetto di venerazione e il marito addirittura costruire una nuova casa solo per lei.[64] La pratica evocata da Quénum sembra ricondurre Tohosou al serpente Dan e presagire i futuri percorsi esistenziali delle sacerdotesse di Mami Wata, che devono abbandonare la casa del marito per dedicarsi al culto.[65]

Bruno Gilli, che ha fatto ricerca tra gli ewe-ouatchi del Togo, fornisce un'altra versione, secondo la quale:

> Tohosou un tempo viveva con Mami Wata nelle acque del mare. In seguito a un litigio, che suscitò la gelosia di Mami Wata, Tohosou decise di andarsene e di stabilirsi da solo nelle acque del fiume, dove ancora oggi vive e dove non ha alcun concorrente.[66]

Si tratta di una lettura eccentrica rispetto a quelle storicamente attestate, ma di particolare interesse per l'associazione tra Tohosou e Mami Wata, introdotta molto probabilmente attorno agli anni Trenta del Novecento. Secondo gli informatori di Gilli, Tohosou aveva l'aspetto di un

---

62. Bay, *Wives of the leopard*, p. 93.
63. Le Hérissé, *L'Ancien Royaume*, p. 11.
64. Quénum, *Au pays des Fons*, p. 239.
65. Secondo Hazoumé, per contro, la nascita di un Tohosou era un segno nefasto che portava con sé calamità, morte, epidemie e carestie (Hazoumé, *Le pacte du* sang, p. 12). Dello stesso avviso era anche Alexander Adandé, secondo cui per i gu di Porto Novo, i Tohosou erano di cattivo auspicio per tutta la comunità, ad eccezione di chi abitava nella casa in cui era nato.
66. Gilli, *Naissances humaines*, p. 178.

serpente o di un alligatore ed era capace di rovesciare le canoe che attraversavano il fiume.

Mama Shika, la sacerdotessa che si pensa diede inizio al culto di Mami Wata tra gli anlo-ewe del Ghana, interpretò la nuova divinità come la manifestazione femminile di Tohosou. L'affiancò quindi nel suo santuario al preesistente Tohosou ma le conferì una posizione di privilegio, facendo quindi di lei la divinità principale e facilitando la sua diffusione nella regione anlo.[67]

L'iconografia che alcuni fedeli di Mami Wata hanno attribuito a Tohosou negli ultimi anni è quella della divinità hindu Ganesh. Un'entità metà uomo e metà elefante risponde perfettamente al preesistente immaginario secondo cui i Tohosou erano bambini deformi e mostruosi. L'acquisizione iconografica di Ganesh è parziale, poiché alcuni sacerdoti attribuiscono invece ad Adjakpa, il coccodrillo, l'identità di Tohosou.[68]

Densu, una divinità d'acqua fluviale, mutua invece il suo nome e la sua origine dal fiume Densu che scorre in Ghana e sfocia a ovest di Accra, formando la laguna di Sakumo, di cui si è parlato nel primo capitolo. È rappresentata con tre teste e ha trovato una corrispondenza nella divinità hindu Dattatreya. Secondo alcuni testi e interpretazioni, sarebbe Trimurti, una fusione della trinità Brahma, Vishnu e Shiva, mentre secondo altri si tratterebbe di un fachiro musulmano, portatore di un messaggio condivisibile sia da hindu sia da musulmani. Questa seconda identità potrebbe meglio rispondere alle esigenze del culto di Mami Wata, all'interno del quale vi sono molte connessioni con la religione musulmana. Si tratta però di una semplice interpretazione non supportata né da testimonianze né da riscontri iconografici.[69]

---

67. *Togbi Dawuso Dofe*, p. 16.

68. È interessante notare come abitualmente gli altari di Tohosou – mi riferisco a quelli associati a Mami Wata – non accolgano al loro interno statue di Ganesh. Probabilmente, dato che la pratica del culto era già radicata, l'adozione dell'iconografia hindu non si è spinta, almeno fino ad ora, ad acquisire anche la forma scultorea. Gli altari di Tohosou, simili a quelli di Dan, sono infatti costituiti da un insieme di piccoli contenitori in terracotta, bloccati nella terra o nel cemento, ognuno dei quali contiene un Tohosou, quindi un antenato, differente.

69. L'affascinate acquisizione delle cromolitografie delle divinità hindu e la loro riproduzione nei dipinti che affrescano le pareti dei santuari e nella statuaria in legno è stata variamente interpretata. Secondo Drewel, l'origine di questo fenomeno va cercata negli anni Dieci del Novecento, quando alcuni mercanti indiani aprirono le loro attività commerciali, lungo le coste dell'Africa occidentale. Come per Mami Wata, anche in questo caso,

Nel pantheon delle Mami, trova spazio anche Ablo. Si tratta di un uomo a cavallo, talvolta armato di fucile, tal altra con la testa coperta da un turbante. Come nel caso di Densu, Ablo è presente negli altari anche come scultura lignea. Quando è dipinto sulle pareti dei santuari può apparire completamente trasfigurato nell'immagine di Al-Buraq, il cavallo alato che trasportò Maometto dalla Mecca a Gerusalemme. Le molte connessioni al mondo islamico, presenti nella pratica e nell'iconografia di Mami Wata, testimoniano di una fascinazione per l'altro, che precede l'epoca coloniale e l'arrivo dall'Europa della cromolitografia dell'incantatrice di serpenti. Ablo è stato anche identificato con Fumetro (divinità sempre legata mare) raffigurato come un europeo o un hausa a cavallo e ritenuto capace di facilitare le transazioni economiche con i "bianchi".[70] Ablo è molto importante nella regione del delta del Volta, dove è un culto indipendente da Mami Wata.

8. Acqua e terra

Mami Wata e le altre divinità del suo pantheon mostrano come possa avvenire il processo di singolarizzazione – segno di disincanto – e come questo possa coesistere con le forze impersonali e senza nome che animano l'uomo e la natura. Mami Wata, oggi caratterizzata da un'iconografia riproducibile, è una delle molte entità che vivono nelle acque, probabilmente l'ultima a essere comparsa in ordine di tempo, ma è sicuramente espressione di una forza preesistente. Più che di un'inaspettata apparizione, si è trattato di un processo di identificazione e della singolarizzazione di qualche cosa che era sempre esistito ma che fino a quel momento non era necessario avesse un volto.

Come mi diceva Pauline Kreppi, una sacerdotessa guen-mina di Aneho, ciò è accaduto «perché molti di noi hanno viaggiato, molti di noi sono venuti a conoscenza delle divinità dell'India e quindi hanno avuto gli strumenti per riconoscere ciò che per altri, come i nostri fratelli di Accra, è re-

---

le immagini furono acquisite perché raffiguravano qualche cosa che già esisteva; l'incontro con l'altro ha dato un volto e una qualità bidimensionale agli dei oggetto. Sulla diffusione delle immagini indiane in Africa occidentale e la loro adozione all'interno degli altari *vodu*, si veda: Rush, *The idea of "India"*.

70. Greene, *Sacred Sites*, p. 52.

stato sconosciuto».[71] La dimensione di casualità attraverso la quale Mami Wata ha acquisito un volto non presuppone un ordine caotico ma un mondo in cui il dato diventa tale nel momento in cui viene riconosciuto e in cui gli esseri umani sono disposti a meravigliarsi e quindi accoglierlo. Proprio per questa ragione, si tratta di un mondo dove l'incanto è ancora possibile e dove Mami Wata incarna un principio generale che rimanda a tutti gli spiriti acquatici; è un concetto metafisico molto più astratto e articolato rispetto a quello univoco dell'incantatrice di serpenti, a cui fa riferimento l'attuale iconografia. D'altro canto, secondo molti sui fedeli, Mami Wata non sarebbe altro che l'acqua, come il suo nome attesta.

Il mondo acquatico ha un corrispettivo nel mondo vegetale e terrestre, dove tra gli altri risiede Agè, una divinità che fa capo a tutti quegli spiriti che animano la boscaglia e la foresta.[72] Il parallelo tra Agè e Mami Wata ci riporta proprio a quel mondo incantato che le teorie animiste erano riuscite a cogliere, a un ambiente dove ogni elemento, che sia una foglia, un tronco, un animale, un termitaio, un pesce o un'alga è animato, vivo e dotate di *kra* o di *gbogbo*, cioè di potenza vitale. Agè e Mami Wata, pur facendo riferimento a due ecosistemi complementari, sono assimilabili da molti punti di vista. Innanzitutto sono spiriti che si mostrano agli uomini grazie alle visioni, in queste occasioni assumono una fisionomia antropomorfa, ma che lascia sempre intravedere alcune tracce della loro origine altra. Agè è, infatti, un uomo con una sola gamba e con molti capelli (come gli *aziza*); un profilo che può confondersi con quello di un albero.

Sono presenze che una persona non iniziata non è in grado di distinguere dagli altri elementi che abitano la foresta e le acque. Si racconta che Agè rapisca i suoi futuri adepti facendoli perdere nella boscaglia. Questi, incapaci di trovare la strada di casa, scompariranno anche per lunghi periodi, facendo proccupare i propri familiari che talvolta arriveranno a organizzare il funerale della persona scomparsa. Durante l'assenza gli umani apprenderanno i segreti della foresta e quando riusciranno a tornare alla vita normale, coperti di fango e foglie, con i capelli lunghissimi e il corpo trasformato dalla lunga permanenza tra gli alberi, la terra e gli animali selvatici, diventeranno erboristi, guaritori e adepti di Agè.

Agè metà uomo metà albero si rispecchia nelle Mami Wata che emergono dalle acque con un corpo in transizione tra la vita acquatica e quella

---

71. Coversazione con Pauline Kreppi, Aneho, 17 settembre 2021.
72. de Surgy, *Le systeme religieux*, p. 311.

terrestre, metà umani e metà pesci. Rubando le parole a Eduardo Kohn, si potrebbe affermare che «il mondo è animato, che si sia animisti o no».[73]

9. *Possedute dalle acque*

A conclusione di questo capitolo, vorrei iniziare a spostare l'attenzione verso le adepte di questi culti, movendomi tra la popolazione guen-mina (di cui si tratterà in modo più approfondito nel prossimo capitolo), presente sia in Togo, sia in Bénin. In diverse località lungo la costa che collega Lomé a Cotonou, dopo un lungo periodo dell'anno, che inizia nel mese di agosto per finire a gennaio, i lignaggi che formano la comunità dei guen-mina celebrano sul bordo dell'oceano la festa detta *vodu dze apu* – i *vodu* ritornano in mare. Si ritiene che, ogni anno, dopo un periodo trascorso tra gli esseri umani, le divinità debbano fare ritorno nella loro dimora abituale. I sacerdoti e le sacerdotesse si schierano quindi di fronte alla linea dell'oceano, mentre i loro aiutanti costruiscono nella sabbia dei piccoli altari che saranno la dimora temporanea delle divinità che stanno transitando.

Il mare, lungo queste coste, è molto aggressivo; le onde si frangono su una barra che costeggia la riva, creando uno spazio di forte turbolenza tra la barra stessa e la battigia. L'energia prodotta dalle onde è resa ancora più pericolosa dalle correnti stagionali, che si muovono in direzione parallela o diagonale alla costa e allontanano velocemente un nuotatore poco esperto dal punto d'immersione.

Nel gennaio del 2008 mi trovavo a Cotonou ed ero stata invitata a partecipare al *vodu dze apu*. Quando giunsi alla spiaggia, a Djako *plage*, una decina di giovani si erano già sistemati lungo la battigia mentre altri erano entrati in acqua, posizionandosi laddove la profondità consentiva di tenere i piedi ben ancorati al fondale. Gli uomini si erano posizionati in modo da bloccare ed eventualmente recuperare le donne che, possedute dagli spiriti del mare, si sarebbero buttate nei flutti. La forza di attrazione di Mami Wata – ma in realtà s'intendevano con il suo nome tutte le entità che vivevano nel mare, incluse quelle ancestrali dei guen-mina – era potente, e per tale motivo era necessario che i giovani fossero pronti a salvare le donne, che da lì a poco si sarebbero tuffate in mare.

---

73. Kohn, *Come pensano*, p. 364.

Nella sabbia erano stati costruiti degli altari temporanei, dove poter offrire alle divinità le ultime libagioni, prima del loro allontanamento dai santuari delle famiglie guen-mina in cui erano state ospiti. Si trattava di un momento di transizione fondamentale nel ciclo delle festività ma anche drammatico, perché le adepte in trance erano attratte verso il mare. Ognuna secondo uno stile differente, chi correndo, chi giocando con le onde, chi danzando, le donne si avvicinavano all'acqua e inevitabilmente si lasciavano attrarre dall'energia delle onde. Una donna aveva iniziato a urlare, quasi disperatamente, un'altra era stata assalita da una forza che aveva scosso il suo corpo con drammatica violenza. Un'altra ancora si muoveva verso l'acqua, strisciando sulla spiaggia, come avevo già visto fare alle *wangosi*, le adepte del coccodrillo, nei rituali del *gorovodu*.[74] Appena venivano inghiottite dalle onde, gli uomini le recuperavano, alcune facilmente mentre altre sembravano scomparire nella risacca, suscitando la preoccupazione e le grida di tutti i presenti. Prelevate dalle onde, ancora in trance, venivano trasportate verso la spiaggia, in un capanno protetto, dove gli esperti rituali le aspettavano per liberarle dalle divinità che le avevano possedute. Ogni donna era portata da due o tre uomini, mentre qualcuno si premurava di coprire loro gli occhi, poiché, mi fu detto, in quelle condizioni, al di sotto della superficie del mare, avevano visto ciò che appartiene a quel mondo, visioni pericolose e sconvolgenti ed era necessario che fossero aiutate a tornare gradualmente alla visione normale.[75]

Su un piano simbolico, l'immersione nell'acqua equivale alla morte e le donne, nel loro transitorio dissolversi tra le onde, avevano visto proprio il luogo dei morti; i rituali prevedono però una fase di ritorno e quindi le mani sugli occhi erano un gesto di cura per consentire un graduale passaggio verso la normalità. Come scriveva Eliade, se le acque disintegrano ogni forma, possiedono anche la virtù della purificazione, della rigenerazione e della rinascita, e ciò che da loro esce, sia pure per un momento, ha annullato la sua storia precedente.[76]

Accostarsi al sacro implica avvicinarsi a qualche cosa d'imprevedibile, minaccioso e vietato, per cui chi lo fa deve adottare delle precauzioni e rispettare delle rigide prescrizioni, perché il rischio è di scatenare delle

---

74. Brivio, *Il vodu*.
75. La cerimonia a cui faccio riferimento si era svolta a Cotonou, a *Djako plage*, lungo la *Route de peche* che porta a Ouidah, nella giornata del 21 dicembre 2006.
76. Eliade, *Trattato*, p. 201.

forze ambigue, capaci di mettere a repentaglio l'integrità fisica dei soggetti coinvolti, ma anche l'ordine fisico e morale del mondo e della società.[77] La possessione, assieme al sacrificio, è uno dei più importanti momenti di contatto con la trascendenza, quindi con uno stato più prossimo alla morte che alla vita. Gli uomini e le donne si muovono lungo un instabile confine tra visibile e invisibile, anelando a quest'ultimo, pur nella consapevolezza che il protrarsi del contatto con esso, significa inevitabilmente l'abbandono della vita. Come ricorda Maurice Bloch, nei rituali si evoca una vita "altra", che sta oltre il visibile, collocata sottoterra, nel cielo, o in questo caso sotto il mare. Entrando in un mondo che supera i normali limiti dell'esistenza, si può, attraverso il viaggio di ritorno, che riporta alla vita, diventare parte di un'entità che esiste al di là nel processo di nascita, crescita e morte; si può, ad esempio, diventare parte di una discendenza e connettersi in tal modo con un ordine permanente. Lasciando temporaneamente questa vita, diventa possibile per gli adepti «vedere se stessi e gli altri come parte di qualcosa di eterno, e quindi trascendente la vita stessa», superando in tal modo i limiti universali a cui tutti gli umani sono sottoposti.[78]

Non è qui possibile una ricostruzione degli studi che si sono interessati alla possessione né una rassegna dei molti approcci interpretativi adottati; si è parlato, infatti, di una proliferazione di paradigmi, forse indotta dalla natura «transizionale» della possessione, dalla sua capacità di connettere appartenenze, discorsi e piani di realtà.[79] Secondo Thomas Csordas, è una forma somatica di attenzione della realtà che fornisce importanti indicazioni sugli individui e sui gruppi di persone che ne sono coinvolti;[80] si tratta di una modalità di osservazione del mondo che si sottrae all'elaborazione discorsiva e per tale motivo è più efficace nel testimoniare le incongruenze e i traumi che affliggono gli individui e la società.[81] I medium prestano i

---

77. Fabietti, *Materia sacra*, p. 129.
78. Bloch, *Da preda a cacciatore*, p. 14.
79. Beneduce, Taliani, *Un paradosso ordinato*, p. 16.
80. Csordas, *Somatic Modes*.
81. La possessione dei *malandros* in Venezuela è un esempio apparentemente molto distante dall'ambito in cui ci stiamo muovendo, ma che può aiutare a comprendere come sia una forma somatica, appunto, di rielaborazione della realtà, che non elide le sofferenze, né cancella le contraddizioni dell'esistenza ma consente ai soggetti coinvolti processi di soggettivazione che mostrano un dialogo articolato con i diversi piani del reale, mettendo in luce forme di negoziazione e di assunzione di responsabilità. Negli anni Novanta del secolo scorso il Venezuela fu sconvolto da un'ondata di violenza, imputata soprattutto alle fasce più povere della popolazione, ritenute responsabili dell'aumento del tasso di criminalità.

loro corpi alle pulsioni degli spiriti da cui saranno abitati e attraverso tale accettazione riescono ad acquisire forza spirituale, a volte prestigio sociale, accedono alla trascendenza e ampliano i loro piani esistenziali.[82]

La possessione è stata talvolta letta come una forma di resistenza agita dai marginali per riconquistare una legittimità e un'autorevolezza che la società non riconosce loro.[83] Mahmood, come vedremo nel capitolo conclusivo, ha messo in guardia dal tentativo di molte studiose di interpretare gli altri secondo un unico ed egemonico modello di emancipazione, raggiungibile solo attraverso la contrapposizione e la resistenza.[84] La possessione *vodu* offre, a mio avviso, ai soggetti coinvolti la possibilità di confrontarsi

Tutti gli abitanti dei quartieri periferici e delle *shantytown* furono criminalizzati e diventarono il bersaglio delle rappresaglie delle forze dell'ordine. In quegli stessi anni il culto di possessione di Maria Ilonza ampliò il suo già popoloso pantheon, inserendo una nuova, o forse solo dimenticata, categoria di spiriti: i delinquenti, i *malandros*. Francisco Ferràndiz ha lavorato con i giovani marginali di Caracas che venivano posseduti dagli spiriti dei più famosi delinquenti locali, uccisi durante gli scontri con la polizia o mentre svolgevano il loro lavoro di malavitosi. Grazie ai *malandros*, i giovani trasformavano i propri corpi in nuovi spazi adeguatamente attrezzati per «contrastare, assorbire e risignificare le intensità della violenza di strada», cui la società continuava a sottoporli. I *malandros* durante la trance ridavano vita alle violenze e ai tradimenti subiti dai malavitosi, alle loro esistenze drammatiche e senza speranza, riproducevano sparatorie e uccisioni. I giovani *medium* inscrivevano nella propria carne, attraverso una riattivazione teatrale, i pericoli e le paure che la vita di strada genera. Come sottolinea Ferràndiz, la possessione è una forma di permeabilità che si viene a produrre tra i corpi e l'ambiente sociale, per cui le ferite dei posseduti e la mimesi delle passate violenze erano il segnale di una società attraversata dalla violenza (Ferràndiz, *The body as wound*).

82. Secondo la teorizzazione di Maurice Bloch, la possessione è scindibile in due momenti, il primo in cui l'adepto perde la propria vitalità a favore della divinità e il secondo quando il contatto con la trascendenza è terminato ma rimane la spinta alla riconquista della vitalità perduta (la violenza di ritorno) grazie alla quale i soggetti e le comunità possono agire politicamente nel mondo (Bloch, *Da preda a cacciatore*).

83. Si veda tra gli altri: Berger, *Rebels or status seekers?*; *Spirit Possession*. La trance è stata letta come un coacervo di contraddizioni, dove la rappresentazione rituale poteva contraddire e sovvertire le pratiche della vita quotidiana, quindi fornire una valvola di sfogo (Lewis, *Ecstatic religion*), un luogo di resistenza culturale (Boddy, *Wombs and Alien Spirits*) o uno spazio all'interno del quale riequilibrare le relazioni coniugali (Lambek, *Spirits and spouses*), oppure di lotta contro lo sfruttamento lavorativo (Ong, *The production of possession*). Altri studi hanno invece messo in luce come i rituali di possessione avessero la potenzialità di immaginare in una nuova luce i ruoli di genere e di dare voce alle ambivalenze insite nel potere generativo femminile (Drewel, Drewel, *Gelede*; Apter, *Black critics*; Matory, *Rival Empires*).

84. Mahmood, *Feminist theory*, pp. 205-206.

con molteplici piani di realtà, di moltiplicare i livelli di significazione di un'esistenza che appare monodirezionale o senza via di uscita. Amplificando il reale si può travalicare la quotidianità, confrontandosi con significati rimossi o socialmente inaccettabili. Non si tratta ovviamente di una messa in scena di tipo teatrale al fine di ottenere consenso ma di una negoziazione tra livelli di coscienza, un processo di costruzione del sé in cui le forme di assoggettamento e le spinte individuali non possono che costruirsi l'un l'altra, ma dove la possessione costituisce uno spazio di espressione aggiuntivo, una sorta di estensione, della propria esistenza e quindi anche della propria agentività.

Non va quindi intesa come il luogo della fuga dalla realtà, ma come un'alterazione del sé all'interno però di un repertorio socialmente condiviso. Ed è proprio il fatto che la possessione agisca tramite il corpo a rendere evidente la potenza che incarna nella costruzione delle soggettività maschili, femminili o di altro genere. Rende comprensibili le negoziazioni in atto, che però devono essere comprese alla luce dell'interrelazione tra le esperienze personali e il repertorio a disposizione. Si tratta di un "copione" che si modifica nel tempo e che si rinnova storicamente, a seconda delle spinte o degli spunti che la società propone. Può ovviamente anche esaurirsi.

Ogni donna, presente lungo la spiaggia di Djako, esprimeva il proprio sé, accumunato a quello delle altre da un'esistenza attraversata dalla fatica e dalla sofferenza, perché questi sono i segni con cui le divinità si palesano. Nella vita rituale trovano una possibilità di cambiamento e un tentativo, non sempre felice, di risoluzione dei conflitti interiori e sociali che le tormentano. Il desiderio di unirsi con le divinità nella profondità delle acque, ricorda ancora una volta il mito di Dan e delle "principesse" tenute prigioniere nel suo ventre-palazzo che, come Saulnier suggeriva,[85] forse erano solo donne desiderose di scegliere la ricchezza a discapito delle regole consuetudinarie.[86]

---

85. Saulnier, *Le meurtre du vodun*.

86. Claude-Hélène Perrot aveva osservato un simile fenomeno tra gli eotilè della Costa d'Avorio. Durante le celebrazioni in onore di Assoho, entità della laguna, che si riteneva vivesse in un'isola che lui stesso aveva fatto emergere, le sacerdotesse possedute da Assoho si gettavano una alla volta nell'acqua «come se avessero voluto raggiungere l'isola a piedi» (Perrot, *Le génie Assoho*, p. 114).

4. Mercificazione, mondo atlantico e ricchezza

La comunità diasporica dei guen-mina è un interessante spazio sociale dal quale osservare Mami Wata, perché qui è una divinità perfettamente integrata all'interno delle pratiche ancestrali e ha acquisito una posizione di preminenza, che probabilmente non ha corrispettivi nelle aree limitrofe e all'esterno di questo gruppo.[1] Per i guin-mina, Mami Wata è il segno di un passato di ricchezza perduta ma ancora auspicata; la si trova spesso associata a Mami Tchamba, un culto presente in quelle famiglie che in passato avevano comprato schiavi e li avevano avuti al loro servizio.

Mami Wata oltre a essersi perfettamente integrata nel panorama religioso, come vedremo, ha favorito il consolidarsi del potere femminile nella sfera mistica. Tra i guen-mina in Togo e in Bénin, Mami Wata sfugge, infatti, ai più diffusi stereotipi che rimandano a una donna mercificata, demoniaca e meretrice, e incarna piuttosto l'immagine di una donna ricca, prospera, affascinante, gelosa ma anche generosa nei confronti dei suoi se-

---

1. L'identità guen-mina si fonda sulla narrazione di successive ondate migratorie che li videro spostarsi dall'attuale Ghana verso le rive del fiume Mono, dove fondarono innanzitutto Glidji. Protagonisti di questa migrazione furono i ga, che abitavano l'area attorno ad Accra e che, nel corso del Seicento avevano esteso la loro influenza verso le aree abitate dai akwamu, latebi e adangbé. I conflitti con gli akwamu, insediati sulle colline a nord di Accra e interessati a inserirsi nell'economia atlantica, furono probabilmente la causa che spinse i ga a migrare. Gli akwamu lanciarono la prima offensiva contro Accra nel 1677. I ga cercarono di resistere ai successivi attacchi, ma i conflitti interni non consentirono di affrontare l'offensiva sferrata degli akwamu del 1680. Per cercare di sfuggire ai nemici, si narra che la sorella del re, alcuni figli e i loro schiavi scapparono verso est, in direzione di Petit Popo, l'attuale Aneho. Secondo la tradizione locale, Glidji fu fondata da Foli Bebe, principe della famiglia reale di Accra, ma molto probabilmente la sua figura rappresenta e semplifica l'opera di più persone (Law, *Les toutes premières*, p. 39).

guaci. La netta contrapposizione tra tradizione e modernità, tipica di molta letteratura che si è dedicata al tema, in questo contesto entra in crisi, così come la polarizzazione tra positivo e negativo.

La particolare sintonia tra questa divinità e i guen-mina va compresa alla luce della loro storia politica ed economica e dell'antico coinvolgimento nella modernità della mercificazione atlantica.[2] L'accumulo di ricchezza ha qui una storia di lunga durata che resta segnata dalle sue molte ambiguità: un'aspirazione comune a tutti ma una pratica giudicata con sospetto e diffidenza, qualora vincente e non condivisa. Il *vodu* Mami Wata aiuta il successo economico di chi frequenta i suoi territori, non liberando però i propri fedeli dai rischi, non tanto morali quando corporei, che ciò può implicare.

Le narrazioni di chi nasce con i "geni del mare", spesso si sviluppano attorno al fascino del denaro. Dominique, nel santuario della sacerdotessa Aloumon Nouhessi ad Anfoin, in Togo, nello spiegarmi le implicazioni di una nascita acquatica, mi proponeva un canovaccio molto comune:

> se nasci con i geni del mare, avrai ogni tipo di problema: qualsiasi cosa cercherai di iniziare non funzionerà, il commercio, la scuola, le avventure, niente andrà a buon fine; dalla nascita loro ti hanno scelto perché tu li serva, ma può succedere che i tuoi genitori non abbiano capito e nessuno si sia impegnato a riconoscerli. Tu sei lasciato a te stesso e, prima di riuscire a riconoscere la forza dentro di te, soffri molto. [...] Noi siamo dei figli usciti dall'acqua e se non segui quello che loro dicono la tua vita non funzionerà. Guarda ad esempio il mio caso: io sono cresciuto in Costa d'Avorio e nessuno si è mai occupato di capire di chi effettivamente ero. Poi sono arrivato qui e la mia Maman mi ha aiutato a capire cosa c'è dentro di me e cosa devo fare. Devi trovare qualcuno che ti aiuti a seguire la via giusta, che ti aiuti a essere iniziato e poco alla volta trovi la tua strada. I soldi non vengono dal nulla, ma appena riesci a trovare il modo per installare almeno parte del tuo altare, allora i soldi iniziano ad arrivare, e gli spiriti iniziano a lavoro anche per te.[3]

Il secondo piano su cui agiscono i geni dell'acqua, è quello della vita affettiva. È una peculiarità costante di Mami Wata, la quale tormenta i suoi "figli" nella loro intimità:

---

2. La letteratura sulla tratta atlantica è ormai divenuta un corpus enorme, la cui discussione esce dai propositi e dalle possibilità di questo lavoro. Si possono ricordare però tra gli altri: Manning, *Slavery*; Law, *Ouidah*; Lovejoy, *Transformations*, che possono fornire un quadro sulla storia della schiavitù nell'area qui presa in considerazione.

3. Conversazione con Dominique, Anfoin, Togo, 5 gennaio 2011.

io ho capito (*dopo l'iniziazione*) che devo dormire da solo il giovedì e il venerdì, ma finché non lo sai, la vita è un disastro. Le donne ti lasciano, la prima, la seconda, la terza, perché lo spirito è geloso e quindi le fa scappare; quando dormi con le altre fai dei sogni durante i quali combatti sott'acqua oppure sei in mezzo al mare da qualche parte... sono loro che provocano questi sogni, è un segno per dirti: attento, noi siamo con te, per cui cerca il nostro cammino e avrai tutta la ricchezza che noi abbiamo, avrai le nostre case, avrai le nostre automobili. Devi solo farti iniziare e rispettare le regole, non è difficile.

Dominique aveva una sua interpretazione dei misteri subacquei e di come fossero stati proprio gli africani ad averli scoperti:

Le case dei geni sono in tutti i fiumi, sono nel Mono, sono nel mare, e nel mare c'è la loro capitale, come noi qui in Togo abbiamo Lomé, e poi ci sono i villaggi sparsi nei fiumi, nella laguna. Le loro città sono invisibili, noi non possiamo vederle normalmente, solo durante le cerimonie. Ciò che è nascosto nel mare, nella profondità è così misterioso che la scoperta deve andare proprio in profondità e bisogna studiare molto per comprendere la forza che sta nel profondo... se loro hanno dato questa forza all'Africa, e se l'Africa la possiede, come la dobbiamo utilizzare? Sono state le sacerdotesse a scoprire questa forza, come la Maman; ora sono molto anziane ma hanno fatto le loro scoperte quando erano giovani e poi hanno cercato di dare una rappresentazione di ciò che vive sotto l'acqua, per farlo conoscere a tutti.

La possibilità di accumulare ricchezza sembra l'aspirazione impossibile di chi non ha nulla e si trova sospeso tra un passato di abbondanza, reale o immaginata, e un futuro d'incertezze e di speranze, perché una forza nascosta nella profondità degli abissi sarà forse capace di produrre beni materiali. Le Maman, come suggeriva Dominique, hanno condiviso con chiunque volesse avvicinarsi a questi misteri i segreti della ricchezza, dimostrando quindi che il successo può essere tale solo se condiviso.

Il consumo è una chimera, un'aspirazione cui tendere piuttosto che un reale desiderio, materialmente possibile e razionalmente raggiungibile. Nei santuari, vi è un altare, detto "il tavolo", sul quale le sacerdotesse affiancano boccette di profumo, scatole di talco, creme di bellezza, fiori di plastica, oggetti sfavillanti e vivaci immagini delle divinità hindu, esposti per soddisfare i desideri di Mami Wata che si dice ami questi beni di consumo.

Ogni sacerdotessa ha la libertà comporre e arricchire il tavolo secondo il proprio gusto, ma l'eccesso di oggetti e quindi lo sperpero di denaro è un segno di forza spirituale e della capacità di assecondare i desideri dei geni delle acque, che amano la generosità e l'abbondanza.

1. *Aneho: la città di Mami Wata*

Lungo le coste del Golfo di Guinea, l'idea di mercificazione era iniziata durante l'epoca della tratta atlantica, quanto gli esseri umani acquisirono un valore quantificabile in denaro e la loro esistenza fu barattata con la possibilità di accumulare ricchezze. La città di Aneho, che ho deciso di prendere come luogo di riferimento, fu solo una delle tante coinvolte nei commerci con gli europei, ma la sua storia più recente la rende particolarmente adatta a comprendere le intersezioni tra sfera mistica, economica e politica.[4]

Sono stata molte volte ad Aneho, l'ultima delle quali nel settembre del 2021. In quell'occasione, la strada costiera che attraversa il breve litorale togolese e collega il Ghana al Bénin, usciti dalla capitale Lomé, era diventata un'unica distesa di fango. I lavori di ampliamento del suo tracciato, iniziati due anni prima, sembravano sospesi nel nulla e durante le piogge, la terra si trasformava in fango, bloccando le macchine e rendendo quasi impossibili gli spostamenti. Era difficile non avere il sospetto che vi fosse una volontà politica dietro a questa trascuratezza, parte di una strategia più complessiva che mira ormai da anni a isolare Aneho dal resto del paese. La tormentata storia politica togolese ha cercato in tutti i modi di indebolire quella che un tempo era l'élite dei guen-mina, unica espressione dell'opposizione politica al regime dei Gnassingbé.

Aneho mi era apparsa più spettrale del solito e le antiche case, che restano ancora a testimonianza di un passato di ricchezza, erano ormai poco più che ruderi. Nonostante questa lenta decadenza, la popolazione originaria di Aneho ha ancora una posizione importante nel paese, soprattutto grazie alla natura diasporica della comunità. La ritualità gioca un ruolo cruciale nel rafforzare l'identità dei guen-mina e nel mantenere vive e rinnovare periodicamente le relazioni con le altre comunità che vivono in Bénin e con quella delle "origini" in Ghana, ad Accra. Aneho mantiene saldo il suo legame con Lomé e quello fondativo con Glidji, la piccola città storica a pochi chilometri nell'entroterra; qui vi sono i santuari delle princi-

---

4. Sulla storia di Aneho si veda, tra gli altri: *Le tricentenaire d'Aneho*, vol. 1; *Le tricentenaire d'Aneho*, vol. 2; *An African family*; Strickrodt, *Afro-European trade*.

pali divinità guen-mina e qui annualmente si celebra la festa di Epe-Ekpe,[5] che richiama l'intera comunità e si vorrebbe patrimonializzare sul modello della festa del *vodu* in Bénin.

Aneho, chiamata dagli europei Little Popo, era una «comunità urbana multi-etnica»,[6] verso la quale confluivano, attratti dalle fiorenti attività commerciali, immigrati da differenti parti dell'Africa, commercianti europei, ex-schiavi tornati dal Brasile e schiavi domestici che a diverso titolo vivevano in città.[7] Nel 1785, Isert, un mercante danese, la descriveva in questi termini:

> un importante insediamento di neri costituito da cinque città separate, ognuna delle quali ha il suo negriero (*caboceer*). Una di queste città è abitata esclusivamente dai Krepees, gli abitanti originari del luogo. Le altre città invece sono state popolate dagli Akra che, nel secolo scorso, quando il loro re è stato sconfitto dagli Aquambos, hanno cercato rifugio qui; e che, da quando hanno capito l'uso delle armi meglio di quanto abbiano fatto i Krepees, ne sono diventati i padroni.[8]

La configurazione della città, divisa in una serie di "quartieri" indipendenti, e spinta da ambizioni politiche spesso conflittuali, era il tratto caratteristico di Aneho. Isert citava la sconfitta degli Akras, la popolazione di Accra, a opera degli "Aquambos", gli akwamu, avvenuta negli anni Ottanta del XVII secolo. Seconda la tradizione, il re Ofori, in fuga da Accra, si era rifugiato in queste terre con parte della sua famiglia e aveva fondato il regno di Glidji. La dinastia di Glidji rivendica ancora oggi una discendenza diretta da Ofori, mentre ad Aneho il popolamento era probabilmente avvenuto grazie alle successive ondate migratorie dei gruppi akyem, adangbé e fanti, sempre originari della regione costiera ghanese, attorno ad Accra e a Elmina.[9] Il fondatore di Aneho sarebbe Quam Dessou, forse un mercate, forse un pescatore, che da Elmina arrivò ad Aneho via mare a bordo di una canoa.[10] Secondo la tradizione, Quam Dessou fu ben accolto dal re di Glidji che lo nominò Aputaga, cioè "re della spiaggia".[11]

---

5. Sulla festa di Epe-Ekpe di veda: Armattoe, *Epe-Ekpe*; De La Torre, *Le vaudou*.
6. Strickrodt, *Afro-European trade*, p. 9.
7. La consistenza del numero di schiavi domestici è oggi attestata dalla diffusa presenza del culto di Tchamba.
8. *An African family*, p. 10.
9. Law, *Les toutes premières*, p. 37.
10. Gayibor, *Les origins*, p. 94.
11. Wilson, *Aperçu historique*, p. 140.

Aneho fu l'avamposto marittimo del regno di Glidji, anche se ciò non deve far pensare che vi fosse un rapporto di dipendenza della prima dalla seconda.[12] Come sottolinea Robin Law, a differenza delle tradizioni locali che tendono ad associare le fondazioni di Glidji e Aneho in un unico fenomeno storico e sociale, quest'ultima fu il risultato di una penetrazione commerciale, iniziata già nella metà del XVII secolo, quindi prima dell'arrivo del mitico Ofori, fondatore di Glidji. Aneho viene menzionata per la prima volta nel 1659, proprio come tappa del commercio fluviale.[13] La migrazione sarebbe stata connessa ai trasporti su piroga, attività nella quale i fanti (che popolavano l'area di Elmina e Cape Coast) erano i massimi esperti, in grado di fornire la manodopera e vendere le canoe alle popolazioni vicine. In questa prima fase, Aneho non fu direttamente coinvolta nel commercio con gli europei ma rivestì un ruolo di supporto ai traffici, come luogo di interscambio tra la Gold Coast e Ouidah e di passaggio tra il transito marittimo e quello lagunare.[14]

Ad Aneho s'insediarono quindi dei notabili, già coinvolti nei commerci con gli europei e che lungo tutto il Settecento lottarono tra di loro per raggiungere l'egemonia economica sull'area. La città di Aneho, nonostante le divisioni interne, restò però sempre alleata di Glidji, fornendo le forze umane ed economiche per affrontare le guerre, poiché una differente strategia politica avrebbe significato soccombere alla maggiore forza militare dei regni confinanti. L'apice del successo economico del piccolo regno coinciderebbe con l'inizio dell'Ottocento e non del Settecento, e avrebbe avuto come protagonista proprio Aneho.[15] Durante l'Ottocento, infatti, quando la tratta atlantica divenne illegale, la laguna acquisì un ruolo fondamentale nel traffico illecito. Ouidah era pattugliata dalle navi inglesi ed era divenuto ormai troppo rischioso imbarcare da qui gli schiavi, che venivano quindi convogliati, attraverso la rete delle acque lagunari, ad Aneho e a Porto Novo.[16]

L'insieme dei lignaggi, che in ondate successive raggiunsero l'attuale Togo, erano quindi già ben inseriti in un sistema economico fondato sui commerci atlantici. Ciò favorì la formazione di un'importante élite di no-

---

12. *An African family*, pp. 10-14.
13. Law, *Between the Sea*, p. 219.
14. Ivi, p. 233.
15. Goeh-Akue, *Le patrimoine architectural*, p. 567.
16. Law, *Between the Sea*, p. 224.

bili, di sangue e di censo, che basarono il loro status sull'accumulazione di beni materiali e sull'ostentazione della ricchezza. Durante i festeggiamenti di Epe-Ekpe, ancora oggi, i dignitari guen-mina sfilano davanti ai rappresentanti del potere politico centrale, mostrando i segni inequivocabili del loro potere. In quest'occasione le divinità "escono" dai santuari e si palesano pubblicamente, grazie alla possessione, e i sacerdoti e le sacerdotesse sfoggiano i gioielli, le collane e le perle simbolo di forza e di ricchezza. Come ricorda Goeh-Akue, nel corso dell'Ottocento:

> la qualità dell'individuo si misurava attraverso la sua capacità di accumulare beni materiali, tra i quali vi erano anche gli schiavi. Era abitudine che i Tomehuenyi[17] adornassero di gioielli anche i loro domestici, quando questi li accompagnavano fuori casa. Era un modo per esibire le proprie disponibilità materiali.[18]

Con la fine della schiavitù e l'inizio della colonizzazione si chiuse anche l'epoca d'oro dei guen-mina, che però conservarono il potere economico e anche una certa capacità di influenzare la politica del paese.[19] Negli anni Settanta e Ottanta del Novecento, furono le donne a emergere per la loro ricchezza; le più importanti commercianti del Grand Marchè di Lomé, soprannominate Nana Benz perché si muovevano a bordo di lussuose autovetture, appartenevano alle famiglie guin-mina. Le dieci Nana Benz più ricche del Togo erano di Aneho, e più del cinquanta per cento delle commercianti a Lomé erano originarie di questa città.[20] Le donne d'altra parte erano già state attivamente coinvolte anche nei commerci atlantici.[21]

    17. Si tratta del nome attribuito all'élite di censo che viveva ad Aneho.
    18. Goeh-Akue, *Le patrimoine architectural*, p. 570.
    19. A differenza della vicina Ouidah, Aneho oggi appare una città fantasma, che ritrova la sua vitalità in occasione delle cerimonie religiose. Il discorso pubblico sulla memoria della schiavitù e sulle forme della restituzione del passato, sta muovendo i suoi primi passi. Per un confronto e per quanto riguarda Ouidah si veda: Ciarcia, *Le revers de l'oubli*.
    20. Mensah-Amendah, *Les Femmes d'Aneho*, p. 508
    21. Ad esempio, Sashee, moglie o forse amante del capitano John Marmon, il quale aveva stabilito la sua sede commerciale a Winneba, nell'attuale Ghana. Sashee, originaria della "Danish Accra", si era stabilita a Petit Popo, dove conduceva affari per Marmon e, come riportavano le fonti dell'epoca, aveva al suo servizio molto personale, soprattutto donne, alcune appartenenti alla sua famiglia, altre schiave o comunque in posizione di dipendenza. Sashee era la figlia di Lawson Senior, un nativo di Petit Popo, che probabilmente si era sposato con una donna di Accra tra il 1810-1811. Sashee e suo fratello, Lawson Junior, erano nati ad Accra, ma erano uniti da legami familiari con Aneho, e Sasha si era trasferita per gestire le sue attività commerciali (*An African family*, pp. 22-23).

In un contesto storicamente cosmopolita come quello di Aneho, l'adozione di una divinità straniera risultò probabilmente molto semplice e gli atteggiamenti più eccentrici furono incorporati con orgoglio, quasi come naturale conseguenza del proprio "eccezionale" percorso storico. Le donne, che già ricoprivano il ruolo di sacerdotesse e che avevano una tradizione di ricchezza fondata sul commercio, accolsero e plasmarono questa divinità in un gioco di specchi e continui rimandi. D'altra parte le donne di Aneho avevano la reputazione di essere indipendenti, istruite ed eccentriche, per cui Mami Wata rispose perfettamente alla loro identità reale ed immaginata.

Anche la lettura che molte di esse fanno della pelle chiara di Mami Wata rimanda a un passato ibrido. Molte delle sacerdotesse che ho incontrato nel corso degli anni, ma soprattutto quelle che appartengono alla diaspora guen-mina, ammettevano un legame con il mondo dei "bianchi": Mami Wata «ama i bianchi», Mami Wata «ha dei parenti bianchi», oppure talvolta, passando a un piano più personale, le sacerdotesse citavano passati mariti o amanti di pelle bianca o comunque chiara. Vi sono alcune conseguenze negative in questa affinità con il colore bianco e, come già detto, l'uso di creme schiarenti è una di queste. Oltre a ciò, si può intravedere soprattutto una traccia del passato.

Afiyeye Combeté Andé, che ho incontrato per la prima volta nel 2005, era la più anziana e autorevole sacerdotessa di Mami Wata a Cotonou, parte della diaspora guen-mina. Viveva da anni nel quartiere portuale di Plakodji e gestiva un *maquis* nella zona commerciale della città. Era una donna di successo, molto rispettata come commerciante e soprattutto come sacerdotessa. Aveva la pelle leggermente chiara, così come molte delle donne legate a Mami Wata. Mi disse che «i *vodu* degli antenati» si erano palesati nella sua vita una sera del 1927 mentre stava spazzando il cortile; la nonna le aveva detto di raccogliere anche

---

Anche la memoria orale e rituale è abitata dal ricordo delle ricche donne mercanti di schiavi. Il culto Tchamba (si vedano le prossime pagine), è proprio incentrato su queste figure. Miamaman Dankoli Ayele Adossi, una sacerdotessa incontrata da Jung Ran Forte, raccontava della sua antenata – sette generazioni precedenti – di cui lei era l'incarnazione (Forte, *Travelling Gods*, pp. 182-185). Maman Ayele Adossi, questo era il nome della donna, era stata una mercante di schiavi e aveva imparato il mestiere proprio da Francisco Félix di Sousa e Dimingo José Martins – due tra i più noti mercanti brasiliani di schiavi. L'antenata Maman Ayele Adossi era originaria di Aneho e, secondo un canovaccio ricorrente, aveva sposato un marinaio danese, da cui aveva avuto una figlia meticcia.

la spazzatura ma lei non ne aveva voglia, si era opposta all'ordine e in quello stesso momento era caduta al suolo, scossa da una terribile crisi, che l'aveva lasciata tra la vita e la morte per nove giorni. Erano i *vodu* guen-mina che l'avevano presa. Afiyeye era nata a Ouidah il 28 agosto del 1920, ma suo padre era originario di Glidji ed erano proprio i *vodu* paterni che l'avevano scelta perché fosse iniziata. Aveva trascorso parte della sua giovinezza in un villaggio vicino a Ouidah e per vivere faceva piccoli affari con Cotonou ma senza troppo successo. Un giorno, dopo aver consultato Fa, aveva finalmente capito che doveva lasciare il villaggio. L'oracolo Fa le aveva detto che avrebbe sposato un uomo *iovo*, cioè un bianco:

> ma là dove vivevo, in mezzo alla laguna non lo avrei mai incontrato, decisi allora di venire a vivere a Cotonou. Qui non ho trovato uno *iovo* ma un meticcio e ci siamo sposati. Poi tanti dei miei figli hanno sposato dei bianchi e anche alcuni dei miei nipoti. Dopo il meticcio ho avuto altri due mariti, ma adesso tutti e tre sono morti. Ho avuto otto figli, quattro dei quali ora vivono in Europa, dove si sono sposati con dei bianchi.[22]

I bianchi, che erano in vario modo transitati nella sua vita, erano la prova del suo sodalizio con Dan, il Dan di Mami Wata, a cui era stata iniziata il 28 settembre del 1968, dopo essersi trasferita a Cotonou.

La pelle chiara di Mami Wata evocava un passato, ormai solo tramandato dai racconti orali, nel quale i bianchi vivevano stabilmente nelle città portuali africane, si sposavano con le donne locali ed erano tra i maggiori interlocutori e soci commerciali delle grandi famiglie di Aneho e dintorni. Afiyeye apparteneva a quel mondo ormai scomparso, dove però la sfera mistica continuava ad alimentare il legame con il passato e le divinità erano ancora lì, presenti nella vita di tutti, a ricordare ciò che era stato e che sarebbe potuto nuovamente essere. Mami Wata era giunta quando l'epoca d'oro di Aneho era già tramontata, ma aveva offerto una nuova opportunità di ricchezza a diverse generazioni di donne e di uomini. Afiyeye, come molti altri, ogni settembre, in occasione della festa di Epe Ekpe andava a Glidji, la città di suo padre, mentre per la cerimonia conclusiva di dicembre si spostava nella sua città natale, a Ouidah, riallacciando antichi legami e passate storie.

---

22. Conversazione con Afiyeye Combete Ande, Cotonou, Bénin, 30 novembre 2006.

La festa di Epe-Ekpe richiama ogni anno centinaia di persone dal Ghana e dal Bénin, rafforzando e reinventando i legami spezzati dalle guerre, dalle migrazioni e successivamente dai confini coloniali. Le divinità celebrate sono il risultato dell'incontro tra quelle che giunsero assieme a chi migrava e fuggiva dal Ghana, quelle degli autoctoni e quelle che si aggiunsero nel corso del tempo. Le prime furono in parte rielaborate secondo il linguaggio dei *vodu*, acquisendo nuove pratiche e lasciando in ombra più antichi tabu, come l'interdizione per le donne a ricoprire la carica di sacerdotesse. Come mi spiegava A. *wulomo*, che stava cercando di rafforzare i legami con la diaspora, «ad Aneho hanno cambiato le regole, e anche le donne possono diventare sacerdotesse» inoltre «lì ci sono tantissime Mami Wata», mentre tra i ga di Accra sono entità praticamente assenti.[23] Le divinità che fondano il legame tra le popolazioni ga e la diaspora sono quelle acquatiche, le medesime che vengono accompagnate verso l'oceano in occasione del *vodu dze apu*.[24] In una lettera del 1825, un visitatore a Gran Popo, notava che lì sopravvivevano molte delle tradizioni e delle "superstizioni" dei ga, come il culto al fiume Sacoom, cioè Sakumo.[25]

La posizione di rilievo delle donne nella sfera religiosa è molto probabilmente stata acquisita dalle pratiche religiose delle popolazioni autoctone e di quelle che vivono a est di Aneho, dove le donne hanno sempre rivestito ruoli importanti, a differenza dei ga, per i quali la funzione di *wulomo* è solo maschile. Il successo di Mami Wata, ha rafforzato la loro posizione, poiché il culto inizialmente interessò soprattutto le donne, che ne divennero sacerdotesse.[26]

---

23. Conversazione con A. *wulomo*, Accra 6 settembre 2021.
24. Le divinità ancestrali oggi più comunemente riconosciute come tali sono Ata Kpessou, Mama Koley, Ata Sakumo e Togbe Lapkan. Ata Kpessou è la pietra di colore mutevole, che ogni anno si pesca nella laguna di Glidji e che è il fulcro delle cerimonie pubbliche di Epe Ekpe. Ata Sakumo è una divinità dell'acqua dolce, la medesima della laguna di Sakumo. Poi vi è Mama Koley che vive nelle acque dolci di Degbenou, ad Aneho e che si ritiene sia Korle. Togbe Lakpan e Togbe Nygblen invece risiedono nelle acque dell'oceano. Mami Wata, come sostengono i dignitari dei "guen-mina *vodu*", si aggiunse in tempi molto più recenti. Oggi è impossibile costruire una reale gerarchia basata sulla dimensione temporale, e Mami Wata appare completamente integrata tra le divinità definite guin-mina.
25. *An African family*, pp. 10-11.
26. Kuakuvi, *Quelques elements*, p. 485.

2. Il mare come luogo di morte e di ricchezza

Sulla battigia della spiaggia di Djako, durante la celebrazione del *vodu dze apu*, le *vodussi*[27] incorporavano la duplicità e l'ambivalenza del mare, sperimentando il labile confine tra la vita e la morte. La loro fuga in cerca degli abissi non era una messa in scena, perché i loro corpi sembravano realmente anelare all'unione con quel mondo sommerso, con il quale non avevano normalmente alcun tipo di confidenza. Era una forma di attenzione somatica nei confronti di un luogo misterioso che tradizionalmente è ritenuto essere la destinazione ultima dei morti e la casa degli antenati. Storicamente poi, come si è visto, il mare è diventato anche il luogo dell'incontro con gli europei, trasformandosi in fonte di ricchezza.

Secondo quanto scriveva Jacques Lombard a Cotonou si credeva che le anime dei morti discendessero dall'antica capitale Abomey lungo il fiume Ouémé per raggiungere il mare; il fiume era costeggiato da alberi rossi il cui colore si diceva fosse dovuto proprio ai morti, che passando nella laguna lasciano un po' del loro sangue sulle cortecce.[28]

Secondo altre tradizioni, come ad esempio tra gli ewe, il percorso della vita si muove da est verso ovest. Per nascere gli esseri umani devono prima attraversare un fiume orientale, da dove arriva ogni giorno anche il sole e poi camminare in una foresta. Quando se ne vanno, devono nuovamente passare da una foresta e poi andare oltre il fiume occidentale, così come accade al sole. Per gli ewe questo fiume coincide con il Volta, detto Amuga.[29]

In entrambe le versioni, il mondo dei morti si trova sotto l'acqua e più in generale il mondo delle origini, verso il quale si fa ritorno dopo la morte, è sotto terra, come d'altra parte testimonia la pratica di offrire una libagione per gli antenati, ogni qual volta si stia celebrando qualcosa o qualcuno, da un dio a un ospite in visita, aspergendo proprio sulla terra.

Il mondo dell'aldilà poteva essere immaginato come una copia di quello dei vivi, non avere peculiarità specifiche oppure poteva coagulare

---

27. *Vodussi* è il nome attribuito alle adepte e agli adepti del *vodu*. Significa "sposa del *vodu*".

28. Lombard, *Cotonou*.

29. Questa visione della nascita e della morte segnata dai fiumi occidentali e orientali è condivisa soprattutto nell'area adja-ewe, dove il paesaggio è caratterizzato da una certa varietà di fiumi che si muovo da nord verso sud, i quali oltre a connotare l'ambiente hanno anche rappresentato dei linee di parziale differenziazioni del popolamento della regione (Pazzi, *L'homme eve*).

un immaginario di chimerica ricchezza. «Il paese da cui viene l'uomo», scriveva Bernard Agudze Vioka nel 1968, «è una città molto vasta, circondata da una magnifica muraglia d'oro [...] è una città meravigliosa, la più pulita del mondo».[30]

Secondo una delle molte tradizioni orali che narrano delle migrazioni dei gruppi che oggi vivono lungo la costa del Golfo del Bénin, tra Togo e Bénin, i primi migranti xwla quando arrivarono al mare rimasero stupiti e intimoriti:[31]

> all'apparire dell'immensa distesa di acqua in ebollizione interrogarono l'oracolo che suggerì loro di tralasciare ogni diffidenza, perché dal mare un giorno sarebbe arrivata la ricchezza. In effetti, la tradizione racconta che qualche tempo dopo si cominciarono a vedere apparire all'orizzonte le navi dei portoghesi.[32]

Le piroghe cariche di schiavi che raggiungevano in passato le navi ancorate al largo e che scomparivano, metaforicamente, e di fatto, nel mare, hanno accresciuto la mitologia connessa alla forza divoratrice del mare. Le molte leggende sul potere distruttivo di Mami Wata, che nella sua valenza più negativa, attrae a sé per mai più restituire, evocano l'«economia morale a somma zero» dell'epoca atlantica, quando la ricchezza si accumulava grazie al sacrificio della vita di altri esseri umani.[33]

Le sacerdotesse che dalla spiaggia di Cotonou guardavano fiere il mare dove risiedevano le loro divinità, apparivano consapevoli del facile scivolamento dal livello di controllo a quello di pericolo, dalla prosperità alla povertà e alla morte; il mare sembrava ricordare che la ricchezza e il successo implicano sempre un prezzo, anche se a carico di altri individui, gli schiavi prima, le adepte oggi.

Il fatto che la moneta di scambio nei commerci di beni e di schiavi sia stata per lungo tempo costituita dalle conchiglie cipree ha rafforzato i sentimenti di paura e desiderio che il mare suscita. Le conchiglie cipree

---

30. De Surgy, *Le systeme*, p. 24.
31. I xwla-xwéda (detti anche pla e péda) sono parte di quei gruppi che si dice migrarono dalla città di Tado verso la costa: i xwla, che oggi occupano la bassa valle del Mono e le lagune attorno a Agbanakin, giunsero tra il XIII e il XV secolo, mentre e xwéda si spostarono in Togo, in seguito a una successiva migrazione dal Bénin, nel XVIII secolo (Gaybor, *Le Togo*, p. 34).
32. Pazzi, *L'homme eve*, p. 71.
33. Austen, *The moral economy*.

sono un oggetto polisemico con una biografica ricca di riferimenti storici, politici, economici e spirituali. Sono state innanzitutto una moneta diffusa in tutta la regione costiera, ma una conchiglia non autoctona, che fu introdotta in Africa occidentale nel XIV secolo; il primo carico, proveniente dall'Oceano Indiano, probabilmente giunse nel 1515 nel regno del Benin (attuale Nigeria), dove per la prima volta furono monetizzate. Nel corso del Settecento, all'apice del commercio atlantico, secondo valutazioni indicative, l'importazione fu superiore ai dieci miliardi di ciprее.[34] Si diffusero in modo capillare, per ogni transazione economica. Il re dahomeyano, Guezo, nel 1858, spiegava a Vaisseau A. Vallon il vantaggio di utilizzare le ciprее come monete:

> voi siete sorpreso [...] che io utilizzi i cauri come valuta del paese, sebbene le montagne del nord del mio regno producano oro; ecco il motivo: nessuno, nemmeno un bianco, può falsificare una ciprea, mentre se coniassi moneta, il mio paese sarebbe presto inondato di pezzi contraffatti, che non potremmo distinguere da quelli buoni; inoltre, con i cauri, nessuno dei miei sudditi si arricchisce a mia insaputa, non saprebbe dove nascondere la sua fortuna e sottrarmi il tributo che mi deve.[35]

Oltre al valore economico, le conchiglie convogliavano significato anche grazie alla loro specificità materica e divennero ben presto parte integrante di molti rituali. Secondo Pazzi, erano un segno di ricchezza e di malvagità, perché, come diceva un proverbio ewe «la ricchezza da vita alla morte».[36]

In Africa occidentale nel corso dei secoli si diffusero molte leggende che, attraverso immagini spesso disturbanti, narravano la tragedia della tratta atlantica. Erano racconti di morte che, come Ralph Austen ha messo in luce, sapevano denunciare il lato oscuro dell'economia di mercato e dei suoi obiettivi di teleologica modernizzazione. Si trattava di un discorso intrinsecamente critico sull'ingresso dell'Africa nell'economia capitalista

---

34. Ogundiran, *Of Small Things*.
35. Vallon, *Le Royaume de Dahomey*, p. 360.
36. Pazzi, *L'homme eve*, p. 221. Pazzi scriveva inoltre che tra gli ewe, le ciprее erano anche chiamate *ho*, che significa gemelli, a causa della loro morfologia simmetrica e bivalve. Si tratta di un nome che evoca il potere trascendentale dei gemelli, venerati in questa regione con un culto molto sentito e diffuso. In secondo luogo sono bianche, il colore degli antenati, che diffonde calma, capacità di placare gli animi e di favorire la comunicazione con le forze dell'invisibile. Le ciprее sono utilizzate nei rituali soprattutto come simbolo di abbondanza e prosperità.

e che imponeva una riflessione su una modernità iniqua e sulla natura moralmente problematica del denaro.[37]

Lungo la Costa degli schiavi si possono incontrare differenti versioni di un mito che narra dell'inestricabile connessione tra schiavitù, ricchezza, mercificazione, morte e violenza. Le cipree, conchiglie che si fanno denaro, sovente al centro di questi racconti, sono pensate come piccoli vampiri che si riproducono attaccandosi ai corpi umani e si nutrono succhiando il sangue.

Riporto qui di seguito alcuni di questi racconti che ci introducono in un universo di significati dove la ricchezza si realizza solo grazie alla sottrazione di energie vitali. Il primo è stato raccolto proprio tra i guin-mina ad Agbodrafo, un tempo chiamata Porto Seguro, una città e un porto molto importante all'epoca della tratta, situato tra Aneho e Lomé; alle sue spalle si estendeva il lago Togo. Sulle sponde nord del lago vi erano due paesi, Kpomé (Kpogame) e Dekpo, che ospitavano due mercati di schiavi. Dekpo era il riferimento dei negrieri di Agbodrafo, tanto che il re aveva nominato un ufficiale, *dekpogan*, incaricato di controllare e gestire per lui i commerci tra le due località.

> A Dekpo gli schiavi non accettavano volentieri d'imbarcarsi per la sponda meridionale del lago; durante la traversata, chi era troppo irrequieto e rischiava di far affondare la barca veniva semplicemente gettato in acqua e fatto annegare nel lago. La gente di Dekpo racconta che sui loro corpi, dopo pochi giorni, crescevano le cipree, che loro andavano a raccogliere in fondo al lago! Quindi si poteva guadagnare ben due volte su di loro. È comune trovare un'attività così redditizia? ... Per quanto riguarda l'origine delle cipree, preferiamo credere che si tratti di conchiglie – denaro accumulate sul fondo perché la gente di Agbodrafo le gettava, nei punti in cui gli schiavi annegavano, come sacrificio espiatorio in favore della divinità del lago, sia per il delitto commesso sia per la contaminazione inflitta al lago dai cadaveri.[38]

Adotevi suggerisce un uso sacrificale delle conchiglie ma sicuramente rilevante è l'immagine dei corpi umani usati come esche per produrre e riprodurre il denaro. In questo racconto la mercificazione dei corpi degli schiavi sembra quasi accidentale, mentre nella versione che ho ascoltato nel 2007 dalla voce di Kokou Atchinou, allora presidente del GAMAT (*Groupment des Adorateurs de Maman Tchamba*), la mercificazione dei

---

37. Austen, *The moral economy*.
38. Adotevi, *Contribution à l'etude*, p. 132.

corpi degli schiavi è allo stesso tempo l'origine e la conseguenza della tratta di esseri umani.

> Ai tempi dei nostri antenati il denaro non esisteva; la gente andava al mercato per scambiare cibo, mais, olio rosso e igname. Questo sistema comportava alcuni problemi perché le persone che non avevano nulla da scambiare non potevano andare al mercato e quindi non potevano ottenere ciò che cercavano. Per tale motivo i nostri antenati pensarono di utlizzare le cipree. Dove era possibile trovarle? Mai sulla spiaggia, bisognava entrare in mare e raggiungerne il fondale. Come era possibile raggiungere la profondità del mare? I cacciatori che erano abituati a muoversi nella foresta e terrorizzare le persone, iniziarono quindi a cacciare gli esseri umani. Aiutati dai pescatori sulla costa, i cacciatori portavano con le barche i prigionieri in mezzo al mare, legavano le mani e i piedi agli schiavi, gli attaccavano grossi sassi al collo e li calavano nel fondo del mare. Dopo alcune ore, i cacciatori recuperavano i corpi completamente coperti dalle cipree. Raccoglievano tutte le cipree e poi, dopo essersi allontanati un po', gettavano nuovamente i cadaveri in acqua. Andavano avanti in questo modo finché il corpo non era decomposto. In questo modo iniziò la schiavitù. Quando i pescatori tornavano a riva, avevano i soldi per comprare altri schiavi. In seguito iniziarono ad arrivare dall'America per comprare gli schiavi, ma questo avvenne dopo. Questa è stata l'origine della schiavitù. Di conseguenza le persone hanno iniziato ad avere molti soldi ma, all'epoca, non c'erano banche dove mettere il denaro. Non c'era niente da comprare, né televisori, né automobili, né case, né terreni perché non era possibile vendere la terra, e quindi furono costretti a comprare più schiavi. Erano l'unica merce disponibile e più eri ricco più avevi schiavi. Era come oggi, che se sei ricco hai molti soldi in banca.[39]

La terza versione mi è stata invece raccontata nel 2019 da Ablossi Tsika, una sacerdotessa togolese, che incontreremo nel prossimo capitolo.

> Mia nonna aveva comprato degli schiavi (era la nonna di mio padre). La vecchia viveva a Notché, quando lasciò la città si trasferì a sud, in un villaggio poco distante da dove oggi c'è il mio santuario. Era una commerciante di olio rosso di palma. All'epoca per trasformare i semi in olio, si seguiva un procedimento che ormai è stato abbandonato. Si faceva un grosso buco nella terra, si ricopriva di foglie di banano e si mettevano i grani, in modo che fermentassero e poi potessero trasformarsi in olio. Con il tempo la "vecchia" si rese conto che le noci di palma lasciate nella terra non si rompevano ma si trasformavano in conchiglie ciprea. Grazie a questa trasformazione era

---

39. Brivio, *Tales of cowries*, pp. 52-53.

diventata molto ricca e aveva incrementato il suo commercio. Aveva quindi deciso che con le ciprее avrebbe comprato degli schiavi che poi iniziarono a lavorare alla produzione di olio rosso.[40]

Il racconto di Ablossi Tsika si discosta dai precedenti. Il corpo dello schiavo non è oggettificato né vampirizzato, ma le conchiglie si trovano al centro di un processo "magico", e al contempo perverso, di arricchimento che conduce in modo quasi deterministico al commercio di esseri umani. Le tre storie ci riportano con insistenza al doppio registro con cui guardare la laguna e l'oceano, in un continuo oscillare tra la fascinazione di una possibile ricchezza e il rischio che ciò inevitabilmente implica.

3. *Donne di successo*

Gli immaginari disturbanti che questi racconti portano con sé non devono far pensare che esista una postura etica che si oppone categoricamente all'accumulo di ricchezza, oppure una sorta di senso di colpa incorporato da chi è ricco o da chi rimpiange il proprio passato di ricchezza che fu anche sinonimo di schiavitù. Mettono semplicemente in luce la natura ambigua e potenzialmente pericolosa del denaro.

Secondo un'opinione generalmente condivisa, le sacerdotesse di Mami Wata sono ricche e rispettate, proprio perché hanno un rapporto privilegiato con questa particolare sfera del sacro. In modo speculare si ritiene che le donne ricche siano tali perché seguaci di Mami Wata o del "serpente". Il prestigio attribuito alle persone che rivestono un ruolo di potere nell'ambito del sacro le mette al riparo dalle accuse di stregoneria o almeno attenua le invidie e gelosie degli altri. Nei primi anni del 2000, si diceva che le ricche commercianti di tessuti – le Nana-Benz – che stavano al secondo piano del Grand Marchè di Lomé erano tali poiché avevano «il serpente sotto il banco», grazie al quale ottenevano denaro per se stesse e per i propri figli; oppure si vociferava che fossero loro stesse dei serpenti, forma che tornavano ad assumere durante la notte, quando erano a letto con il loro malcapitato marito.

L'arricchimento di alcune commercianti, nei momenti di crisi politica e sociale, ha dato vita a regimi di odio che sono sfociati in espliciti atti di

---

40. Ablosssi Tsika, Kevè, Togo, 4 settembre 2019.

violenza. Nel 1981, Makola, il più importante mercato di Accra in Ghana, fu distrutto dall'esercito con la scusa di cercare le merci illegali e le banconote straniere che si presumeva le donne nascondessero all'interno delle loro baracche. Le venditrici erano accusate di essere delle parassite della società e di accumulare ricchezze a discapito del resto della popolazione che stava vivendo un periodo di grave crisi economica.[41] Dopo la distruzione di Makola, voci insistenti riferivano che i soldati avessero dissotterrato delle scatole all'interno delle quali vi erano gli amuleti e i feticci che le donne utilizzavano per incrementare gli affari. Alcuni di questi venivano collocati fuori dal negozio, laddove il cliente metteva i piedi, inducendolo a comprare le merci; altri erano capaci di confonderli durante la contrattazione, facendo accettare prezzi spropositati; altri ancora agivano sui soldi e facevano sì che tornassero immediatamente nelle mani di chi li aveva appena spesi.[42]

L'origine della violenza che la distruzione dei mercati mise in scena, secondo Akyeampong, era da cercare in una tensione di genere iniziata nella prima fase dell'epoca coloniale, quando l'accumulazione di ricchezza da parte delle donne sembrava avvenire attraverso la mercificazione dei loro corpi, che in tal modo venivano sottratti a chi ne aveva "naturalmente" diritto.[43] Era una paura che si diffuse nei primi decenni del Novecento a causa della sempre maggiore mobilità e autonomia delle donne che, sottraendosi al matrimonio, toglievano appunto agli uomini i loro "diritti" riprocreativi.[44] La situazione in Ghana, in quegli anni, era particolarmente difficile e le donne divennero il capro espiatorio di un regime che non riusciva a trovare risposte efficaci alle difficoltà della popolazione e alla mancanza di beni primari.

Le accuse contro le donne ricche, o presunte tali, possono esplodere in forme di esplicita violenza ma ciò non toglie che le stesse esprimano differenti punti di vista sul loro rapporto con le forze dell'invisibile e si muovano consapevolmente all'interno della sfera mistica, agendo anche

---

41. Robertson, *The death of Makola*, p. 472.
42. Clark, *Gender and profiteering*, p. 300. Questo tipo di pratiche magiche sono ancora diffuse in Ghana: vi sono amuleti capaci di far sembrare il negozio del proprio rivale sempre chiuso, facendogli così perdere i clienti; oppure si possono portare i soldi da un *fetishman* che attraverso un incantesimo rende possibile il loro moltiplicarsi (*fetish money*). Per una lettura critica di questo fenomeno di veda: Grossi, *Soldi e spiriti*.
43. Akyeampong, *Wo pe tam won pe ba*.
44. Brivio, *Donne, emancipazione*.

su altri livelli di significato. Le interpretazioni polarizzanti, per quanto capaci di far emergere le più macroscopiche contraddizioni sociali non possono cogliere le sfumature dei singoli percorsi esistenziali. Le vicende di Edwige[45] e Paulette,[46] ci mostrano un quadro più complesso di quello proposto dagli intenti moralizzanti di una certa cultura popolare. Edwige e Paulette erano due donne che manipolavano il loro rapporto con la sfera mistica per raggiungere gli obiettivi che si erano prefissate e negoziavano quotidianamente una serie di conflitti che la loro posizione di privilegio poteva implicare.

Avevo conosciuto Edwige Agbo, *houno* Sikassi Akpugno, nel 2006 a Cotonou, pochi mesi prima della sua intronizzazione come sacerdotessa di Mami Wata. Edwige viveva vicino a Dantokpa – il più importante mercato di Cotonou – dove gestiva diverse piccole attività commerciali. Abitava con i suoi figli, fratelli e molti aiutanti, in una grande casa, adiacente al suo santuario. Nel dicembre 2006, partecipai alla sua cerimonia di intronizzazione; vi erano molti invitati, tra cui diversi sacerdoti e sacerdotesse della diaspora guen-mina, di cui lei era parte. Fu, a detta dei più, una cerimonia sfarzosa, ben riuscita e molto partecipata.

Una settimana dopo l'intronizzazione, passai da casa sua e la trovai immobilizzata, a causa di un'improvvisa e inequivocabile, a parere di tutti, malattia. La sua gamba e il suo piede si erano gonfiati, la pelle si era lacerata in tante piccole ferite e il sangue circolava a fatica. Edwige era preoccupata ma non arresa, si era rivolta alle cure ospedaliere, a quelle dell'erborista con cui era solita lavorare, e ovviamente, ai suggerimenti dei suoi *vodu*. Non aveva dubbi, la sua posizione sociale, sancita in modo definitivo dalla recente cerimonia d'intronizzazione, aveva suscitato l'invidia di qualcuno che stava cercando di ucciderla. Era stata *envoutée*, cioè vittima di un attacco di stregoneria, il giorno stesso della cerimonia.

Il successo rende troppo visibili e di conseguenza vulnerabili, oggetto dell'invidia e del risentimento di chi non può partecipare al medesimo destino. La ricchezza deve essere socialmente giustificata, per quanto possibile condivisa e ridistribuita all'interno della comunità o almeno della famiglia. Il prezzo per un differente comportamento potrebbe essere l'accusa

---

45. Faccio qui riferimento a una serie di interviste avvenute nella sua casa, a Cotonou, tra ottobre e dicembre 2006.

46. Faccio qui riferimento a una serie d'interviste avvenute a Cotonou, nel febbraio e marzo 2008.

di intessere legami con la stregoneria o peggio diventare l'obiettivo degli attacchi della stregoneria-invidia degli altri.

Legandosi a una divinità che ama la ricchezza e il successo, le donne possono giustificare la propria condizione di privilegio e allo stesso tempo condividere con gli altri il proprio surplus. Le sacerdotesse, infatti, grazie alle cerimonie e alla pratica rituale quotidiana, redistribuiscono parte del loro potere e soprattutto rendono esplicito a tutti il legame con le forze mistiche.

Secondo Akyeampong l'odio contro le donne era suscitato dal loro sottrarsi al lavoro riproduttivo.[47] Le sacerdotesse di Mami Wata sembrano confermare questa tesi, perché il coinvolgimento nella sfera del sacro, spesso giustifica il loro allontanamento dalla casa del marito. La posizione di eccezione che assumono all'interno della società influisce in modo sostanziale sul loro ruolo di genere, senza farle precipitare in categorie stigmatizzanti, come quelle delle *femmes libres* congolesi e delle donne "cattive" dell'epoca coloniale.

Le Mami, in maggiore misura rispetto alle sacerdotesse di altri ordini *vodu*, non possono, infatti, una volta sancito il loro legame con la divinità, continuare a vivere nella casa del marito. Come mi spiegò il marito di Edwige, presente alla cerimonia di intronizzazione con la sua seconda moglie, le adepte durante la notte devono lasciare il letto libero alle incursioni del *vodu* con cui sono sposate e che regolarmente le raggiunge per consumare la loro unione. Edwige aveva la Mami Wata "maschio" e doveva restare a sua disposizione due sere a settimana; un uomo, si giustificava il marito, deve costruirsi una nuova vita e abitare altrove, se vuole trascorrere le notti con la propria donna.

Ho rincontrato Edwige nell'agosto del 2018: il suo santuario era decorato da sfavillanti dipinti che raffiguravano le molte divinità del pantheon di Mami Wata e al primo piano della casa aveva aperto un bel ristorante con aria condizionata. Il numero di persone che ora lavoravano per lei era aumentato, il magazzino delle merci in vendita si era più che raddoppiato. Edwige era molto soddisfatta e mi mostrava con entusiasmo tutte le novità e i risultati degli ultimi dieci anni.

Anche Paulette viveva a Cotonou. Era più giovane di Edwige e la sua situazione economica molto meno brillante. Paulette aveva già raggiunto un buon livello nel processo di iniziazione ai suoi due principali *vodu*,

---

47. Akyeampong, *Wo pe tam won pe ba*.

Mami Wata e Heviossou, ma non era ancora una sacerdotessa. "Era nata" con Heviossou e in seguito si era avvicinata a Mami Wata, proprio nel momento del suo ingresso nel mondo degli affari. Era una donna istruita, bella e piena di spirito d'iniziativa, ma le molte attività che aveva intrapreso fino ad allora, commerciando tra Bénin, Togo e Ghana, avevano dato risultati catastrofici. Nel 2008 stava lavorando in una radio locale, pur non avendo abbandonato l'idea di tornare al commercio. Mi raccontò che alcuni anni prima aveva avuto una socia con la quale viaggiava da un paese all'altro per vendere e comprare prodotti di varia natura. Un giorno però la sua amica, in viaggio da sola, era stata trovata morta in un albergo di Lomé. Quando lei era arrivata sul posto, la merce era scomparsa, probabilmente rubata dalla stessa persona che aveva poi ucciso la sua socia. Il misterioso omicidio non era mai stato risolto, ma Paulette, oltre ad aver perso l'amica, aveva ereditato i debiti contratti per la merce poi rubata e da allora non si era più risollevata.

Di fronte al suo desiderio di essere una donna d'affari, le avevo chiesto per quale motivo non proseguisse la carriera religiosa, portando a termine l'iniziazione a Mami Wata. Mi spiegò che non era ancora pronta e che forse l'avrebbe fatto più in là negli anni. Diventare sacerdotessa avrebbe ancorato la sua vita a Cotonou, costringendola a vivere a fianco dell'altare e a servire quotidianamente le divinità. Ciò le avrebbe impedito di trovare un uomo da amare e con cui vivere e soprattutto di andare in Martinica a raggiungere una persona che aveva conosciuto qualche anno prima e di cui si era innamorata. Lui le aveva promesso di aiutarla a trasferirsi, ma ora stava prendendo troppo tempo e Paulette sospettava che avesse un'altra donna. In ogni caso voleva avere la libertà di progettare una vita diversa e un percorso esistenziale che la portasse lontano dall'Africa. Il *vodu* era parte della sua esistenza ma preferiva approfittare della sua posizione all'interno del mondo rituale, senza vincolarsi in modo irreversibile. Anche se non era all'apice della gerarchia, l'essere iniziata al *vodu* le consentiva di entrare in contatto con molti stranieri della diaspora, in occasione delle celebrazioni ufficiali, come ad esempio durante la Festa nazionale del *vodu*. La sua buona conoscenza del francese e il suo ruolo di *vodussi*, la rendevano un'ottima guida e le davano l'opportunità di conoscere altri stranieri, soprattutto provenienti dalla Martinica, paese verso cui continuava a proiettare parte dei suoi sogni. La incontrai, infatti, qualche anno dopo, proprio il 10 gennaio, alla Festa del *vodu*, a Gran Popo, con un gruppo di fedeli antillani. Pur non rinnegando il suo legame viscerale con i *vodu*, Paulette era in grado di gestirlo e immaginare una programmazione temporale che fosse in sintonia con i propri progetti esistenziali.

Paulette e Edwige erano entrambe consapevoli delle proprie scelte e si confrontavano con gli inevitabili limiti che esse imponevano. Vivevano in una società complessa e conflittuale, basata sull'economia informale, dove vigeva l'iniquo principio del *se debrouillier*. Le incertezze economiche si ripercuotevano sulle esistenze dei singoli, afflitti dalla sempre incombente minaccia della povertà e dalle continue guerre, visibili e invisibili, ingaggiate tra i tanti che cercavano di ricavarsi uno spazio all'interno della società. Mami Wata era parte di queste negoziazioni, corteggiata e temuta, a seconda delle priorità di ognuno.

L'arrivo e il successo dell'ambigua Mami Wata, lungo le coste della bassa Guinea ha rappresentato un'opportunità per diverse generazioni di donne. Per i guin-mina, fu un'occasione per preservare una posizione egemonica e per sottolineare una identità eccentrica rispetto al resto della popolazione, nonostante l'omogeneizzazione sociale e la crisi che l'epoca coloniale aveva rappresentato per l'élite.[48] Per le donne rappresentò un'opportunità per consolidare la propria autonomia economica.

L'immagine di una donna bella ed esotica, raffigurata da una sirena e da un'incantatrice di serpenti, ha fatto sì che molte donne si sentissero attratte da lei, e ne divenissero una sorta d'incarnazione. La sua adozione all'interno del mondo religioso locale, ha favorito la carriera di molte, in una società che complessivamente si stava muovendo verso una sempre maggiore mascolinizzazione della sfera religiosa, soprattutto grazie alle chiese cristiane e ai culti locali che a queste si ispirano.[49] Il *vodu* Mami Wata è stata quindi funzionale chi voleva asserire il proprio desiderio d'indipendenza e le proprie aspirazioni di ricchezza, senza incorrere in un'aperta disapprovazione sociale o nella conseguente demonizzazione, che tale libertà spesso implica.

Edwige, come altre sacerdotesse di Mami Wata, aveva nel suo santuario anche un altare dedicato a Mami Tchamba. Non è una divinità d'acqua, ma un *vodu* consacrato agli spiriti degli schiavi, di quegli uomini e di quelle donne che contribuirono a produrre ricchezza e che oggi sono il segno di

---

48. Goeh-Akue, *Le patrimoine architectural*.
49. Faccio qui riferimento ai molti culti antistregoneria che si diffusero, in tutta l'area qui considerata, a partire dai primi decenni del Novecento e che videro una quasi totale occupazione maschile delle posizioni di potere.

un passato di opulenza. Con Mami Wata condivide un continuo riferimento all'accumulazione di denaro o di beni materiali. Il prossimo paragrafo sarà quindi dedicato proprio a Tchamba.

4. *Tchamba*

> Un tempo i nostri nonni compravano gli uomini. In quell'epoca tutte le persone che avevano i soldi, prendevano degli schiavi e li facevano lavorare nei campi e a casa. Alcuni di questi esseri umani diventavano parte della famiglia, si sposavano e avevano dei figli. Le persone comprate ormai sono morte e può succedere che gli spiriti, anche dopo tanto tempo, chiedano di avere un altare nella tua casa. Tu inizierai a vedere i segni, poi cercherai di verificare e infine capirai che devi installare un altare.[50]

Con queste parole Ablavi Laba, detta Amlimassi, spiegava la genesi di Tchamba. Ablavi Laba era una signora di circa 60 anni che viveva a Baguida, in Togo, a pochi chilometri da Lomé. Era una nota sacerdotessa di Mami Wata ma si occupava anche di Tchamba, il *vodu* che apparteneva a tutta la sua famiglia.

La schiavitù in Africa occidentale rappresenta un passato moralmente e socialmente difficile da ricordare, per tale motivo le tracce della sua storia sono spesso assenti dalle pratiche discorsive o dai progetti commemorativi istituzionali, ma emergono grazie a forme di memoria incorporata o rituale, come appunto nel caso di Tchamba. Mami Tchamba o Tchamba è un ordine *vodu* diffuso prevalentemente tra gli ewe e i guen-mina del sud del Togo.[51] Il culto rappresenta un tentativo di sanare i conflitti familiari tra le componenti servili e quelle padronali e di costruire una memoria condivisa sulle basi di una più pacifica coesistenza.

Le schiave spesso diventavano le mogli o meglio le concubine degli uomini della famiglia presso la quale lavoravano. Da queste unioni nascevano dei figli che erano integrati come individui liberi all'interno delle famiglie dei padroni. Le genealogie familiari e lo stigma della schiavitù

---

50. Ablavi Laba, intervista del 1 gennaio 2007, Baguida, Togo.
51. È praticato anche in Ghana, nell'area degli anlo, e in Bénin, fino a Cotonou. Localmente può mutare in alcune sue caratteristiche e modalità rituali. Qui faccio riferimento alle ricerche che ho svolto in Togo e in minor parte in Bénin, tra i guen-mina. Per un approfondimento sul culto di Tchamba si veda: Rosenthal, *Possession*; Wendl *Slavery*; Brivio, *Nos grands-pères*; Forte, *Travelling Gods*.

non venivano però mai dimenticate; le famiglie risultavano quindi divise al loro interno in due gruppi, solo apparentemente integrati: i discendenti degli schiavi e quelli dei padroni.

Gli spiriti degli schiavi, che si ritiene siano di origine tchamba, kabye, yendi, mossi, quindi provenienti dal nord del paese, dalle regioni della savana, ritornano oggi a disturbare, con la malattia, la sfortuna, il fallimento economico, l'esistenza dei loro antichi padroni, per indurli a installare un altare per loro. Le anime dei morti, nel contesto religioso *vodu*, sono sempre al centro dell'esistenza dei vivi, continuano a muoversi al loro fianco, a influenzare e giudicare le loro azioni; rappresentano un mondo parallelo che condiziona e determina sia le concezioni cosmiche sia la vita quotidiana. Il rapporto tra vivi e morti è particolarmente arduo quando è stata una morte violenta (*zogbeku*, cioè morte della savana) a porre termine all'esistenza di una persona; questi spiriti, infatti, restano più degli altri attaccati alla vita e faticano a trovare la via verso il mondo dei morti e degli antenati. Mantengono un legame con i vivi, alimentato dal rancore, dal desiderio di vendetta e dalla paura di essere dimenticati e per tale ragione agiscono con aggressività, mettendo in crisi l'esistenza di chi resta. Il mondo invisibile è quindi popolato da una serie di spiriti inquieti, carichi di energia e forza, che si muovono con il vento, abitano le foreste, vivono ai limiti del villaggio e che sollecitano e tormentano i vivi. Gli spiriti di tutti gli schiavi appartengono a pieno titolo a questa categoria, sia quelli che furono uccisi sia quelli a cui non furono tributati gli adeguati rituali funerari, perché morirono lontano dalla loro terra di origine.

Come ricorda De Surgy, tutti i morti che non hanno beneficiato delle cerimonie funebri, non possono accedere al rango di antenati:

> se le cerimonie tardano, continuano a tormentare le persone che ritengono responsabili, manifestandosi talvolta sotto forma di fantasmi, fino al giorno in cui i vivi non decidono di dar loro un'adeguata sepoltura. [...] Sembra in particolare che lo spirito vitale di una persona morta all'estero non lasci il mondo visibile prima di aver ricevuto l'assicurazione che una reliquia composta dalle sue unghie e dai suoi capelli sia stata consegnata ai famigliari, i quali celebreranno i rituali funebri normalmente tributati.[52]

Gli schiavi venivano sepolti all'esterno del villaggio, in un'area incolta e assolata, lo *zogbe*, proprio per cercare di "seccare" i loro corpi e

---

52. De Surgy, *Le systeme*, p. 125.

affievolire la loro vitalità di spiriti. Gli schiavi, sepolti nel *zogbe*, venivano quindi condannati a vagare nella natura, privati della possibilità di divenire antenati e reinserirsi nel ciclo della vita.

L'altare di Tchamba è quindi pensato come un luogo in cui gli spiriti possono finalmente trovare pace e quindi sospendere le loro strategie di vendetta. In taluni casi la disposizione degli oggetti rituali ha come obiettivo quello di comporre il corpo simbolico dello schiavo; l'altare è costituito da una serie di contenitori di colori differenti, che rappresentano le aree geografiche di provenienza degli schiavi, affiancati al seggio o ai seggi (*togbesibi*) dell'antenato, che grazie al commercio si era arricchito; attorno a questi oggetti possono trovare posto delle corde, delle catene, dei ceppi in ferro e un buon numero di conchiglie ciprée e di perle (*trade beads*). L'insieme del tutto è disposto in modo tale che, coperto da un telo, evochi l'immagine di un morto, protetto dal suo sudario. Il corpo così rappresentato è quello dello schiavo, e più in generale di tutti coloro che morirono lontano dalla loro terra, dai loro antenati e dalle loro divinità.

Le famiglie dei mercanti di un tempo e di chiunque comprò schiavi, si fanno oggi carico di accogliere regolarmente questa collettività eterogenea, di ascoltare i loro messaggi, suonare la loro musica, bere le loro bevande. Le cerimonie sono quindi delle feste nelle quali gli spiriti hanno la possibilità di uscire dalla loro immaginata solitudine, partecipare attivamente alla vita e incontrare alcuni oggetti e alimenti di quella che si ritiene fosse la loro cultura. Attraverso una postuma pacificazione rituale, sancita dalla condivisione di una festa pubblica, si allontanano le ombre della morte, delle sofferenze passate e delle paure future.

Il rapporto con Tchamba è però sempre problematico, perché la maggior parte delle persone coinvolte, a differenza del caso di Ablavi Laba, raccontano di appartenere alla linea di discendenza dei padroni, lasciando ancora un'ombra di stigma sui discendenti degli schiavi.

Lo spirito si palesa, portando sfortuna e malattia, e la vittima deve quindi scoprire, attraverso la divinazione, di chi si tratta, quale è il suo nome e il suo luogo di origine. Ablavi Laba raccontava di aver conosciuto in questo modo parte della storia della sua antenata:

> Mia nonna era stata comprata e aveva l'avorio sulle braccia, già prima che la comprassero. La sua famiglia si chiamava Banfo, era tambermana, originaria del Kante e aveva il braccialetto d'avorio perché apparteneva alla famiglia reale. Prima di morire ha tolto il braccialetto. Per anni la mia famiglia ha fatto consultazioni per capire chi dovesse prendersi cura dell'altare, ma non

si arrivava a niente. Poi attraverso la malattia hanno capito che ero io e ora quindi porto il suo braccialetto.

Edwige Agbo, oltre a Mami Wata, aveva nel suo santuario anche Tchamba. Quando le chiesi se poteva dirmi come Tchamba si fosse manifestata per la prima volta, mi raccontò la sua esperienza con una giovane *filomego* del nord,[53] che lavorava per lei:

> La ragazza non lavorava, a volte restava tutto il giorno sdraiata, mi ingiuriava, ma io mantenevo sempre il controllo. Un giorno mi diceva "voglio partire", il giorno dopo invece "resterò qui fino a quando morirò". Non ero sicura se lei fosse uno spirito o un essere umano. Un giorno però si sveglia e mi dice: "dammi i soldi che voglio partire", parte e mi lascia l'anello di Tchamba. Era Tchamba stessa.[54]

L'incertezza dell'identità della *filomego*, forse ragazza, forse spirito, impediva a Edwige di reagire. Nella sua storia era implicito il riconoscimento degli *enfants deplaces* come servi del presente, ma dal punto di vista di Edwige la *filomego* era arrivata dal nord, come un tempo gli schiavi, per minacciarla e per ricordarle i suoi doveri nei confronti di Tchamba. Era una figura emersa dal passato. Edwige mi aveva quindi spiegato che suo nonno aveva sposato una donna *peul* (fulani) e una donna bianca (secondo Edwige, in quanto straniere, erano probabilmente entrambe schiave), per tale motivo lei era ora obbligata ad avere Tchamba, perché «questi spiriti non vogliono che la loro traccia nel mondo scompaia per sempre».[55]

Edwige non esprimeva un giudizio morale e non parlava di schiavitù, né facendo riferimento al passato né al presente, ma sentiva la minaccia reale che questi spiriti potevano costituire: «possono arrivare e farti del male, perché nessuno può veramente sapere cosa hanno fatto i tuoi parenti nel passato».[56]

---

53. Con questo termine, tradotto in francese come *enfant déplacé*, in Bénin sono chiamate le bambine e i bambini che dal nord arrivano al sud per lavorare come cameriere o aiutanti al mercato presso delle ricche signore, con cui solitamente dovrebbero avere un rapporto di parentela ma molto spesso sono rapporti di sfruttamento e dipendenza. Si veda: Morganti, *Il lavoro dei bambini*.
54. Brivio, *Nos grands-pères*, p. 78.
55. *Ibidem*.
56. L'etnografia a cui faccio riferimento in questo paragrafo è il risultato di un lavoro di ricerca in parte già pubblicato nel 2009.

5. Le sacerdotesse

In questo capitolo, vi sono diverse questioni a cui vorrei dare risposta, partendo innanzitutto da una lettura critica degli studi che hanno analizzato il ruolo femminile nella sfera del sacro e nell'ambito delle religioni tradizionali africane. Le donne africane coinvolte a vario titolo nella pratica dei culti locali sono state «prigioniere di un discorso»,[1] iniziato già nel Seicento e prodotto da uomini europei. La donna è stata a lungo, e non solo quella esotica, «un essere esibito, ma non auto-rappresentato, costruito come oggetto ma portatore di una storia che impediva di rivendicare se stesso come soggetto».[2]

I pregiudizi contro l'altro, il nero, l'africano, il feticista s'intersecavano con l'asse del genere, per cui la sacerdotessa diveniva un essere esibito perché selvaggio, esotico ed erotico. La monoliticità dei discorsi sulle donne, le poneva ovviamente fuori da una qualsiasi storia personale, sociale e politica. Anche le prime etnografie femministe, che miravano a mostrare le strategie di resistenza messe in atto all'interno di un ordine patriarcale, rischiavano di «oscurare la differenza e il lavoro del potere».[3] Il suggerimento di disidentificare le donne dal genere, e in questo caso le sacerdotesse dalla categoria identitaria in cui sono intrappolate, è ciò che cercherò di fare raccontando le loro storie. Pur nelle ricorrenti similitudini esistenziali, i loro racconti mostrano l'inutilità di un discorso oggettivante, perché ognuna è immersa nella propria storia personale che poi diventa anche una storia sociale.

Le biografie di alcune donne la cui vita è stata totalmente assorbita dai culti *vodu* mostrano inoltre come la dimensione religiosa possa diven-

1. De Lauretis, *Soggetti eccentrici*, p. 11.
2. Pinelli, *Migranti e rifugiate*, p. 40.
3. Visweswaran, *Histories of feminist*, p. 595.

tare il luogo della costruzione di una soggettività che lascia ampio spazio all'autonomia individuale e all'espressione delle molte contraddizioni che animano l'esistenza di ciascun individuo. Un ambito, tradizionalmente visto come il luogo dell'oppressione e dell'oggettificazione femminile, può divenire un'arena di negoziazione dei rapporti di potere. Si tratta d'altra parte di un contesto in cui ontologicamente le opposizioni binarie sfumano, dove la dicotomia natura-cultura e materiale-immateriale non è sempre applicabile e anche il binomio femminile-maschile può essere trasgredito, nonostante il prevalente regime patriarcale.

I fedeli possono instaurare con le entità dell'invisibile qualcosa di più profondo di un rapporto d'intimità, trasformandosi in un ibrido tra umano e divino, per conseguire una più completa realizzazione del sé. Mami Wata, così come altre divinità, tra cui anche la Vergine Maria, obbligano i propri adepti a scelte drammatiche che deviano in modo irreversibile il percorso esistenziale del singolo, costretto ad adattare il proprio stile di vita alle regole, spesso molto stringenti, imposte dalle divinità. All'interno di questi limiti, i soggetti sono però in grado di costruire uno spazio di azione e di libertà, grazie al quale scegliere autonomamente la direzione da imprimere alla propria esistenza, deresponsabilizzandosi di fronte a decisioni che altrimenti parrebbero socialmente inaccettabili.

In alcuni casi, l'obbligo imposto dai *vodu* produce una sorta di autonomia da tutti gli altri limiti, un senso di libertà dalla difficoltà di trovare un lavoro e riuscire a conservarlo, dall'ambiente lavorativo spesso spietato, da una società sempre più competitiva, dalle invidie degli altri ma anche una libertà dalla famiglia e dalla dimensione sessuale che la vita coniugale impone. Vi è infine una libertà più difficile da definire che permette di esprimere un sé eccentrico, come nel caso di Marie, posseduta dalla Vergine, o di Fatì, che tutti credevano fosse diventata pazza. Il caso di Ablossi Tsika propone invece un discorso, apparentemente opposto, di coercizione, un senso di sottrazione di libertà a causa del *vodu*, ma anche in questo caso la perdita è da leggere nel quadro di una situazione di crisi, dove il ritorno alla religione rappresenta comunque una via di uscita.

1. *Gli studi sulle religioni tradizionali e il genere*

Nell'ambito degli studi sulle religioni tradizionali in Africa, i discorsi che parlano della maggiore religiosità delle donne e della loro propensione alla trance, sembrano iscriversi in una rigida dicotomia femminile-maschile. La vicinanza del femminile al mondo religioso era spiegata secondo un'innata propensione verso l'irrazionale e quindi una maggiore affinità nei confronti delle cose della natura.[4] Le sfere del comando restavano invece naturalmente maschili, poiché gli uomini si riteneva fossero biologicamente capaci di trascendere l'immanenza del fatto naturale a favore dell'astrazione culturale.

La prevalenza femminile nell'ambito della religione è un dato inconfutabile. In un recente e importante lavoro sul *vodu* tra gli ouatchi del sud-est del Togo, Klaus Hamberger ha mostrato come ad Afagnan-Gbléta, nei primi anni del 2000, un quarto della popolazione femminile tra i 20 e i 70 anni era *vodussi*, mentre gli uomini, per il medesimo intervallo di età, rappresentavano solo il 4 per cento del totale. Hamberger imputava questa sproporzione a ragioni materiali e connesse alla divisione del lavoro. Alle *vodussi* (maschi o femmine che fossero) era vietato usare la zappa, mentre erano consentite le attività commerciali. L'entrata in convento di un uomo rappresentava quindi una grave perdita economica mentre le donne, continuando a lavorare al mercato, luogo prevalentemente femminile, potevano contribuire al finanziamento della propria "liberazione" (cioè uscita dal convento). Le bambine erano in maggior numero dei bambini perché, ancora in quegli anni, la scolarizzazione era soprattutto maschile, per cui l'entrata in convento rappresentava un'opportunità di formazione alternativa. Infine il reclutamento avveniva spesso per sostituzione di un adepto che era morto e ciò implicava un effetto autoriproduttivo nella suddivisione di genere.[5]

Ci sono anche altre ragioni che hanno reso nel corso degli anni più semplice l'accesso alle donne. Secondo le ricerche svolte da Nadia Lovell, sempre tra gli ouatchi del Togo, la maggiore prossimità delle donne al mondo della natura non dovrebbe essere letta come un segno della loro subordinazione, proprio perché le donne, grazie al presunto legame privilegiato con la natura, sarebbero in grado di acquisire, attraverso i processi di iniziazione cui sono sottoposte, un maggiore livello di conoscenza e quindi sarebbero le vere produttrici della cultura.[6]

---

4. Come più volte sottolineato in queste pagine, l'opposizione natura-cultura è fuorviante nella comprensione dei fenomeni religiosi in Africa. Analogamente anche l'associazione del femminile con il naturale non ha in questi termini alcun fondamento. Per un'analisi critic e comparativa si veda: *Nature, culture and gender*.
5. Hamberger, *La parenté vodou*, pp. 473-475.
6. Lovell, *Cord of blood*.

Durante la possessione, gli esseri umani diventano dei contenitori temporanei per le divinità, ma le donne sembrano essere più "predisposte", grazie alla loro capacità riproduttiva. Vi sono più donne *vodussi*, cercava di spiegarmi Boko Ametou Kojou, *bokono* di Gninume (siamo sempre in area ouatchi), poiché la donna è già doppia, contiene al suo interno, sia il principio maschile sia quello femminile, che sono in lei latenti e possono esprimersi nel momento in cui diventa madre. Entrambi i principi sono necessari per accogliere i *vodu*, che hanno un'identità sessuale ermafrodita. Anche gli uomini possono essere dotati di una doppia sessualità, ma l'iniziazione necessaria a far emergere tale duplicità è più complessa.[7]

Boko Ametou Kojou non mi aveva però spiegato cosa intendesse per "più complessa", ma anche altri *houno* avevano confermato le sue parole. Quello che emergeva era una concezione fluida e di tipo relazionale delle persone e delle cose, secondo un'ontologia che Philippe Descola ha definito di tipo "analogico", dove la realtà è frammentata in mille pezzi che devono essere correlati l'un l'altro.[8] Il lavoro di separazione e ricostruzione per analogia non è solo esterno all'uomo e alla donna ma anche interno al suo stesso corpo, le cui parti hanno un corrispettivo esterno a sé. Gli elementi della mascolinità e della femminilità sono discreti, materiali, riconoscibili e valorizzabili, ma soprattutto presenti in ciascun individuo, quindi ricomponibili.

Se la prevalenza femminile nell'ambito *vodu* deve essere compresa sulla base delle concezioni della persona, ma soprattutto delle configurazioni di potere nei diversi periodi storici e politici, la passività delle donne e la loro oggettificazione è stata un'eredità prodotta dalla storia dell'incontro tra europei e africani.

Secondo una visione classica del ruolo religioso delle adepte, come quella che fu proposta da Pierre Verger, il corpo delle novizie aveva una funzione di supporto, paragonabile a quella di un altare, quindi era totalmente sottomesso alle esigenze sociali e religiose della comunità. I corpi femminili, attraverso l'iniziazione, erano modificati e consacrati alla divinità, alienando in tal modo la persona a sé e trasformandola in una sorta di macchina predisposta a reagire agli stimoli a cui, in un secondo tempo, sarebbe stata sottoposta.[9] Il corpo dell'adepta, secondo questa prospettiva,

---

7. Conversazione con Boko Ametou Kojou, Gninume, Togo, ottobre 2002.
8. Descola, *Par-delà*, pp. 314-315.
9. Verger, *Role joué*.

era un mero "cavallo" del sacro cavaliere – il *vodu* – incapace di vero apprendimento, poiché in grado di ricordare e riattivarsi inconsciamente, solo negli spazi rituali appropriati.

Anche Andras Zempleni, basandosi sulle osservazioni etnografiche di Pierre Verger, definiva le spose degli *orisha* o dei *vodu* come:

> degli esseri sacri che incarnano in permanenza, e quindi nello spazio sociale, un principio divino che si è intromesso ed è stato bloccato nel loro corpo: esse sono degli esseri sacrificali, "messi a morte" ripetutamente dal loro "sposo" o "cavaliere" invisibile, al quale sono irrimediabilmente legate e che rappresentano periodicamente nel tempo.[10]

Le *vodussi* erano quindi oggetto di un sacrificio che si ripeteva a ogni rituale.

Gilbert Rouget s'interrogava, usando come quadro analitico la trance e la possessione, su quella che oggi definiamo l'*agency*, l'agentività, dei soggetti coinvolti. Il reclutamento delle *vodussi* non era una scelta individuale, come nei culti *bori* e nello *zar*, ma una «faccenda di famiglia e l'interessato (il più delle volte una fanciulla) non viene neppure consultato. [...] Ciò non significa», continuava Rouget, che «la predisposizione personale non svolga un certo ruolo» ma ciò che prevaleva sono gli interessi del lignaggio.[11] Esisteva, infatti, una relazione di reciprocità tra il *vodu* e il lignaggio, per cui la forza del primo garantiva la protezione dell'intero lignaggio e allo stesso tempo il coinvolgimento del lignaggio nella pratica *vodu*, rinsaldava la potenza di quest'ultimo.[12]

Rouget, in una nota, spiegava che sebbene anche lui stesso traducesse *vodussi* come «sposa del *vodu*», il suffisso *si* indicava lo stato di dipendenza più che la condizione di sposa e, infatti, *vodussi*, si riferiva sia ai ragazzi, sia alle ragazze. Chiudeva la nota, sottolineando come la distinzione di ge-

---

10. Zempleni, *Des êtres sacrificielles*, p. 312.
11. Rouget, *Musica e trance*, p. 55.
12. Rouget aveva lavorato a Porto Novo, tra i gu, in un ambiente cosmopolita influenzato anche dalla cultura yoruba. Klaus Hamberger ha parlato di «parentela *vodu*», sottolineando come la discendenza avvenga per quasi la totalità dei casi per via agnatica (ad eccezione delle *trosi*, un ordine *vodu* che si trova solo nell'area ewe-ouatchi, per le quali la trasmissione è solo per via uterina). Il suo lavoro mostra come la discendenza *vodu* sia completamente condizionata dai sistemi di parentela, per cui i nuovi adepti vengono, a seconda dei casi, scelti tra i famigliari del sacerdote oppure tra le discendenti delle *vodussi* (Hamberger, *La parenté vodou*). Va però ricordato che oggi, soprattutto nei contesti urbani, si possono acquisire dei *vodu* indipendentemente dalla logica dell'ereditarietà.

nere non fosse un argomento di suo interesse e comunque da approfondire in quella sede.[13] Vale invece la pena notare come la traduzione prevalente "sposa del *vodu*" si sia inscritta in una visione naturalizzante secondo la quale le donne nel *vodu* debbano rivestire un ruolo subordinato rispetto alla figura maschile, con evidenti implicazioni di ordine sessuale. Questo immaginario si scontra inoltre con la constatazione che spesso a capo dei conventi all'interno dei quali si svolge l'apprendimento iniziatico, vi sono proprio delle donne, a prova che il suffisso *si* esprime dipendenza ma non una relazione di tipo sessuale.

Il legame con il lignaggio, a cui faceva giustamente riferimento Rouget, resta una questione cruciale anche alla luce dei cambiamenti in atto nel panorama religioso contemporaneo, dove il processo di deparentalizzazione è sempre più intenso, e quindi il legame con il *vodu* sta assumendo una valenza marcatamente "individuale", dove sono i bisogni del singolo ad avere la priorità, piuttosto che quelli della comunità. Si tratta di una tendenza che anche il successo di una divinità "nuova" come Mami Wata sembra confermare.[14]

A differenza di quanto scrivevano Verger e Zempleni, nelle descrizioni di Rouget trapelava la viva presenza di una personalità non ammutolita:

Chiunque abbia incontrato anche solo per poco delle *feticheuses*, nel Dahomey, non ha potuto non notare in esse un certo riserbo, una certa dignità, un

---

13. Rouget, *Musica e trance*, p. 55.

14. A tal riguardo Augé, facendo riferimento agli anni Settanta, scriveva «oggi i *vodu* concernono maggiormente la vita privata; ma ogni vita privata mette in opera "i sistemi simbolici" di cui parla Lévi-Strauss» (Augé, *Il dio oggetto*, p. 45). Augé scriveva di una certa «defunzionalizzazione» delle divinità in un mondo che sfuggiva sempre più al loro dominio, dove vi era una minore «connessione tra il sistema nel suo insieme e la pratica sociale e politica», ma riconosceva ai preti *vodu* la capacità di comprendere in termini sociali il senso delle pratiche individuali e viceversa. La sua affermazione si basava su quanto aveva scritto Claude Lévi-Strauss a proposito delle figure dello sciamano e del posseduto. Nessuna società è mai completamente simbolica, per cui nessuna società giunge mai a offrire a tutti i suoi membri il modo di utilizzare se stessi per «l'edificazione di una struttura simbolica, che per il pensiero normale è realizzabile soltanto sul piano della vita sociale». In ogni società accade quindi che una certa percentuale di individui sia collocata «fuori dal sistema o tra due o tre sistemi irriducibili. A costoro il gruppo chiede e, anche, impone di rappresentare determinate forme di compromesso irrealizzabili sul piano collettivo, di fingere transizioni immaginarie, di incarnare sintesi incompatibili» (Lévi-Strauss, *Introduzione*, p. XXV). Possiamo ipotizzare che, pur nello sgretolarsi delle società contemporanee, i preti e le sacerdotesse *vodu* assolvano al difficilissimo compito di dare un senso allo scarto e alle incongruenze dei molti piani attraverso i quali la società si esprime e adempiano a ciò proprio partendo dalle loro esigenze individuali.

contegno più interiorizzato che nella gente comune. Emana da loro una sorta di forza tranquilla che le distingue dalle altre persone. La lunga iniziazione che hanno dovuto subire le ha certamente portate a un livello di maturazione assai particolare della persona.[15]

Rouget descriveva poi lo sfarzo, la ricchezza, l'abilità e la bellezza che le "novizie" mostravano alla collettività nel momento dell'uscita dal convento. Qui ritornava allo stereotipo delle adepte inebetite dal *vodu*: «sono di una totale docilità, [...] si muovono come automi e si comportano come cose tra le mani di coloro che le hanno plasmate». Ma lo stato di «ipnosi in cui appaiono immerse» continuava Rouget «si presenta come un segno di invulnerabilità, e se sono indifferenti al mondo esterno è perché non hanno nulla da temere».[16]

La descrizione della postura fisica e morale delle *vodussi* è completamente condivisibile, e durante le molte "uscite dal convento" a cui ho avuto modo di assistere nei primi anni 2000, in area ouatchi (Togo), l'atteggiamento delle adepte esprimeva la composta consapevolezza dell'importanza del proprio ruolo. L'iniziazione ai *vodu* in quel medesimo periodo era un processo lungo e impegnativo, che poteva durare anche più di tre anni, durante i quali, attraverso severe e talvolta violente pratiche disciplinari, le adepte erano sottoposte a un radicale processo di riconfigurazione del proprio sé.[17]

15. Rouget, *Musica e trance*, p. 80.
16. *Ibidem*.
17. Bruno Gilli nel suo recente lavoro sul *vodu* fornisce una dettagliata ricostruzione etnografica delle tappe d'iniziazione al *vodu* Heviossou, in cui si mostra il lavoro rituale a cui le inizande sono sottoposte, non solo per apprendere le pratiche ma anche per acquisire i caratteri della personalità del *vodu* al quale resteranno legate per il resto della loro vita. Le regole che accettano durante il periodo del noviziato hanno lo scopo di ricordare ogni giorno «che la società dei laici e quella degli iniziati non hanno nulla in comune». A titolo di esempio riporto alcune delle pratiche disciplinari cui erano sottoposte le inizande di Heviossou incontrate da Gilli (il periodo di ricerca si colloca a cavallo del 2000), al momento dell'ingresso nel convento. Innanzitutto dovevano liberarsi dei loro abiti e indossare una stoffa, spesso di sacco, arrotolata come un pareo attorno al corpo, e portare al collo una corda, detta la corda del *vodu*. Questa sarebbe stata la loro divisa fino alla fine dell'iniziazione. Dovevano quindi trascorrere almeno quattro mesi nel convento, cioè a casa del sacerdote; durante questo periodo lo scorrere della giornata era cadenzato da orari in cui si alternava riposo, lavoro e apprendimento. I quattro mesi servivano, infatti, a imparare la lingua del *vodu*, i suoi canti, le sue danze e una differente percezione del tempo. Dopo i quattro mesi e a seguito di una cerimonia, le inizande potevano trascorrere il restante periodo nella casa di famiglia. Le regole generali a cui erano sottoposte in modo tassativo per tutto il periodo,

Ciò non toglie che i culti di possessione fossero uno spazio di potere femminile, come aveva già notato Bosman e come anche Ellis aveva dovuto ammettere. Secondo la loro prospettiva il ruolo delle donne doveva però in qualche misura essere più "sporco" e meno autorevole rispetto a quello maschile, perché entrambi, come la maggior parte degli europei che giunsero in Africa, sembravano avere un'idea precisa di quale dovesse essere il ruolo delle donne nella società. Ellis, ad esempio, scriveva che tra gli ewe e i fon, quasi una donna su quattro era coinvolta nella pratica del *vodu* e che i ruoli di potere nella sfera religiosa erano equamente suddivisi tra i due sessi. Ciò non gli impediva di affermare, senza notare la contraddizione, che le donne, all'interno dei conventi, erano dedite alla prostituzione, di cui approfittavano soprattutto i sacerdoti e gli uomini del loro entourage.[18]

Laurent Matory, nel suo lavoro sui culti di possessione tra gli yoruba a Oyo, ha ribaltato il diffuso assioma che interpreta la possessione come una forma contro-egemonica di presa di potere da parte dei marginali. A Oyo i culti di possessione femminili avevano avuto un ruolo apicale nel governo dello stato e non sembravano in alcun modo esprimere un desiderio di rivalsa verso il dominio maschile. Anche negli anni Ottanta del Novecento le donne coinvolte nei culti avevano una posizione di privilegio come mediatrici degli interessi delle comunità rurali, che giocavano un ruolo politico molto importante nelle dinamiche regionali e nelle contrapposizioni tra élite cristiane e musulmane.[19]

Vi sono sicuramente degli spazi, come quello della divinazione, che hanno prodotto una progressiva marginalizzazione femminile. È il caso della divinazione di Fa. Maupoil dedicava un paragrafo della sua opera proprio al rapporto tra donne e Fa:

> A causa della sua impurità e della sua affinità con la stregoneria, la donna partecipa molto meno dell'uomo al culto di Fa. Non si tratta, in questo caso, di un'esclu-

---

prevedevano che non potessero: mangiare in un piatto di metallo, illuminare con una lanterna la loro stanza, andare in bicicletta, salutare dando la mano, farsi toccare, scherzare e divertirsi con i "profani", bere birra e comprare delle bibite, utilizzare la zappa, parlare la lingua dei profani e cantare canzoni profane, avere rapporti sessuali, appoggiare sulla testa un contenitore in metallo, fumare, correre, gridare, fare rumore e tantomeno litigare (Gilli, *Un culte du vodu Hebiesso*, pp. 205-206)

18. Ellis, *The Ewe-speaking peoples*, pp. 139-141.
19. Matory, *Rival Empires*.

sione formale [...], ma di una consuetudine, ammessa tra l'altro da tutte le donne: il loro posto non è né nella società dei *bokono* né nell'intimità di Fa.[20]

L'esclusione femminile dal culto, anche se non categorica, potrebbe essere associata all'origine di Fa, che giunse ad Abomey, nella capitale del regno del Dahomey nel corso del Settecento, grazie ad alcuni mercanti che provenivano dall'attuale Nigeria.[21] Il culto derivava da pratiche divinatorie diffuse tra la popolazione di religione islamica che viveva in Nigeria, dove aveva acquisito una posizione egemonica, poi assecondata e amplificata anche dai missionari e dalle élite locali, per i quali raffigurava uno strumento intellettuale di emancipazione dal paganesimo.[22]

Il processo di risignificazione del culto ebbe importanti conseguenze sulle dinamiche di genere, perché Fa cercò di mettersi a capo di tutti i culti, assurgendo a ruolo di giudice nel dialogo tra umani e non umani, e quindi sottraendo potere a chi non poteva essere iniziato alla sua pratica.[23] Maupoil però, alla fine del paragrafo dedicato all'argomento, ricordava che tutti i re di Abomey erano stati iniziati a Fa nella foresta sacra, anche la regina Xàgbe, che regnò undici anni prima dell'intronizzazione di Tegbesou. Quasi a giustificare questa anomalia, Maupoil scriveva che Xàgbe a causa del suo ruolo era assimilata a un uomo, e si diceva indossasse anche abiti maschili.[24]

L'esclusione delle donne dal culto di Fa non ha a loro precluso la possibilità di divinare. L'etnografia mostra come oltre ai *bokono*, sicuramente i più celebrati dalla letteratura antropologica, vi siano altre figure in grado di interrogare il destino. Le sacerdotesse e i sacerdoti di Mami Wata, ad esempio, dialogano con il mondo dell'invisibile leggendo le immagini che appaiono sulla superficie di uno specchio, mentre le *xoyoto*, ruolo ricoperto solo dalle donne, praticano la negromanzia attraverso lo spirito guida di un morto di morte violenta, con cui intrattengono uno stretto legame e attraverso la cui intermediazione possono divinare.[25]

20. Maupoil, *La Géomancie*, p. 327.
21. Ivi, p. 46.
22. Peel, *The pastor and the "babalawo"*, p. 338.
23. Brivio, *Il vodu*, pp. 226-228.
24. La regina Hangbè (Xàgbe) è di solito ignorata dalla tradizione orale del Dahomey. Anche la durata del suo regno non è storicamente attestabile e varia, a seconda delle fonti dai 3 mesi ai 21 anni. Maupoil denunciava una forte confusione su questa figura e soprattutto un generale disinteresse nel dissiparla (Maupoil, *La Géomancie*, p. 332).
25. Le donne, dette *trosi*, sono possedute da uno spirito della foresta, in realtà è lo spirito di un bambino morto, grazie al quale riescono a parlare il linguaggio dei morti e quindi

2. La concezione di persona

Per comprendere cosa sia l'autonomia e la costruzione del sé delle donne coinvolte nei culti *vodu*, dobbiamo chiederci quale sia lo spazio di azione che ciascun individuo ha per modificare la propria esistenza e agire nel mondo. Non possiamo, infatti, applicare un modello di tipo cartesiano e dualistico, proprio della tradizione occidentale, perché sbaglieremmo l'alfabeto attraverso il quale il sé viene costruito. L'etnografia è quindi ancora una volta una via fondamentale di conoscenza di un contesto, dove alcune concezioni metafisiche ancora influenzano la vita di chi è coinvolto in prima persona nella pratica religiosa.

Strongman, nel suo lavoro sui culti afroamericani, utilizza la nozione di transcorporeità per esprimere il rapporto tra interiorità ed esteriorità durante i fenomeni di trance.[26] L'individuo è stratificato e l'anima è estroflessa rispetto al corpo, può quindi entrare facilmente in contatto con altro da sé; in Africa occidentale è più pertinente parlare di una corporeità assemblata grazie all'omologia, dove ogni componente è parte di un tutto ma al contempo gode di una propria autonomia. Il corpo degli umani è come quello delle divinità, un assemblaggio in continuo divenire le cui parti interagiscono e mutano nella loro reciprocità. Gli organi interni sono considerati come "dotati di vita propria", ricettacoli e diffusori di emozioni e stati d'animo. Come scrive Augé:

> In Africa il corpo è sempre concepito come una parte dello spazio naturale e perciò, come ogni oggetto del mondo esterno, pezzi del corpo possono essere socializzati, divinizzati, simbolizzati. Inoltre le diverse componenti psichiche ed energetiche della persona sono incorporate, anche se questa espressione traduce male le concezioni locali che, proprio perché non dualistiche, non riducono mai la corporeità e l'attività psichica a un rapporto tra contenente e contenuto.[27]

Anche le divinità sono "fabbricate" da altra materia che vive di vita propria, materia capace di agire, interagire e trasformarsi. Le *ama*, le erbe che costituiscono il nucleo attivo della divinità, vengono sotterrate e poi

---

comunicare con loro. Su questo argomento si vedano: Hamberger, *La parenté vodou*; De Surgy, *Le systeme*. Lo spirito guida può essere anche quello di uno schiavo, e infatti le *trosi* spesso hanno anche Tchamba tra le loro divinità.
26. Strongman, *Queering*.
27. Augé, *Il dio oggetto*, p. 61.

coperte da un oggetto che diverrà la parte esterna e visibile della stessa.[28] Esse sono gli organi interni del divino e, come per l'uomo, ne determinano il carattere, la forza, le peculiarità e le specificità. «Il corpo degli dei africani», scrive Augé «modellato nell'argilla o intagliato nel legno, è, da ogni punto di vista, perfettamente omologo al corpo degli uomini».[29]

Il corpo è il mezzo attraverso il quale avvengono gli scambi tra divino e umano. Il percorso patologico, la malattia e la morte sono i segnali inviati dalla divinità all'uomo; il corpo, apparentemente passivo, diviene il ricettacolo della divinità, viene posseduto, segnato, invaso da altre entità e presenze; cambia le sembianze, la voce e anche il linguaggio. Lo scambio è però biunivoco e avviene solo perché l'uomo è un essere animato, a sua volta assemblato, e ha la potenzialità di trasformarsi momentaneamente in altro da sé.[30]

Il presupposto che sta alla base della metamorfosi è quindi una concezione dell'individuo come entità articolata e multipla, dotato di un corpo valicabile e aperto alle interferenze esterne. Le componenti della persona, che si assommano al corpo visibile e vulnerabile, hanno nomi differenti, a seconda del contesto geografico e linguistico (ewe, akan, fon, ga, etc.), ma la loro dinamica comune è quella di concorrere a costruire una individualità complessa e aperta a interferenze esterne, e a configurare, a livello sociale, una forma di continuità tra passato e presente.

Nei primi anni del 2000, in area ewe-ouatchi i *bokono* concordavano nell'individuare tre strati immateriali, detti *luvho*, in ciascun individuo, a

---

28. Il concetto di assemblaggio sembra particolarmente pertinente per comprendere il dispositivo *vodu* perché rende evidente il superamento della visione binaria che divide umani e non umani e risponde all'apparente e insuperabile contraddizione tra la possibilità di una forza pervasiva e indistinta e l'unicità dell'oggetto. Gli assemblaggi sono delle formazioni ibride di cose eterogenee, sono entità sia umane sia non-umane, e includono ciò che siamo abituati ad associare sia alla natura sia alla cultura, ma anche «ciò che non è visibile ma suscita un effetto, come le onde radio, le forze magnetiche, le vibrazioni musicali» (Hazard, *The material turn*, p. 65).

29. Augé, *Il dio oggetto*, p. 62.

30. Interessante è il caso del *vodu* Kokou, una divinità diffusa nell'area ewe: quando Kokou prende i suoi adepti, questi, attratti in modo maniacale da qualsiasi oggetto tagliente e appuntito, come vetri, coltelli, piante spinose, etc., compiono atti di autolesionismo, si buttano tra le pale dei fichi d'India, o verso le piante urticanti, saltano dai tetti e soprattutto si tagliano con violenza, fendendo anche molto profondamente la loro pelle. Gli uomini e le donne di Kokou hanno, infatti, il corpo disegnato dalle cicatrici che il *vodu* ha inferto nel corso del tempo; tali segni sono portati con orgoglio in quanto evidenza dell'ombra divina che permea l'uomo. Anche Kokou, realizzato in argilla e installato all'interno di un altare, ha il corpo profondamente segnato dai colpi del coltello che tiene nella sua stessa mano.

cui si doveva aggiungere il *gbogbo*, il respiro o soffio vitale che apparteneva a tutti i viventi, umani e non umani.³¹ Secondo Boko Ametou Kojou, la prima ombra era quella visibile con la luce, ma che non abbandonava mai l'uomo neppure al buio; con la morte scompariva e se ne andava verso il mare, cioè verso gli antenati. La seconda componente restava nella casa dove l'individuo era nato e aveva vissuto, mantenendo un contatto con il mondo dei vivi e con il suo lignaggio; infine la terza, completamente invisibile, dopo la morte corporea, se ne andava nella natura, si muoveva con il vento e poteva trasferirsi in paesi lontani e ritornare a vivere, in un nuovo corpo, creandosi anche una nuova famiglia.

Questa terza "anima" era, secondo Boko Ametou Kojou, la più potente e grazie a essa gli uomini riuscivano a compiere azioni eccezionali; era quella che viveva in prima persona i sogni, che viaggiava in luoghi spaventosi e sconosciuti e che poteva compiere gesti straordinari e impensabili durante la veglia. Essa rappresentava quel potenziale di stregoneria che è in ciascuno di noi. Le streghe e gli stregoni erano, secondo Boko Ametou Kojou, persone che avevano potenziato l'energia di questa parte di sé, o per eredità da un antenato o per libera scelta, "acquistandola".³²

A questa articolazione, si aggiunge il destino, detto *se*, che gioca un ruolo fondamentale nei processi di divinazione e nel culto di Fa: «il grande destino che governa l'universo contiene tutte le forme possibili di realtà: le differenti forme, si ritiene si articolino in 16 per 16 (256) immagini primordiali».³³ Tali immagini sono chiamate *kpoli* e ciascun individuo nasce "sotto il segno" di una delle 256 combinazioni possibili. Conoscere i dettagli del proprio *kpoli* è possibile solo attraverso l'iniziazione all'oracolo Fa. Il *kpoli* accompagna l'uomo per tutta la vita, «unito all'uomo così come la placenta lo è al feto durante la sua vita intrauterina», e lo abbandona definitivamente con la morte.³⁴

Maupoil a proposito del *se* scriveva:

> È invisibile. Ciascuno ha il proprio *se* ed esso è vicino all'uomo come le altre componenti dell'anima. Il *se* non conosce né la vita né la morte: è immutabile, perché non segue la materia nella tomba. Una volta morta la

---

31. Per la medesima area geografica si veda anche: Pazzi, *L'homme eve*, p. 296; Rivière, *Les représentations*, pp. 7-24, De Surgy *Le systeme*, pp. 29-41.
32. Conversazioni con Boko Ametou Kojou, Yohonou, Togo, novembre 2002.
33. Pazzi, *L'homme eve*, p. 297.
34. *Ibidem*.

persona, il suo *se* si prenderà cura di colui di cui il morto diventerà *joto*. La sua attività è eterna.[35]

Il *joto* è la componente ancestrale che torna in ciascun nuovo nato; si tratta di un parziale processo di reincarnazione che radica ogni individuo in una catena genealogica. Secondo alcuni sarebbe uno dei *luvho*, secondo altri, tra cui Maupoil, sarebbe proprio il *se*, come testimonia l'uso si alcuni nomi di persona come, ad esempio, Sewa o Sewaxwe cioè "il destino è ritornato nella casa", attribuiti ai nuovi nati in seguito al riconoscimento dell'antenato.[36]

Ho spesso sentito dire che il bambino nato sotto la protezione di un antenato ne doveva portare a conclusione l'esistenza o le imprese incompiute. Kofi, ad esempio, un amico di Amegneran, che condivideva con il fratello lo stesso antenato tutelare, cioè lo stesso *joto*, mi raccontava che le loro vite erano sempre state accomunate dai medesimi eventi (in particolare la malattia e la sfortuna con le donne), che sopraggiungevano quasi contemporaneamente.

Il *se* dell'individuo può avere un supporto materiale, una piccola statuetta di terra cotta, che viene realizzata dal *bokono* e conservata con cura nella stanza di colui a cui il *se* appartiene. Qualora la figurina si rompesse, vi sarebbero delle conseguenze sulla persona, così come se restasse troppo a lungo senza acqua.[37] Secondo *bokono* Alue Sude Hoja di Gninume «il *se* si conserva nella propria camera, e lo si tratta con estrema cura, facendo attenzione a tenerlo sempre pulito, offrendogli profumi, biscotti e dolci».[38]

---

35. Maupoil, *La Géomancie*, p. 381.
36. Pazzi, *L'homme eve*, p. 299.
37. Christopher Voncujovi è un sacerdote *vodu* originario della regione del Volta in Ghana che vive ad Accra da diversi anni. Qui ha un santuario nel quale alle pratiche abituali affianca un lavoro di diffusione della cultura *vodu*, soprattutto rivolto alla diaspora americana. Tra i suoi obiettivi vi è anche quello di liberare la cultura tradizionale dagli stereotipi prodotti dall'evangelizzazione cristiana. Christopher raccontava del *se* che aveva costruito per suo figlio e che si era rotto durante un lungo viaggio. Giunto a destinazione il *se* si era spezzato e ciò effettivamente aveva causato dei problemi al figlio, il quale aveva iniziato a lamentare il sopraggiungere di dolori corporei di cui prima non aveva mai sofferto. La cura e il restauro del *se* avevano risolto anche i dolori del figlio, grazie a un processo, secondo Christopher, di conoscenza, attenzione e presa in carico di se stessi. Christopher sconsigliava ai suoi clienti di offrire libagioni di alcool al *se*. A differenza degli antenati, il *se* era molto delicato e la persona avrebbe iniziato a soffrire di malesseri psichici e a sviluppare forme di follia. (Conversazione con Christopher Voncujovi, Accra, 29 agosto 2021).
38. Conversazioni con Boko Alue Sude Hoja, Gninume, Togo, 5 novembre 2002.

Il *se* lascia all'uomo lo spazio per intervenire e cercare di migliorare la propria esistenza, non è quindi un destino ineluttabile, anzi con esso è possibile instaurare un dialogo. Se, ad esempio, una persona ciclicamente fallisce nelle proprie imprese e "continua a sbagliare strada" può con l'aiuto di un *bokono* correggere il proprio percorso. Si tratta, come spiegava Christopher Voncujovi, semplicemente di conoscere meglio se stessi e attenuare quelle tendenze negative o semplicemente controproducenti, legate al proprio *se*, che ostacolano l'esistenza.[39]

Le cerimonie eseguite in questi casi, rimandano metaforicamente all'idea di viaggio e di movimento. L'anziano *bokono* Kofi Kojo di Afagnagan mi raccontava che era necessario percorrere tutte le strade che il "cliente" era solito seguire, quella per il pozzo, per il mercato, per i campi, e così via. In ognuno di questi luoghi ci si fermava a interrogare il *se*, gli si offriva dello *jasi* e si raccoglieva della terra che, poi una volta a casa, si utilizzava per la consultazione di Fa. L'oracolo avrebbe quindi rivelato come procedere «per correggere la via ed evitare la sfortuna»; spesso si scopriva che la persona non aveva rispettato le indicazioni del suo *kpoli* e quindi era possibile intervenire e modificarne il destino; «ma se nel *kpoli* vi è scritto che si deve morire, si morirà».[40] *Bokono* Alue Sude Hoja procedeva in altro modo: «con il legno di *agliko* si realizza una piccola piroga, all'interno della quale si stendono delle *ama* e sopra si adagia la statuetta che rappresenta il *se*, la si porta nell'acqua e si cerca di modificarne la traiettoria».[41]

La ricerca che alcuni conducono, nel corso di tutta l'esistenza, per leggere, capire e interpretare il proprio *kpoli*, testimonia il desiderio di trovare un'armonia tra l'interno e l'esterno, tra l'invisibile e il visibile e quindi la propensione ad accettare le esigenze di quelle parti di sé apparentemente meno concrete e visibili. La lettura del *kpoli* produce delle regole e tabu a cui ci si deve sottoporre, come la necessità di evitare determinati comportamenti, di cambiare alimentazione oppure di utilizzare particolari erbe, e così via.

Anche il *kpoli* è un oggetto materiale, che viene consegnato all'iniziato dopo la consultazione nella foresta sacra. Si tratta di un sacchetto che contiene parte della terra su cui è stato tracciato il segno, le erbe di Fa e altri oggetti associati al segno. Questo sacchetto, sigillato, sarà conservato

---

39. Conversazione con Christopher Voncujovi, Accra, 29 agosto 2021.
40. Conversazioni con Boko Kofi Kojo, Amegneran, 12 novembre 2002.
41. Conversazioni con Boko Alue Sude Hoja, Gninume, Togo, 5 novembre 2002.

dall'iniziato, e distrutto dopo la sua morte, proprio perché il *kpoli* è unico e scompare con il suo proprietario.

Ogni individuo, oltre a essere frammentato nelle sue parti corporee, possiede quindi un segno, che è a sua volta un assemblaggio di cose apparentemente incoerenti che interagiscono tra di loro, ognuna delle quali rimanda a un mondo di significati sociali, mitici e identitari, esterni al sé. Maupoil indicava questo rituale come l'apice della conoscenza di se stessi e del proprio destino, un'impresa che continuava per tutta la vita, in quelle persone che avevano iniziato il cammino di conoscenza del *kpoli*.[42]

3. *Marie*

Marie è una ragazza cattolica, dotata del dono della visione. La sua storia, benché eccentrica e apparentemente opposta rispetto a quella delle altre donne di cui si parla in questo libro, permette di tornare sul tema dell'incantamento e di sottolineare come nel contesto di studio questa nozione sia trasversale alle confessioni religiose.[43]

Ho incontrato Marie per la prima volta a Tsévié nel 2019; allora aveva vent'anni. Tsévié è una città situata a circa 40 km a nord di Lomé, che ospita importanti luoghi di culto *vodu* e un santuario dedicato alla Vergine, eretto in seguito a una serie di apparizioni che hanno avuto luogo tra il 1998 e il 1999. La Vergine aveva iniziato il suo dialogo con i fedeli della città grazie alla mediazione di un bambino ruandese, scappato dalla guerra e ospite da poche settimane della parrocchia. Fu lui, Timoté, ad avere la prima apparizione e a fissare il successivo appuntamento con la Vergine. In quell'occasione erano state coinvolte anche tre ragazzine togolesi. I quattro divennero la voce della Vergine, durante le apparizioni che si susseguirono per un anno. In occasione di questi incontri, dialogava con chi si riuniva per assistere all'evento, esortando i convenuti alla fede e predicando la pace.[44] Il culto della Vergine negli anni si è radicato, il luogo dell'apparizione è divenuto una meta di pellegrinaggio per l'in-

---

42. Maupoil, *La Géomancie*, p. 389.
43. Marie, come i nomi delle altre donne presentate nei prossimi paragrafi, sono di fantasia.
44. Le conversazioni tra la Vergine e i visionari sono state registrate e pubblicate in un volume: Muhimfura, *Les apparitions de la Vierge Marie*.

tera regione ed è stata costruita una grotta secondo l'iconografia della Madonna di Fatima.[45]

Marie era una delle numerose donne che avevano ricevuto il dono di vedere e parlare con la Vergine, la quale si manifestava attraverso un fenomeno di possessione. Con mio stupore, possessione era proprio la parola utilizzata dai fedeli che frequentavano la chiesa; l'arrivo della Vergine induceva leggeri movimenti corporei, brevi svenimenti e donava alle prescelte la possibilità di essere veicolo della sua voce. Lei aveva ricevuto questo dono e quando era posseduta poteva proferire parole di saggezza e di conforto.[46]

In occasione delle celebrazioni organizzate per il ventennale della prima apparizione, avevo subito notato Marie, perché era circondata dalle affettuose e rispettose attenzioni delle donne della chiesa. Durante la processione lungo le strade di Tsévié, aveva sfilato con le altre di fianco alla statua della Vergine, aveva distribuito fiori di carta, cantato inni e pregato. Quando il canto diventava più intenso, veniva colta da brevi tremiti e subito, chi le stava a fianco, la accoglieva tra le proprie braccia. Non era la sola a perdere i sensi, ma era probabilmente la più giovane. Si trattava di una trance molto composta, anche se alcune tendevano a trascendere ed erano quindi subito circondate dai fedeli e, in caso gli spasmi fossero eccessivi, guardate con un certo fastidio, nutrito dal sospetto che non fosse la Vergine il motore di quell'incontro.

Qualche tempo dopo, ero riuscita ad avere il suo numero di telefono e a incontrarla nella casa di Lomé, dove viveva con la sorella maggiore e dove ancora frequentava le scuole. L'incontro era stato mediato proprio dalla sorella, una fervente fedele della Vergine di Tsévié e testimone diretta di alcune delle prime apparizioni; si trattava di un legame che condivideva con la famiglia, ampiamente coinvolta nel culto. Marie lontana dalle celebrazioni era una ragazza come molte sue coetanee, indossava jeans attillati e aveva un'acconciatura alla moda, fatta di lunghe treccine, raccolte sulla sommità della testa.

---

45. Nessuna delle apparizioni avvenute in Togo e in Bénin è stata riconosciuta dalla Chiesa cattolica, ma va anche ricordato che le ultime apparizioni convalidate sono state quelle di Lourdes (1858) e di Fatima (1917). Ciò non toglie che siano ritenute tali dai fedeli, e nel caso di Tsévié, siano state accettate come tali dai sacerdoti della parrocchia.

46. Nel linguaggio delle apparizioni mariane, non si parla di possessione, ma di estasi, intendendo con questo termine uno stato non ordinario di coscienza, che rende il soggetto insensibile agli stimoli esterni.

Era stata "presa" per la prima volta tre anni prima del nostro incontro e aveva subito capito di avere ricevuto la grazia. Come lei stessa mi raccontava, da allora la sua vita era cambiata: non poteva più vestirsi in modo sexy perché qualsiasi eccesso veniva notato dalla Vergine, che la rimproverava e la invitava alla moderazione. Ovviamente non poteva avere relazioni sessuali perché, come le aveva detto la Vergine, per una donna come lei, vi erano solo due possibilità, sposarsi oppure diventare suora. Fino a quando non avesse scelto il proprio destino, avrebbe dovuto astenersi da qualsiasi rapporto con gli uomini. La grazia produceva in tutti un cambiamento esistenziale profondo che obbligava le prescelte ad abbandonare la propria vita precedente:

> tutte hanno una vita prima dell'incontro con la Vergine, ma poi cambia. Ad esempio può accadere che una ragazza prima facesse la prostituta e passasse tutte le sue sere nei locali. Anche a lei può capitare di avere un'apparizione e vedere Maria. Quando la ragazza si rende conto che la donna che vede è proprio la Vergine, allora sarà costretta a cambiare vita.

Le chiesi quale fosse l'aspetto più difficile di questa nuova vita, a parte gli uomini e l'abbigliamento sobrio, e lei mi disse che la trance la metteva spesso in difficoltà, perché la gente attorno a lei non capiva cosa le stesse accadendo:

> mi capita quando sono in chiesa, e chi è di fianco a me, se non mi conosce, crede io sia presa da Mami Wata. Mi capita anche a scuola. In questo caso faccio finta di niente, mi chiudo in me stessa e non parlo con nessuno; ho imparato che in questo modo riesco a gestire la trance. Mi assento con la mente, così nessuno si accorge di quello che sta accadendo dentro di me.

Marie aveva un atteggiamento di timida e gentile ritrosia, e quando non era direttamente interpellata sembrava perdersi in altri pensieri. La sorella interveniva continuamente nella nostra conversazione per fornire dettagli. Volle anche spiegarmi il funzionamento della trance: era una sensazione fisica molto forte, una specie di sdoppiamento durante il quale la Vergine parlava al posto della persona prescelta e usava la sua voce per esprimere le proprie intenzioni. Dopo la trance, il soggetto coinvolto non ricordava nulla di quello che era successo. Ciò accadeva nei momenti pubblici, quelli in cui la visionaria era a servizio della comunità dei fedeli ma lei, come ci tenne a precisare, aveva anche un dialogo intimo e privato con Maria, che appunto la indirizzava nelle sue scelte esistenziali. Marie preferiva sposarsi piuttosto che farsi suora; la Vergine le aveva detto che doveva attendere ancora un po' di tempo prima di cercare un uomo e che quando l'avesse incontrato, lei stessa le avrebbe fatto un segno attraverso il quale sarebbe stata in grado di riconoscere l'uomo giusto.

La possessione, soprattutto in un contesto come quello togolese, dove il *vodu* domina la sfera religiosa, poneva dei problemi e ogni nuovo fenomeno doveva essere giudicato attraverso un processo di "discernimento". Era necessario capire se la persona fosse afflitta da un'entità demoniaca oppure divina. Quando una donna cadeva in trance per la prima volta, si consultava un sacerdote carismatico, a cui si raccontavano tutti i dettagli dell'apparizione: le immagini viste, le parole udite, come il corpo aveva reagito, gli odori che aveva percepito e tutte le sensazioni fisiche provate. Il sacerdote grazie a un'attenta analisi delle informazioni "discerneva" la natura dell'entità, che poteva effettivamente essere la Vergine oppure uno "spirito cattivo".

Chiesi chi erano questi spiriti e mi disse senza esitazione che si trattava di Mami Wata; anche la sorella intervenne per confermare: «sì, bisogna verificare che non sia il serpente, perché anche se sei cattolico ti può prendere e allora solo l'esorcista sarà in grado di liberarti».

I fraintendimenti e le sovrapposizioni tra Maria e Mami Wata sono frequenti in questa regione e messi in atto da entrambe le parti in gioco, sia dai praticanti *vodu*, che interpretano la Vergine come una delle tante raffigurazioni della sirena, sia dai cattolici, che temono invece la perfidia degli spiriti maligni e denunciano la loro propensione all'inganno. D'altra parte nell'apparizione dell'8 dicembre 1998, la Vergine stessa, attraverso le parole di Viviane, una delle bambine scelte come medium, affermava:

> Così come ho fatto in nome di mio Figlio a Guadalupa, a Fatima, oh miei figli togolesi non abbiate paura. Figli miei, anche se vi prendono in giro, dicendovi che io sono "Mamiwata", si tratta per voi di una benedizione. Io accetto volentieri di essere "Mami" ma è una benedizione per voi. Non vi abbandonerò mai. Tutti quelli che profanano il mio nome sono ancora nelle tenebre. [...] Quelli che dicono che io sono una statua, voi, fedeli cattolici, se voi credete veramente, io "Mami" (detto con ironia) vi farò vedere molte meraviglie. Tutto ciò diventerà una benedizione per voi. Non abbiate paura, vi amo.[47]

Due sono i temi principali che emergono da questa breve storia; innanzitutto la pervasività della figura di Mami Wata che impone una riflessione

---

47. Muhimfura, *Les apparitions de la Vierge Marie*, p. 64.

sulle continuità all'interno dell'esperienza religiosa soggettiva e collettiva e sulla potenza ma al contempo capacità di metamorfosi dei simboli religiosi. A tal riguardo il lavoro di Wofgang Kempt sui riti di iniziazione tra gli ngaing della Nuova Guinea nord-orientale è esemplare nel mostrare come i simboli possano essere acquisiti, adattati o reinterpretati nell'incontro con l'altro.[48] Non si può certo parlare del culto della Vergine come di una riconfigurazione simbolica di Mami Wata, perché la dimensione rituale e materiale cattolica differisce in modo sostanziale dalla pratica *vodu*. Ciò non toglie che la possibilità di sovrapposizione tra queste due figure femminili sia percepita come reale, proprio perché la Vergine pare esistere anche in contrapposizione al pericolo rappresentato dalla sirena. Iconograficamente le due entità sono simili, hanno la pelle chiara e i capelli che scendono lungo le spalle ma soprattutto la loro immagine è riprodotta e riproducibile nella forma bidimensionale dei dipinti e delle immaginette e in quella tridimensionale nelle statue. Questo comune regime di rappresentazione rende molto più facile per i fedeli, e non solo, riconoscere le divinità nelle molte immagini ma anche nelle possibili incarnazioni umane. Ciò implica anche il rischio di commettere degli errori di attribuzione tra

---

48. Gli ngaing fecero propri alcuni dei simboli e dei miti della religione cristiana e li utilizzarono per spiegare e risignificare i rituali di iniziazione maschile. I nuovi strumenti messi a disposizione, dall'incontro con la religione cristiana furono utilizzati per riconfermare il rapporto tra maschile e femminile. La circoncisione era stata introdotta da un papua non-ngaing che aveva svolto attività infermieristiche presso un ospedale diretto da medici bianchi. Gli ngaing a loro volta la introdussero nelle cerimonie di iniziazione ricollegandola alla loro concezione antropologica del soggetto umano maschile. L'adozione di questa pratica, secondo un linguaggio religioso, fu un processo mimetico che cercò di opporre una forma di resistenza ai discorsi e alle pratiche coloniali che tra la fine dell'Ottocento e la metà del Novecento misero in forte discussione la cultura indigena e le cosmologie locali. La circoncisione fu quindi riletta come il passaggio necessario che l'uomo doveva compiere per liberarsi dal sangue materno che rimaneva intrappolato nel corpo del neonato. Era un sangue impuro e pericoloso che doveva essere espulso per trasformare il giovane in un "vero uomo". Le concezioni di genere tra gli ngaing erano caratterizzate da un forte antagonismo: la parte femminile andava eliminata attraverso il sangue dal corpo maschile che, prima dell'iniziazione, non doveva avere avuto rapporti sessuali con la controparte femminile, perché questi sarebbero potuti essere causa di un rapido decadimento fisico dell'uomo a favore della donna. Durante l'iniziazione il giovane doveva quindi "confessare" di non avere avuto rapporti sessuali, ma la confessione, mutuata dalla pratica cristiana, non rinviava a una dimensione peccaminosa quanto piuttosto a una concezione e a un'economia di tipo oppositivo dei fluidi maschili e femminili (Kempt, *Ritual, power and colonial domination*).

le due, come raccontava Marie e come era stato evidente durante la processione, in occasione del ventennale dell'apparizione.

I riferimenti alle ragazze dei bar, confuse molto spesso con delle Mami Wata in carne ed ossa, ci conducono verso alcune delle questioni esistenziali che assillano le giovani donne nella città africana.[49] Da un lato la libertà che la città offre; qui sono lontane dal controllo della famiglia, hanno maggiori possibilità di guadagnare soldi per sé stesse e per alimentare la propria autonomia, e più occasioni di divertimento, di incontrare nuove persone, andare a ballare, etc., dall'altra parte vi è il giudizio storicamente fissato nei discorsi socialmente condivisi che questa libertà corrompa e conduca a una vita immorale.

Marie sembrava in bilico tra queste due possibilità, era, infatti, preoccupata dall'idea che chi le stava attorno, a scuola o in chiesa, potesse pensare male di lei, potesse vedere in lei la raffigurazione sbagliata. Negli occhi degli altri coglieva la diffidenza, ma grazie al rapporto personale instaurato con la Vergine, icona della purezza, sapeva di poter trasformare il giudizio negativo nell'ammirazione che gli altri avevano per lei, in quanto prescelta e portatrice di un dono.

4. *Fatì*

Io e Salissou avevamo avuto il nome e l'indirizzo di Fatì da una sacerdotessa di Lomé.[50] Il primo incontro era avvenuto nel 2019, nella sua casa a Bè. Fatì viveva nel compound materno, dove aveva fatto ritorno dopo essersi separata dal marito; la casa si articolava attorno a due cortili, nel primo si affacciavano alcune stanze, in una delle quali viveva sua sorella maggiore, anch'essa *vodussi*, mentre il secondo cortile era completamente dedicato a Fatì e ai suoi altari. Sul cortile, coperto da una tettoria sotto la quale si svolgevano le cerimonie, si aprivano le porte delle "case" dei suoi

---

49. Le donne giovani e belle suscitano il sospetto che in loro si nasconda Mami Wata. Quando chiesi a Mariam (agosto 2017, Accra), venditrice di erbe medicinali e oggetti religiosi al *timber market* di Accra, se poteva indicarmi un santuario di Mami Wata in città, prima di darmi la risposta che cercavo, mi disse che ne avrei potute incontrare a decine pochi giorni dopo, in un importante albergo dove si sarebbe tenuto un concorso di bellezza.

50. Salissou Mamadou è un amico e la persona che ormai da vent'anni mi accompagna, quando sono in Togo, nel mondo dei *vodu*.

vodu. I disegni sulle pareti indicavano, tra gli altri, la presenza di Mami Tchamba, di Mami Wata, di Dan e del *gorovodu*.

Fatì da subito si era dimostrata molto accogliente nei mie confronti e disposta a chiacchierare, nonostante i suoi continui impegni e quindi i molti appuntamenti andati a vuoto. La casa era frequentata e abitata soprattutto da donne, che in diversa misura avevano una relazione famigliare con Fatì. Oltre alle attività rituali, nel cortile si svolgevano una serie di piccoli commerci grazie ai quali le donne guadagnavano i soldi necessari al loro mantenimento; si trattava della vendita di oggetti rituali, come perle, *calebasse* decorate o fiori di plastica, ma anche di merci profane, come biscotti, caramelle e altro. In occasione del nostro primo incontro, Fatì era intenta assieme ad altre due donne a sistemare la macchina da cucire, il suo attrezzo di lavoro da quando era giovane. Dovevano preparare dei vestiti che sarebbero serviti per una cerimonia che si sarebbe svolta da lì a pochi giorni. Mi disse che molti sarti si rifiutavano di cucire gli abiti rituali perché avevano paura di lavorare con delle *vodussi*, per cui dovevano organizzarsi da sole.

Fatì è il nome che aveva adottato dopo che all'interno della sua vita e del suo corpo era entrato lo spirito di una sua antenata che, come lei stessa mi disse, si chiamava appunto Fatì. Era una donna *hausa*, cioè originaria del nord del paese e di religione musulmana, che aveva posseduto nel corso della sua vita degli schiavi.

La vita di Fatì si era progressivamente modellata attorno a questo incontro. Le continue trasformazioni del proprio sé messe in atto per cercare di rispondere alle richieste dell'antenata avevano riguardato quasi ogni aspetto della sua esistenza. Si era trattato di un graduale processo antropopoietico che aveva portato a delle modificazioni corporee e a una lenta e sofferta scoperta delle divinità a cui l'antenata era stata legata e che quindi ora chiamavano in causa anche lei.

L'estetica all'opera tra i fedeli di Tchamba, immagina le donne del nord, seppure definite hausa, molto simili alle donne fulani; Fatì aveva molti anelli alle orecchie, un orecchino al naso e un tatuaggio sulla fronte. Il suo corpo portava anche i segni di altri *vodu*, ma soprattutto si notavano i suoi braccialetti e le sue cavigliere di ferro, che indicavano il legame con Tchamba. Durante il nostro primo incontro avevamo iniziato però parlando di Mami Wata, perché in quell'occasione il cortile della casa era pieno di vivaci fiori di plastica che ne avrebbero adornato l'altare, ma soprattutto perché era stato il suo primo *vodu*. La vita di Fatì era stata costellata da difficoltà e da sofferenza interiore, che l'avevano quasi condotta alla follia. Questo, almeno, era ciò che gli altri credevano.

I suoi racconti non seguivano una chiara scansione cronologica e i tempi e gli spazi della vita sacra e di quella profano s'intersecavano e confondevano gli uni con gli altri. Le difficoltà erano iniziate subito, sin da bambina, sin da quando aveva intrapreso l'apprendistato come sarta. Era al centro dell'invidia e dell'odio delle altre, e attorno a lei accadevano sempre "strane cose", che erano causa di continui conflitti: gli oggetti scomparivano e lei veniva incolpata, oppure si rompevano e lei era sempre sospettata di essere la responsabile. Si era sposata da giovane e i problemi con il marito erano iniziati subito dopo aver avuto il primo figlio; entrambi però si erano impegnati per risolverli e il marito era restato a vivere con lei «nonostante le difficoltà». Nelle continue liti erano nati il secondo e il terzo figlio. Fatì non riusciva a capire quale fosse la vera ragione di ciò che le stava accadendo. Quando rimase incinta del quarto figlio, la situazione precipitò. Decise allora di prendere tutti i suoi bambini, le sue cose e di andarsene di casa.

> Ero sulla strada, aspettando di capire dove sarei potuta andare, quando compare un signore che non avevo mai visto prima; mi parla e mi dice che devo fare la pace con mio marito e tornare a casa. Seguo il suo consiglio e appena arrivo a casa capisco che quel signore non esisteva e che lo avevo visto solo io. Era una visione.
> Sono rimasta incinta di nuovo e di nuovo, e ho partorito altri tre bambini, ma in tutti quegli anni ho sempre cercato di andarmene da casa; tutte le volte però vedevo delle persone o sentivo delle voci che mi dicevano di restare. Io tornavo a casa ma stavo male, sempre peggio. Dopo la nascita del sesto figlio, è successa una cosa che ha cambiato definitivamente la mia vita. A quel tempo stavo ancora con mio marito, cioè vivevamo nella stessa casa, ma ormai ci ignoravamo e dormivamo in stanze separate. Una notte si sentì un rumore spaventoso, un tonfo e il piccolo iniziò a urlare e a piangere. Accorse anche mio marito, era molto spaventato. Qualcuno aveva buttato il bambino per terra con tanta violenza, come se avesse voluto ucciderlo. A quel punto eravamo tutti terrorizzati e anche lui mi disse che era meglio che me ne andassi. Ero veramente stufa di tutte quelle cose strane che succedevano, era una vita impossibile. Così me ne sono andata e non ho più ascoltato le voci che mi dicevano di tornare.

In quegli anni di continua sofferenza, Fatì si era resa conto che Mami Wata la voleva, quindi si era sottoposta alle cerimonie e aveva installato l'altare nella casa del marito. La situazione non era veramente cambiata e la sua vita aveva continuato a essere un incubo.

Memore di conversazioni con altre sacerdotesse, avevo chiesto a Fatì se Mami Wata imponesse qualche divieto alla vita sentimentale delle sue adepte. Si tratta di uno spirito che, a prescindere dell'identità maschile o femminile che può assumere, come già detto, instaura una relazione sessuale con i propri seguaci. Secondo De Surgy, il maschio si presenta «come un bel ragazzo che indossa un vestito di terital», mentre la femmina ha un aspetto opulento ed è vestita sempre all'ultima moda.[51] La divinità vuole, infatti, affascinare i propri fedeli e la bellezza è uno strumento di seduzione. La relazione sessuale costringe il marito "ufficiale" ad allontanarsi poiché la prescelta deve restare a disposizione di Mami Wata, almeno due volte alla settimana. Le sacerdotesse dedicano una piccola stanza del proprio santuario proprio a questi incontri notturni.

Fatì mi disse che non vi era una proibizione esplicita, ma nella realtà dei fatti, fino a quando una persona non prendeva coscienza di avere un legame con questa divinità, era costretta a una vita sentimentale molto travagliata:

> inizi una relazione e subito finisce, poi ne inizi un'altra e anche quella finisce oppure ci sono sempre mille ostacoli. Tutto questo accade non perché sei una persona cattiva o perché non sei capace di stare con gli altri ma perché c'è qualche cosa che proprio non funziona. E così si va avanti fino a quando non capisci cosa c'è dentro di te e non accetti il *vodu*. Allora la tua vita, poco alla volta, si sistema.

Le chiesi se quindi una volta risolto il conflitto con Mami Wata, una donna si potesse finalmente sposare, o comunque potesse vivere con un uomo, e Fatì scoppiando a ridere mi disse che certo, non era vietato, ma era comunque molto complicato: «il marito non può vivere con te, e deve venire a trovarti solo quando tu lo autorizzi. Insomma è come un domestico, un *boivi*, un *vivi*!».

L'iniziazione a Mami Wata non aveva purtroppo risolto i suoi conflitti interiori e l'equilibrio psichico di Fatì era sempre più a rischio: «Ero come pazza e tutti, anche la mia famiglia, pensavano che fossi ormai divenuta folle e che non ci fosse più nulla da fare». Sentiva delle voci che nessun altro poteva sentire, a volte cadeva in trance e parlava una lingua che a tutti era sconosciuta. Era sempre più isolata e sola e, proprio quando sembrava aver raggiunto il fondo, era iniziata la lenta e travagliata scoperta dell'esistenza dello spirito di Fatì, l'antenata hausa. Lo spirito aveva scelto proprio

---

51. De Surgy, *Le systeme*, p. 319.

lei, era già dentro il suo corpo, ma purtroppo lei non ne era stata consapevole e quindi lo spirito la aveva quasi fatta impazzire: la lingua che talvolta parlava, le voci che sentiva, le visioni che aveva, così differenti dalla sua realtà quotidiana e quindi così pericolose per il suo equilibrio, appartenevano tutte alla vita dell'altra donna.

Quando finalmente prese coscienza dell'antenata che era in lei, le cose iniziarono ad andare un po' meglio. Fu iniziata a Tchamba e ne installò l'altare. Non era però tranquilla perché sentiva ancora una forza che la chiamava, delle energie che non riusciva a controllare ma che capiva potevano essere molto forti e pericolose. Fu necessario indagare e ricostruire, attraverso la divinazione, le tappe della vita dell'antenata. Era una donna del nord, una hausa che aveva vissuto a Notché e che, in seguito allo scoppio della guerra, era stata costretta a trasferirsi ad Ada Afo, un paese nell'attuale Ghana, a ovest del fiume Volta.[52] Fatì capì che anche lei doveva andare ad Ada Afo, perché in quella località aveva vissuto l'antenata e lì aveva installato il santuario di una divinità chiamata Kunde. Era proprio Kunde, il cacciatore, che le stava dando problemi, e quindi era andata in Ghana per farsi iniziare.

Kunde è una divinità molto nota in Togo e parte di un movimento di culti antistregoneria che si propagarono in Ghana, allora Gold Coast, a partire dai primi decenni del secolo scorso. Ho trattato altrove questo ordine *vodu* e non è importante soffermarsi ora sulla sua storia e diffusione, ma alcune sue peculiarità possono chiarire l'originalità della vita di Fatì.[53] L'associazione tra Mami Wata e Mami Tchamba è molto comune per le sacerdotesse di questa regione, mentre Kunde, il cacciatore, poi integrato ad altre divinità fino a formare il *gorovodu*, è un culto quasi esclusivamente maschile. Le donne non sono ritenute sufficientemente affidabili per divenirne sacerdotesse (*sofo*) e il loro numero è di conseguenza molto esiguo.

Anni prima Hilaire Dohou, un importante *sofo* di Kunde del Bénin, mi aveva spiegato le ragioni della generale diffidenza nei confronti delle donne. Riporto qui di seguito un'intervista di quindici anni fa; Hilaire era morto cinque anni dopo questo incontro e desidero qui ricordarlo con affetto nel suo consapevole e ironico maschilismo. Mi stava raccontando degli ostacoli che aveva frapposto alla "carriera" religiosa di una donna:

52. Secondo Fatì la guerra avvenne in concomitanza a un terremoto, per cui possiamo immaginare che fosse il 1862 oppure il 1906.
53. Brivio, *Il vodu*.

Le sacerdotesse

La *sofo* di Sekou, verso Allada, è nel *gorovodu*, come adepta, dal 1954. Io l'ho ingannata per anni. Non volevo che diventasse sacerdotessa, perché avevo paura di sporcare il *vodu*, dandolo a una donna.
Lei aveva perso il marito e non pensavo che avrebbe potuto rispettare le regole. Invece aveva un carattere molto forte. Per dieci anni le dissi cosa doveva fare, per diventare *sofo*. Innanzitutto doveva convocare i suoi figli e vedere se erano tutti d'accordo con il fatto che lei prendesse il *vodu* con sé; i figli le dissero di sì. Poi la obbligai ad andare dal sindaco di Sekou e lei andò dal sindaco. Poi ad andare dai *féticheurs* e lei andò da tutti i *féticheurs* di Sekou e ottenne l'autorizzazione. Poi le dissi che doveva andare da tutti i *bokono* e lei andò da tutti i *bokono*. Poi da tutti i guaritori e lei andò da tutti i guaritori. Poi le dissi di andare a vedere tutti i *sofo* dei *gorovodu* della regione di Allada e lei lo fece. Poi le dissi di venire qui, portare 10.000 CFA e un bottiglia di gin, per fare la preghiera sulla tomba di mio padre e lei venne.
A quel punto erano passati tanti anni, quindi le dissi che dovevamo avere il responso di Fa e l'oracolo aveva risposto affermativamente. Ma io continuavo a riflettere sulla cosa e intanto erano passati dieci anni. Cinque o sei anni fa, una mattina sono andato da lei per vedere come stava. In quei giorni stava scavando un pozzo per l'acqua, perché al villaggio allora non c'era ancora l'acqua e lei stava realizzando il primo pozzo. Non era un'impresa facile, perché era molto in profondità e lei stava scavando fino a 70-80 metri. Proprio il giorno in cui arrivai, trovò l'acqua. Quando l'acqua sgorgò dal pozzo pregai il *vodu* poi, senza dire a nessuno quello che stavo facendo, tracciai con l'acqua il perimetro di quello che sarebbe stato l'altare e le dissi: "ora ti do il *vodu*". Avevo capito che ero stato un peccatore, perché con nessun uomo ero stato così esigente. Lei è una donna forte, ha lavorato molto, ha recuperato tutte le terre che suo marito aveva perso. Ha lavorato duro, ha fatto crescere i suoi figli. Non ha perso un metro di terra. Le vere formule del *gorovodu* si possono dare solo a persone veramente responsabili, e lei lo è.[54]

Come Hilaire stesso ammise, aveva dato il *vodu* a uomini che non avevano neppure una parte delle qualità della donna che lui aveva ostacolato per anni. Le donne che riuscivano a diventare sacerdotesse di Kunde dovevano dimostrarsi eccezionali; il fatto che Fatì avesse il *gorovodu*, la rendeva quindi una sacerdotessa potente e con un'ottima reputazione nella regione.

Mi raccontò di non aver avuto scelta, se non avesse preso Kunde, la sua vita sarebbe finita. Aveva faticato per ottenerlo e la gestione di quell'altare era particolarmente impegnativa, ma allo stesso tempo lì risiedeva la sua vera forza mistica. Kunde ha una decisa identità maschile, è l'antenato-

---

54. Conversazione con Hilaire Dohou, Godomey, Cotonou, Bénin, 20 settembre 2006.

cacciatore, una figura presente nei miti fondativi di molti *vodu*, colui che, grazie alla caccia, sa dialogare con il mondo dell'invisibile ed è quindi in grado di portare nuove divinità nella comunità umana. Attorno a Kunde ruotano solo figure maschili: cacciatori, uomini stranieri, viaggiatori, meccanici e autisti.

La storia di Fatì mostra come la capacità di elaborazione delle mitologie sia influenzata dalla posizione di genere di chi narra. Fatì ci disse, infatti, che la sua antenata era stata la prima a trovare Kunde, ed era stata proprio lei a diffonderla nell'allora Gold Coast e a iniziare anche il famoso Kodjo Kuma, da tutti ritenuto uno dei principali fondatori dell'ordine religioso.[55] Questa contro narrazione non era una rivendicazione del ruolo delle donne nella religione, quanto piuttosto un tentativo di posizionarsi nel quadro della costante competizione che esiste tra i sacerdoti. Connettersi alle origini, ricostruire una mitologia all'interno della quale situarsi in una posizione di rilievo o privilegio è parte delle strategie attraverso le quali i sacerdoti acquisiscono valore e aumentano il loro potere simbolico.

L'antenata Fatì, una donna hausa, sembrava la perfetta controparte di Mama Seidou, un uomo hausa, che secondo la mitologia condivisa tra i fedeli era lo scopritore di Kunde e colui che aveva iniziato il famoso Kodjo Kuma. Fatì aveva cambiato i ruoli dei personaggi che animano questo racconto mitico e il suo essere donna aveva automaticamente, per una questione di ordine genealogico, messo al centro della narrazione l'antenata, quindi un'altra donna.

In un incontro successivo, decisi di chiederle se esistesse qualche connessione tra Mama Seidou e la sua antenata. Fu molto contrariata. Mi disse che si, certo, Mama Seidou aveva dato il *vodu* a Kodjo Kuma che poi lo aveva dato anche alla sua antenata e che sicuramente avevo già parlato con altri preti, per cui conoscevo bene la storia. Fui dispiaciuta della mia domanda inopportuna e che mise a nudo la sua riconfigurazione; l'importante nella costruzione dell'autorità non era certo la coerenza degli eventi, né la reale esistenza dell'antenata, ma l'intersecarsi di vicende personali, fatti storici e nuove mitologie, nonché la strategia che lei aveva messo in atto per ottenere prestigio in un mondo competitivo e prevalentemente maschile.

---

55. Brivio, *Il vodu*.

5. *Fatì, Princess, Grace e la libertà*

Fatì nel 2019 era una donna allegra e scherzosa, nel 2021 era invece molto preoccupata, un po' aggressiva, almeno nei miei confronti, ma soprattutto ancora coinvolta dal lungo processo di costruzione del sé che le sue divinità le stavano indicando. Non aveva voglia di scherzare, come invece avevamo fatto due anni prima. In quella prima occasione si era a lungo lamentata, ma con estrema ironia, delle molte regole che i culti le imponevano, soprattutto quelle alimentari. Per lei era diventato impossibile mangiare in occasione delle molte cerimonie a cui doveva presenziare: Mami Wata le vietava il mais, il gombo, il peperoncino e il pomodoro fresco; a causa di Mami Tchamba non poteva utilizzare l'olio rosso, il condimento di molte e appetitose pietanze, né mangiare le foglie del taro che sono l'ingrediente principali di alcuni sughi. Era tutto faticoso, ma in qualche misura ne sembrava divertita; era in pace con se stessa.

Quando nel 2021 ero tornata da lei, era invece molto affaticata. Le cerimonie si susseguivano una dopo l'altra e richiedevano una partecipazione attiva; doveva continuamente viaggiare per aiutare la preparazione delle cerimonie annuali ed era molto stanca. Mi elencò nuovamente le difficoltà che una sacerdotessa doveva affrontare; questa volta non mi parlò dei tabu alimentari ma delle gelosie degli altri sacerdoti. Quando si acquisisce potere e il proprio nome diventa noto, allora capita che «gli altri mossi dall'invidia cerchino di ostacolare la tua vita e bisogna quindi sempre stare molto attenti».[56] Era sempre più difficile trovare le risorse necessarie a svolgere in modo adeguato le cerimonie e le restrizioni imposte dalla pandemia di covid avevano peggiorato la situazione. Tutto si era dovuto fermare, e ora bisognava recuperare il tempo perduto, perché i *vodu* erano arrabbiati, e i soldi non bastavano.

Vedendola così prostrata, le chiesi se a volte non rimpiangesse la sua vita da "laica". Mi rispose ricordandomi che non era una questione di scelte, lei era stata chiamata con insistenza dai *vodu*, non era andata a cercarli per avere una protezione, erano in lei ed erano lei; non vi sarebbe stata quindi alcuna possibilità di cambiamento. Nonostante ciò, mi disse con uno sguardo quasi di sfida che lei era molto orgogliosa della sua vita e se anche avesse potuto non l'avrebbe mai cambiata con un'altra.

Qualche giorno dopo capii cosa la stava tormentando. La ricerca di sé, nonostante avesse quasi sessant'anni, non era ancora terminata. Da lì a pochi

---

56. Conversazione con Fatì, Lomé, Togo, 9 settembre 2021.

mesi, avrebbe dovuto iniziare la fase conclusiva di un altro processo iniziatico che le avrebbe consentito di diventare una *trosi*, una *xoyoto*. Avrebbe passato circa cinque mesi in un villaggio verso Vogan, dove si sarebbe sottoposta a un'iniziazione estremamente costosa e molto pesante da un punto di vista fisico e psicologico, alla fine della quale sarebbe stata in grado di praticare la negromanzia e divinare il futuro, grazie all'aiuto di uno spirito guida, di solito lo spirito di una persona morta di morte violenta. Probabilmente si trattava sempre dell'antenata Fatì, ma non volli porle questa domanda. Doveva assolutamente portare a termine anche questa iniziazione per cercare di mettere in armonia le molte entità che la abitavano e continuare nel tortuoso processo di costruzione del sé. La cerimonia richiedeva più soldi di quanti lei ne avesse e da lì nasceva parte della sua irritabilità.

In quei giorni, a casa di Fatì viveva anche Princess. Era una donna di quarant'anni, ed "era entrata nel convento", come si dice in gergo, cioè aveva iniziato il lungo processo di iniziazione, cinque anni prima. Un giorno in cui Fatì non era in casa, ci aveva accolto Princess: nelle precedenti occasioni era sempre stata in disparte, attenta a quello che si diceva ma silenziosa; ora aveva voglia di raccontare la sua vita e soprattutto di meglio capire chi io fossi.

Princess aveva il *vodu* dentro di sé da sempre ma si era fermamente rifiutata di accettare quella presenza. La sua vita era stata una lotta contro di essa. Era originaria di Tablibou, una cittadina nella regione del fiume Mono; nella casa paterna vi erano molti altari ma lei era riuscita ad allontanarsi da tutto e, quando era ancora molto giovane, si era trasferita a Lomé. Qui aveva studiato, fino a ottenere il baccalaureato. Dopo gli studi aveva fatto un corso di formazione e quindi aveva lavorato per dieci anni in un'azienda che si occupava di gestione dei trasporti. Aveva perso il lavoro, poi ne aveva trovato un secondo, questa volta presso la principale compagnia telefonica del Togo; dopo qualche anno aveva perso anche quel posto ma subito dopo aveva trovato un altro impiego in un noto supermercato di Lomé. Nel frattempo si era sposata e aveva avuto due figli; ma la sua vita, nonostante le apparenze, era costantemente ostacolata da una presenza che la chiamava a sé e a cui lei opponeva resistenza. Non stava bene, era depressa, e tutto sembrava sempre ritorcersi contro di lei.[57]

Salissou, che era con me, era molto colpito dal livello di scolarizzazione di Princess e soprattutto dall'importanza delle compagnie per le quali aveva

---

57. Conversazione con Princess, Lomé, Togo, 14 settembre 2021.

lavorato; dal suo punto di vista di uomo costantemente precario e senza un lavoro fisso, era quasi incredibile che nonostante il suo "successo", Princess non fosse felice e avesse deciso di lasciare tutto. Secondo Salissou che, essendo musulmano, guardava sempre con un certo distacco il mondo *vodu*, avrebbe potuto facilmente trovare un altro lavoro adeguato alle sue competenze, guadagnare dei soldi e vivere "normalmente" con suo marito.

Princess era cristiana e con il marito aveva frequentato a lungo e assiduamente una chiesa pentecostale. Si era rifugiata in quell'istituzione, diventando una praticante attiva e fervente, proprio per cercare di sfuggire alla divinità che la chiamava a sé. La sua vita era complicata perché, oltre ad aver perso il lavoro per tre volte, stava male psicologicamente; la sua era una continua lotta contro qualche cosa che era più forte di lei e che le prendeva tutte le energie, complicando le sue relazioni e i suoi pensieri. Aveva a lungo parlato di questi problemi anche in chiesa, perché era sempre alla ricerca di qualcuno che l'aiutasse.

Un giorno era stato proprio il pastore a chiamarla a sé e dirle: «basta, devi andare da loro, questo non è il tuo posto, vai là». A quel punto aveva capito che doveva smettere di opporsi, doveva iniziare quel percorso che non aveva, per tutta la vita, mai voluto assecondare. Le parole del pastore non la infastidirono, al contrario si sentì rassicurata rispetto a ciò che ormai le pareva inevitabile. Restava però il grosso problema di confessare al marito la sua decisione. Anche in questo caso fu anticipata, e fu lui stesso a dirle che aveva capito, che non c'era altro da fare e che doveva andarsene; non si arrabbiò e anzi le disse che l'avrebbe aiutata per quanto poteva, ed effettivamente le diede 500 mila CFA per le prime tappe della sua iniziazione.

Le chiesi come fosse arrivata da Fatì, se già si conoscessero o se qualcuno a Tablibou, nel suo villaggio natale, l'avesse indirizza. Aveva scelto quella casa da sola, perché Fatì era una donna «molto nota in città per la sua forza nel *vodu*», ed era semplicemente andata a bussare alla sua porta. Princess aveva scelto autonomamente a chi rivolgersi, solo in un secondo tempo sarebbe tornata a Tablibou «per fare anche la parte di suo padre», cioè per prendersi cura dei culti familiari.

Parlammo di altri argomenti. Salissou voleva capire quanto le sarebbe costata l'iniziazione, dove sarebbe riuscita a trovare i soldi e se poteva ancora vedere suo marito. Princess a sua volta voleva sapere da me perché ero interessata ai *vodu*. Aveva paura che volessi denigrarli. Nella sua testa ancora risuonavano le parole ascoltate nelle chiese pentecostali, secondo le quali i culti tradizionali non erano altro che stregoneria. Era desiderosa di smontare tutti i discorsi che aveva ascoltato per anni contro la religione tradizionale e temeva che anche io condividessi gli stessi pensieri. Sicuramente voleva togliersi di dosso i giudizi di condanna che gli amici della chiesa avevano espresso nei suoi confronti. Parlava a me, ma si rivolgeva soprattutto a loro e a sé stessa: «da quando ho deciso di venire qui, da quando ho accettato il *vodu*, tutto è cambiato, finalmente sono libera, finalmente posso fare ciò che devo fare».[58]

Era decisamente ottimista per quanto riguardava il suo futuro e soprattutto felice della sua scelta. Salissou era sempre più stupito che una donna "normale" potesse decidere di lasciare tutto, marito incluso, vestirsi secondo i dettami dalla religione, andare scalza e vivere un'esistenza che a suo avviso era piena di limitazioni e regole.

Princess ci disse che le sue divinità non si opponeva al matrimonio ma la relazione diventava così difficile per cui era meglio lasciare il marito. Anche per gli aspetti economici era ottimista, pur non lavorando più come un tempo, aveva delle piccole attività: vendeva dolci e caramelle fuori dalla casa e vi erano altri commerci di oggetti rituali che la aiutavano a guadagnare; inoltre aggiunse «se non riuscirò a trovare quanto serve sarà la Mamam (cioè Fatì a) ad aiutarmi». In realtà aveva trovato una soluzione apparentemente ideale. L'anno successivo al nostro primo incontro, suo zio a Tablibou era divenuto un capo tradizionale e lei si era trasferita nella casa paterna per lavorare come segretaria dello zio, proprio grazie alla sua perfetta conoscenza del francese.

L'iniziazione è un passo difficile e trasformativo. Princess si era a lungo opposta ma alla fine aveva ceduto all'ingiunzione mistica e ora si sentiva libera, Fatì, la cui vita era stata segnata da gravi crisi psichiche, diceva di essere orgogliosa della sua esistenza e della posizione unica ed eccezionale che aveva acquisito.

Meera Venkatachalam, nel suo lavoro tra gli anlo, nel sud-est del Ghana, ha raccolto una testimonianza di un'altra donna che grazie al suo coinvolgimento nella sfera religiosa è riuscita a ricostruire la propria esistenza. Grace era nata nel 1975 in una famiglia formalmente cristiana ma che negli ultimi anni era ritornata gradualmente a interessarsi alle divinità locali.

> Nel corso della sua vita adulta aveva avuto diversi uomini, ma non era mai riuscita ad avere figli [...] Grace aveva accettato l'idea di non essere destinata alla gravidanza, rassegnandosi a occuparsi dei figli di suo fratello che erano

---

58. *Ibidem*.

restati orfani di madre. La sua vita era però diventata insostenibile nei due anni che precedettero la sua iniziazione. Il suo business a Lomé era fallito. Non era in grado di portare a termine i suoi incontri, sempre ostacolati da misteriose malattie, che i medici dell'ospedale locale non erano in grado di curare. A causa della sua infertilità, suo marito si era sposato con una seconda moglie, che subito gli aveva dato un figlio. Di conseguenza lui aveva iniziato a trascorrere sempre più tempo lontano da Grace.[59]

Grace si era quindi rivolta a degli specialisti rituali perché potessero dirle quale sarebbe stato il suo futuro. Sospettava si trattasse di stregoneria e quindi si era rivolta a delle divinità forti in quel campo, come Kunde e Aberewa. Da principio, seguendo i loro consigli, era stata meglio ma poi era di nuovo precipitata nella depressione. Si era spinta fino in Bénin per consultare un altro esperto e qui le avevano detto di mettersi sotto la protezione di Mami Wata, in un santuario di Ouidah. Grace si era convinta che il marito «dormisse con Mami Wata» la quale aveva «mangiato il suo utero», spinta dalla rivalità nei suoi confronti.

I rituali non avevano portato a nulla, per cui Grace ancora più depressa era tornata al suo villaggio natale, in Ghana. Qui aveva consultato diversi *bokono*, a cui aveva raccontato dei suoi sogni sempre affollati di donne che parlavano in una lingua che lei non era in grado di comprendere. I *bokono* erano concordi nel dirle che i sogni erano prodotti dal suo *kpoli* e che gli antenati schiavi del suo patrilignaggio stavano cercando la sua attenzione; i sogni erano «intimamente connessi con la sua idea di sé, con la sua persona, con il suo destino».[60] Grace era quindi stata iniziata a Fofie, il culto che tra gli anlo accoglie gli spiriti degli antenati schiavi, e quindi aveva deciso di non tornare a Lomé ma restare nel suo villaggio natale. Qui aveva intrapreso una piccola attività di vendita di riso e stufato lungo la strada, che le consentiva di vivere e le aveva dato anche l'opportunità di conoscere un uomo che poi era divenuto il suo secondo marito. Meera Venkatachalam l'aveva incontrata sette anni dopo l'iniziazione; ora Grace aveva due figli e viveva con il nuovo marito: «gli spiriti degli schiavi, mi disse, sono parte di me, e sono la mia salvezza. Ora sono felice e grata che l'ordine sia ritornato nella mia esistenza».[61]

Fatì, Princess e Grace hanno biografie diverse ma accomunate da alcuni eventi ricorrenti. Vi è la depressione, che può raggiungere i picchi della fol-

---

59. Venkatachalam, *Slavery*, pp. 76-81.
60. *Ibidem*.
61. Ivi, p. 81.

lia di Fatì, vi è la difficoltà a costruire una vita famigliare soddisfacente, una relazione di fiducia con un uomo, e vi sono infine i problemi con il lavoro. Sia Fatì sia Grace avevano iniziato la loro ricerca esistenziale rivolgendosi a Mami Wata, spesso ritenuta la causa del successo economico e quindi anche dei frequenti fallimenti. Per tutte e tre, l'accettazione degli "spiriti" ha significato trovare un equilibrio e mettere ordine nella propria vita. Fatì è rimasta instabile, sempre sull'orlo di un nuovo cominciamento, tormentata da incalzanti presenze che le chiedono di aumentare le sue competenze e il suo coinvolgimento nella sfera mistica, ma comunque ha intrapreso un percorso esistenziale di cui è fiera, che lei costruisce con tenacia e forza giorno dopo giorno.

Princess ha da poco iniziato il processo di conoscenza di sé e di tutte le presenze che la abitano, ciò la rende entusiasta e felice di provare quel senso di libertà da quell'altro sé che l'aveva obbligata a negare l'esistenza degli "spiriti". Grace ha trovato la tranquillità e quindi è finalmente diventata mamma.

6. *Amebédé Mouleo, ceramista*

A differenza di Fatì, Princess e Grace, Amebédé Mouleo seguiva un canovaccio più stereotipato nel raccontare la propria vita. Quando la narrazione arrivava al presente anche dalle sue parole emergeva però la singolarità della sua esistenza. Ho incontrato per la prima volta Amebédé Mouleo nel 2001. Da allora quasi con scadenza annuale passavo a trovarla, l'ultima volta nel 2010. Era una donna molto riservata, per cui mi ero sempre limitata a osservare le sue ceramiche e a scambiare con lei poche parole. Nel 2008 avevo infine deciso di infrangere quella barriera di rispetto che io stessa avevo costruito e di farmi raccontare la sua vita.[62]

Amebédé Mouleo era una ceramista, specializzata in terrecotte rituali, e risiedeva a Aklakou, in Togo. A differenza di altre ceramiste non utilizzava le sue conoscenze tecniche per realizzare contenitori di uso quotidiano e domestico. Tra gli anlo-ewe esistono distretti specializzati nella produzione di ceramiche, come ad esempio Dzodzefi, nella regione di Dzodze, dove la produzione di terrecotte è l'occupazione della maggior parte delle donne.[63] Aklakou non è invece parte di un distretto artigianale, ad eccezio-

---

62. Conversazione con Amebédé Mouleo del 21 marzo 2008.
63. Aranson, *Ewe ceramics*, p. 81.

ne di Agomeseva, un piccolo paese poco più a nord, sulle rive del fiume Mono, dove risiedono alcune ceramiste specializzate nella produzione di grandi contenitori di terracotta per uso domestico.

In buona parte del continente africano, la lavorazione dell'argilla è una prerogativa femminile. È un'attività che spesso dialoga con le trasformazioni dell'esistenza, come il concepimento, la gestazione, le mestruazioni, la menopausa ma anche con i riti di passaggio e la creazione.[64] L'argilla d'altra parte è la materia attraverso la quale si attribuisce senso e forma al mondo e con la quale le divinità modellano gli esseri umani; per tale motivo si ritiene che le donne siano le più adatte a manipolarla e a dare avvio a un processo creativo, che come quello procreativo, parte e finisce nella terra.[65]

Il talento e l'abilità tecnica – il saper fare – delle donne che modellano l'argilla o dei sacerdoti e sacerdotesse che assemblano i *vodu* sono qualità che afferiscono alla sfera mistica. Nel primo caso l'esperienza consente di realizzare terrecotte resistenti, che non si rompano né durante la lavorazione né durante l'utilizzo. L'abilità del saper fare, del comporre i *vodu* implica un maggiore successo ed efficacia degli stessi. A prescindere dal fatto che modellare l'argilla sia già di per sé una pratica intrisa d'implicazioni mistiche, le ceramiste che plasmano oggetti rituali, hanno un legame intimo con la sfera religiosa. La capacità di Amebédé Mouleo di raffigurare in modo pertinente le fattezze delle divinità non era il frutto della sua creatività né il risultato di un lungo apprendistato presso un'altra ceramista, ma un dono.

Apparteneva a una famiglia attivamente coinvolta nella pratica religiosa. Suo nonno era originario di Hevé, un paese situato nell'area lacustre vicino a Gran Popo, in Bénin. Si era trasferito con la famiglia e le sue

---

64. Gosselain, *Poterie, société et histoire*, p. 14.

65. Come scrive Silvia Forni, nella cultura babessi, nel Grassfield camerunese, la terracotta è ritenuta essere «un regalo di Dio alle donne», che ha a che vedere con la loro capacità di procreare e di costruire una nuova vita. Essere ceramiste ha una ricaduta mistica anche perché l'argilla è una materia capace di trasformare l'incoerenza in fissità formale (Forni, *Containers of life*, p. 44).

Le terrecotte sono, assieme alle *calebasse* (grosse zucche tagliate in due parti e abitualmente utilizzate come stoviglie) e agli involucri che vengono sepolti sottoterra, il vero contenitore della forza dei *vodu*. Al loro interno si inserisce un assemblaggio di materia vegetale, minerale e animale che, grazie al *gbogbo*, cioè al soffio vitale, di ciascun elemento e alla loro reciproca interferenza, costituiscono il nucleo vitale ed energetico del *vodu*, periodicamente riattivato attraverso i sacrifici (Brivio, *Il vodu*, pp. 135-144).

divinità lungo le rive del fiume Mono, vicino ad Agbetiko, in Togo, prima che lei nascesse. Era cresciuta ad Agbetiko e dopo il matrimonio si era trasferita ad Aklakou, nel paese del marito.

Da giovane, quando ancora viveva nella casa del padre, si era ammalata per un lungo periodo e la sua malattia era stata interpretata come un segno inviato da una divinità. Dopo la guarigione, nella sua vita era accaduto un evento, che lei stessa aveva definito incredibile. Qualcosa l'aveva allontanata da casa, facendole perdere la memoria: «quando mi resi conto che io ero ancora io, era trascorso tantissimo tempo e mi trovavo in un posto che non avevo mai visto, ai bordi di una laguna».

Non poteva raccontarmi cosa le fosse accaduto prima del suo arrivo alla laguna, mi disse però che non erano luoghi e sensazioni che si potevano descrivere a parole. Non sapeva neppure come fosse riuscita a percorrere la strada fino a quella laguna, che «era molto, molto lontano da qui..., almeno cinquanta chilometri». Era un luogo reale, ma «in cui non sarei in grado di tornare da sola, dovrebbero portarmi ancora una volta loro». Ai bordi della laguna si era ritrovata circondata da un gruppo di vecchi saggi, *ametsitsi*, che l'avevano accolta e le avevano ornato il corpo con le conchiglie ciprée. Si trattava molto probabilmente dell'ultima fase di un processo d'iniziazione: i vecchi l'avevano condotta in un luogo segreto, dove era stata sottoposta alle cerimonie richieste dal suo *vodu*, che era Tohosou.[66] Durante quel lungo periodo fuori dal mondo aveva appreso tutto ciò che poi aveva realizzato per il resto della sua vita, sia i suoi saperi rituali, sia le tecniche per la lavorazione dell'argilla.[67]

---

66. Il misterioso viaggio di Amebédé Mouleo è una delle forme che l'iniziazione può assumere. Gli individui si perdono nella *brousse*, dove conducono, in uno stato di semi coscienza, un'esistenza che li porta a stretto contatto con le piante, gli animali e tutte le entità che vivono nella foresta. Il loro corpo si trasforma, acquisendo un aspetto quasi animale. Dopo aver trascorso un periodo spesso molto lungo in questa condizione, fanno ritorno al loro villaggio, portando con sé le conoscenze materiali e i poteri mistici grazie ai quali saranno in grado di dialogare con il mondo dei *vodu*.

67. Tohosou è associato alla lavorazione della terracotta, perché i suoi altari sono, come precisato nel terzo capitolo, costituiti da un insieme di recipienti, disposti in file ordinate e abitualmente bloccati nella terra o nel cemento. Ogni contenitore contiene un'entità differente. In passato si trattava di vasi mortuari, che contenevano le spoglie dei bambini nati con una deformità e morti subito dopo la nascita. I vasi di Tohosou, *tohosuzen*, si ritiene quindi che contengano il corpo dei bambini «mostruosi»; hanno dimensioni variabili ma «tutti sono decorati con dei capezzoli o delle punte, tranne quelli delle coppie di femmine. Queste escrescenze simbolizzano l'anomalia e la mostruosità« (David-Elbiali, *Poterie domestique*, p. 163).

Quando era tornata al villaggio con Tohosou (si intende con la materia che lo costituisce), lo aveva installato nell'altare di famiglia a fianco di quelli del padre e del nonno. Diversi anni dopo, si era ammalata nuovamente. Ancora una volta era Tohosou che cercava di comunicarle il proprio disappunto. Si era trasferita a casa del marito e aveva trascurato i suoi doveri rituali. Trasferì quindi Tohosou nel santuario della nuova casa, sulla strada tra Aklakou e Aneho.

Qualche anno dopo, la vittima dell'insoddisfazione di Tohosou era stato suo figlio. Anch'egli si era ammalato e ben presto si era capito che non stava rispettando le interdizioni imposte dalla divinità: era nato grazie alla sua intermediazione, lo aveva in sé e non gli era consentito dimenticarsene. Il figlio non voleva però sottoporsi alle cerimonie, perché viveva a Lomé e non desiderava tornare alla vita del villaggio. Si era quindi opposto ai consigli della madre e aveva preferito rivolgersi all'ospedale, dove aveva rischiato di morire. Infine aveva dovuto accettare di sottoporsi alle necessarie cerimonie ed era guarito. Amebédé Mouleo raccontando di questa esperienza a lieto fine, si voleva soffermare su una questione che sempre più preoccupava gli anziani: l'allontanamento dei giovani e la loro difficoltà ad accettare la realtà delle cose:

> se nasci con un *vodu* non lo devi trascurare, la gente non capisce, la città è infatti piena di matti. Dicono che non sono interessati perché vanno in chiesa, ma non capiscono che se hai il *vodu* in te, la chiesa non serve a nulla. Se hai il *vodu* e fai finta di niente, diventi folle. Sono i nostri antenati che ce li hanno dati e noi dobbiamo rispettarli e celebrare le cerimonie senza vergogna. Se si rispettano i *vodu* si resterà in buona salute

Amebédé Mouleo produceva oggetti con uno stile molto personale. A suo avviso però non era merito della propria creatività, perché lei si limitava a riprodurre ciò che vedeva in sogno oppure ciò che le appariva in cielo, tra le nuvole; lei riusciva a vedere «cose che gli altri non vedono». Prima di mettersi a scrutare il cielo o immergersi nei suoi sogni, metteva in atto un breve cerimoniale – qualche parola, un po' di profumo e del talco – e poi si appisolava «qua, sulla sedia, per vedere ciò che poi riproduco con l'argilla».

La sua vita e la sua arte erano intrise di spiritualità ma ciò non impediva una certa serialità e riproducibilità dei suoi lavori. Ormai per realizzare gli oggetti non aveva più bisogno del sostegno di una visione, perché aveva un suo repertorio e conosceva già la forma di ciò che le veniva commissionato. Di fronte a una richiesta inaspettata, avrebbe dovuto ancora una volta assopirsi e fare un sogno.

Realizzava oggetti anche per quei clienti che non avanzavano esigenze rituali; alcuni *iowo* – bianchi – venivano da lei per comprare le sue sculture. Amebédé Mouleo da principio aveva dato loro solo i pezzi invenduti, ma con il tempo aveva iniziato a produrre espressamente per questo tipo di clienti, sempre attingendo dal proprio repertorio.

L'ultima volta che sono andata a trovarla, si era molto lamentata della debolezza e dei dolori dell'età: «ora mi vedete qui, su questa sedia, ho tolto le conchiglie dalle caviglie e dalle braccia perché sono vecchia e mi danno fastidio, ma una volta non era così, ero molto forte». Non aveva però abbandonato la sua arte che non era stata svilita dalla vendita "profana". Il *vodu* continuava a permeare ogni momento della sua esistenza, era dentro di lei, era lei stessa e quindi poteva decidere come comportarsi e cosa fare delle proprie opere. L'invecchiamento indebolisce la forza spirituale delle sacerdotesse, perché essere a capo di un santuario comporta un lavoro faticoso e incessante, e un coinvolgimento corporeo che a un certo punto può diventare insostenibile. Ciò non significa che perdano il loro intimo legame con le divinità, ma sbiadisce il loro riconoscimento sociale. Amebédé Mouleo aveva però continuato a produrre ceramiche e il commercio con i bianchi le dava qualche soddisfazione.

La distinzione tra sacro e profano non è sancita da una netta linea di demarcazione, il visibile e l'invisibile si compenetrano e cambiano di significato a seconda del contesto, del luogo e del tempo. Per Amebédé Mouleo vendere le terrecotte ai bianchi, non implicava alcun rischio spirituale; semplicemente la aiutava a vivere la sua difficile esistenza e a essere di sostegno ai suoi figli e ai suoi molti nipoti senza lavoro.

7. *Ablossi Tsika*

Amebédé Mouleo guardava ai cambiamenti generazionali con stupore perché, a suo avviso, prendersi cura di ciò che gli antenati avevano lasciato in eredità, rappresentava un dovere ineludibile. Princess si era a lungo opposta al peso del passato ma alla fine era felice di avere cambiato il proprio percorso mentre Fatì sembrava destinata a combattere tutta la vita contro un passato personale e sociale che rischiava di sovrastarla ma attorno al quale ruotava tutta la sua esistenza. Anche Edwige, nella sua casa di Cotonou, era soddisfatta della posizione sociale ed economica che grazie al *vodu* aveva ottenuto, mentre Pauline negoziava tra il desiderio di tagliare i legami con le origini e le occasioni che la sua "cultura tradizionale" poteva offrire.

Alcune adepte e sacerdotesse non sono però felici della propria scelta, ed esprimono apertamente il proprio disagio e la propria insoddisfazione. Questo era il caso di Ablossi Tsika, che ho conosciuto nel 2019 in Togo. Da diciotto anni era tornata nella casa paterna a Kevè, un paesino lungo la strada che collega Lomé a Kpalimé, per occuparsi delle divinità di famiglia. Aveva circa sessant'anni e viveva in una casa isolata. Anche in questo caso ero arrivata da lei grazie a Salissou, originario di un paese a pochi chilometri di distanza, e amico di vecchia data di sua sorella.

Ci aveva accolto con uno sguardo malinconico e mi parve da subito un po' a disagio. Volle sapere se avevamo trovato con facilità la casa, che a suo avviso era troppo isolata e in una posizione infelice. Per raggiungerla bisognava attraversare il vecchio cimitero e quando era piccola, ci disse, ne era molto spaventata: la strada nel buio appariva costellata di lucine, perché un tempo: «vi era l'abitudine di accendere un lumino nel luogo della sepoltura e quando arrivavi la sera potevi credere che ci fossero delle persone, ma in realtà non c'era nessuno. Faceva molta paura».[68]

Mi volle anche spiegare che un tempo era consuetudine seppellire con il cadavere anche gli oggetti che la persona aveva posseduto in vita: le sue collane, le sue perle, ma anche la zanzariera sotto la quale aveva dormito. Ora nel paese si stava pensando di interrompere la consuetudine di seppellire in luoghi separati chi moriva di morte naturale da chi restava ucciso prematuramente in un incidente, perché non sembrava ormai più corretto lasciare questi ultimi da soli nello *zogbe*. I morti di morte violenta però rappresentavano ancora un problema perché a differenza degli altri, che erano riusciti a concludere la loro esistenza e portare a termine ciò per cui erano nati, questi erano sospesi in una dimensione di incompiutezza:

> non sono veramente morti, tu li vedi così come se fossero morti ma non lo sono, l'anima (*gbogbo*) risorge. Escono dalla tomba e possono diventare nuovamente degli esseri umani, possono andare in un'altra città, anche in un altro continente, curarsi le loro ferite; se hanno avuto un incidente andranno all'ospedale, e poi continueranno a vivere. Altri invece possono apparire a qualcuno che li conosce, farsi vedere e poi scomparire per sempre. Altri anco-

---

68. Conversazione con Ablossi Tsika, Kevè, Togo, 4 settembre 2019.

ra non si mostrano ma entrano nella persona prescelta, attraverso la *trance*. A quel punto chi è stato scelto deve installare per loro un altare, dove celebrarli e farli diventare *vodu*. Non si tratta però di una situazione semplice, perché sono spiriti duri e aggressivi, sono persone molto arrabbiate proprio perché sono morti prematuramente, quindi se ti chiedono di fare una cerimonia la devi fare subito. A volte trovi delle cose per terra, dei soldi, delle perle, ma anche un braccialetto, tu pensi di avere trovato per caso una cosa, invece sono loro che te lo hanno fatto trovare.

Ablossi Tsika indossava un braccialetto di ferro, che aveva trovato nel campo dietro casa. Era stato il figlio di suo fratello maggiore, morto prematuramente, a far sì che lei lo trovasse. Suo nipote amava cacciare e soprattutto era solito mettere delle trappole nella boscaglia; un giorno era andato a controllarne una, ma bloccato nel meccanismo c'era un serpente; prima che se ne rendesse conto l'animale lo aveva già morso. L'uomo aveva avuto solo il tempo di arrivare a casa dove era morto.

Non aveva ancora installato l'altare per lui, gli aveva solo messo dell'acqua in un contenitore perché si potesse dissetare. Appena fosse stata in grado, avrebbe svolto una cerimonia sulla riva di un piccolo fiume che passa lì vicino e in quel momento lo spirito stesso le avrebbe detto quale nome attribuirgli e vicino a quale altro *vodu* installarlo. Bisognava capire se la morte era da attribuire ad Ade (il *vodu* della caccia) o a Dan (il serpente).

Ablossi Tsika ci era apparsa un po' depressa, come anche le sue parole sembravano indicare. Ci aveva, infatti, detto che si sentiva scoraggiata perché viveva da sola e ormai era sempre più difficile avere dei clienti che andassero da lei per le consultazioni; passava quindi molto tempo senza lavorare, e ciò era un problema perché le divinità richiedono continue cerimonie e vi sono sempre nuove entità da installare, come appunto lo spirito del nipote, che ancora stava aspettando. Nel suo santuario aveva sia Mami Wata sia Mami Tchamba, installata quest'ultima solo due anni prima, oltre ovviamente alle divinità che erano appartenute al padre.[69] Nell'altare di Tchamba vi erano gli spiriti di tre schiavi, che erano stati acquistati dalla madre di suo nonno. I tre avevano vissuto in famiglia e, come era consuetudine, si erano dovuti poi sposare al suo interno. I discendenti della linea

---

69. Come spiegò anche Ablossi Tsika, vi è una differenza cruciale tra la consapevolezza di essere legati e connessi a un certo *vodu* e il momento in cui s'installa un altare per loro. Solo quando si costruisce l'altare, gli spiriti, i *vodu*, potranno essere pacificati grazie alle cerimonie e ai sacrifici loro offerti.

servile erano quindi ancora parte della loro famiglia allargata e questo era stato il motivo dei molti problemi che avevano afflitto lei e i suoi fratelli:

> loro sono molto arrabbiati con me, con le mie sorelle e i miei fratelli, anche se noi non abbiamo fatto nulla contro di loro e neppure li abbiamo mai insultati perché sono discendenti di schiavi. Non abbiamo, infatti, mai parlato della loro origine né detto a qualcuno che erano discendenti di schiavi. Ora stanno molto bene dal punto di vista economico, molto meglio di noi. Il problema è proprio che non abbiamo subito installato Tchamba e se non lo fai, tutta la fortuna viene indirizzata verso i discendenti degli schiavi, mentre agli altri arriva solo la sfortuna. Questo me lo ha spiegato l'*houno* di Tchamba che è venuto due anni fa per installare il *vodu*. I discendenti erano a tal punto arrabbiati, che hanno provocato la morte di uno dei miei fratelli maggiori e hanno fatto in modo che da me non venissero più i clienti e che quindi non avessi più neppure quei pochi soldi che riuscivo a guadagnare grazie ai *vodu*.
> Alcuni di loro vivono qui a Kevè, alcuni in Ghana e uno, il più ricco, vive in Costa D'Avorio ed è un commerciante. Quelli che vivono qui sono anche loro commercianti, mentre gli altri sono funzionari dello Stato. Da quando abbiamo Tchamba le cose vanno un po' meglio e anche loro si sono un po' calmati.[70]

Erano stati proprio gli spiriti degli schiavi che, mossi dall'odio nei confronti dei loro antichi padroni, trasmettevano la rabbia ai discendenti che si vendicavano di ciò che era accaduto in passato usando la stregoneria. Era normale, succedeva sempre così e per tale motivo era importante non trascurare Tchamba.

Il racconto di Ablossi Tsika mostra la rete che si può costituire tra entità invisibili, lignaggio e soggetto, dove quest'ultimo diventa il responsabile e il garante del destino della propria famiglia. La continuità tra le generazioni e la loro salvaguardia era un tempo centrale nella trasmissione dei culti mentre oggi appare in crisi, proprio per il disgregarsi della dimensione familiare. Tchamba cerca di ricucire gli strappi provocati dalla storia recente e dalla diffusa pratica della schiavitù domestica; tenta di negoziare una pace tra le componenti padronali e servili delle famiglie, con risultati spesso incerti ma che hanno comunque una certa ricaduta sociale, poiché costringono a riaprire un dialogo.

Nella sua vita precedente, Ablossi Tsika era stata una commerciante di tessuti. Grazie al suo lavoro aveva conosciuto un uomo del nord, con

---

70. Ablossi Tsika, Kevè, Togo, 4 settembre 2019.

cui si era poi sposata. Aveva continuato a viaggiare tra i due estremi del paese, portando avanti con successo la sua attività commerciale. Un giorno però, senza alcun motivo, il marito l'aveva cacciata di casa. Attraverso la divinazione aveva capito che i responsabili del fallimento del suo matrimonio erano i *vodu* di suo padre, i quali volevano che lei tornasse a casa e si prendesse cura di loro. Lei però non aveva la minima intenzione di cambiare vita, perché la sua attività procedeva per il meglio e riusciva a cavarsela anche senza marito. Aveva quindi deciso di non ascoltare quello che le era stato detto.

Poco alla volta però i suoi commerci erano entrati in crisi e alla fine era stata sopraffatta dai debiti. Non le era restato nulla, a parte "25 franchi", sufficienti per comprare un sacchetto d'acqua, come ci disse ironicamente. Dovette quindi, suo malgrado, tornare nella casa paterna. Anche qui però la situazione non era rosea, perché la casa era ormai disabitata e lei non aveva più neppure i soldi per comprarsi da mangiare. Aveva venduto i propri vestiti, le stoviglie e tutto quello che le rimaneva dal passato. Aveva anche capito che doveva agire e accettare ciò che la consultazione aveva già detto: doveva prendersi carico delle divinità del padre.

Era stata così riluttante, perché si ricordava di suo padre che aveva vissuto un'esistenza difficile, schiacciato dalle regole e dai divieti che i *vodu* gli imponevano. Anche lei avrebbe dovuto rinunciare a molte cose, come ad esempio mangiare *pate* (polenta di mais o di manioca), il taro, il pesce affumicato, l'olio rosso e molti altri ingredienti che, ci disse, rendono il cibo appetitoso. Avrebbe dovuto rispettare delle rigide pratiche corporee, come mantenersi pura e avere rapporti sessuali solo nei giorni fissati ritualmente; non era poi libera di andare a bere un bicchiere con gli amici, come faceva un tempo, quando era solita uscire la sera e andare a ballare.

Si chiedeva con rammarico perché le divinità avessero scelto proprio lei. Aveva, infatti, una sorella minore che sin da bambina era stata sottoposta a rituali iniziatici, perché nel momento del parto la madre aveva capito che quella nascita era stata voluta da Dan.

Quando erano piccole, il padre si era occupato solo della sorella, svolgendo tutte le cerimonie necessarie, mentre lei, dal punto di vista spirituale, era stata completamente trascurata. Grazie alle attenzioni rituali ricevute, la sorella aveva studiato e aveva avuto fortuna; era riuscita a emigrare verso l'Italia e lì si era "sposata con un bianco". Era poi tornata in Togo, ma nonostante la separazione, il marito continuava ogni mese a mandarle dei soldi. Aveva posto la questione al *bokono*, il quale le aveva risposto che il suo cuore era più libero e più generoso di quello della sorella e quindi i *vodu* avevano preferito lei.

La famiglia è sullo sfondo delle vicende di tutte le donne incontrate in queste pagine, anche se non siamo più nel quadro descritto da Rouget, quando l'ingresso di una figlia o un figlio in un convento garantiva il benessere e il prestigio dell'intero gruppo. Oggi le famiglie sono molto spesso disgregate, non solo perché i mariti lasciano le mogli, ma anche perché i fratelli e le sorelle si allontanano dalla casa famigliare, qualcuno si arricchisce mentre qualcuno resta povero, qualcuno non è più interessato a sacrificarsi con una vita dedita al culto e qualcuno è geloso.

Anche le prospettive sul passato e sulla storia condivisa possono divergere. La rabbia dei discendenti degli schiavi è una questione molto sentita in questa regione e spiega anche la diffusione di Tchamba, un culto che si propone in qualche misura di placare i conflitti. La logica è quindi ancora quella di "sacrificarsi" per il gruppo, alla ricerca di un'armonia tra le parti. A differenza di quanto capitava un tempo però, molti sono disinteressati e talvolta spaventati dalla religione tradizionale, per cui chi si fa carico dei *vodu* familiari non acquisisce quel prestigio e non suscita quella riconoscenza che si aspetterebbe da parte degli altri.

Fatì raccontava, ad esempio, che alcuni parenti la detestavano perché la sua adorazione di Tchamba aveva svelato ciò che molti avrebbero preferito dimenticare. La rievocazione periodica del passato, messa in scena durante le cerimonie, rendeva noto a tutti che nella famiglia vi erano stati degli schiavi, e si tratta di una memoria ancora oggi stigmatizzante.

Conclusione. Religione, femminismo e autonomia

1. *Religione e femminismo*

> Il discorso dominante al giorno d'oggi è che le "nostre donne" (occidentali, cristiane, bianche o "sbiancate" e cresciute nella tradizione dell'illuminismo secolare) sono già state liberate e quindi non hanno più bisogno di incentivi sociali o politiche di emancipazione. Le "loro donne" (non occidentali, non cristiane, per lo più non bianche e non sbiancate, oltre che estranee alla tradizione illuminista), invece, sono ancora arretrate e hanno bisogno di essere oggetto di speciali provvedimenti di emancipazione, o anche di più bellicose forme di "liberazione forzata".[1]

Con queste parole Rosi Braidotti introduceva il numero della rivista *Theory, Culture & Society* dedicato alla svolta postsecolare nel pensiero femminista. L'esigenza di includere la spiritualità e la religione all'interno del dibattito nasceva da considerazioni di ordine filosofico ma anche da una risposta politica a una spinta razzista e islamofobica che nel primo decennio del 2000 stava scuotendo il mondo.

Il femminismo europeo si era sempre definito laico perché lo spazio della religione era stato interpretato come uno dei luoghi dell'oppressione femminile e del consolidamento del patriarcato. L'articolo voleva mettere in discussione la dimensione secolare imposta al femminismo e denunciare il razzismo e il colonialismo, impliciti nell'umanitarismo europeo e nel progetto illuminista. L'invito era quindi quello di accogliere la spiritualità all'interno del femminismo e di abbandonare la convinzione secondo cui la secolarizzazione fosse il requisito primo di qualsiasi uguaglianza di gene-

---

1. Braidotti, *In spite of the times*, p. 1.

re, di qualsiasi rivendicazione di autonomia e di ogni possibile espressione dell'agentività femminile.

Riteorizzare la nozione di *agency*, includendo tra i fattori che contribuiscono alla costruzione delle soggettività femminili anche le differenti forme dell'agire in ambito religioso, implica liberarsi delle contrapposizioni dicotomiche secondo cui l'emancipazione si produce dal confronto con una realtà fattuale a cui opporsi e dall'idea che l'*agency* e l'autonomia delle donne possano nascere solo da una critica in senso negativo della realtà. La soggettività non può essere definita solo come produzione di una contro-soggettività,[2] ma deve essere pensata come un processo autopoietico che costringe a continue e complesse negoziazioni con i valori e le norme prevalenti e quindi con differenti forme di responsabilità e coinvolgimento sociale, come aveva già messo in luce Sabah Mahmood.[3]

La svolta post-secolare di cui ha scritto Braidotti amplia la possibilità di analizzare la vita delle donne, di quelle che appartengono a contesti sociali non liberali ma anche di quelle che compiono scelte che appaiono muoversi in direzione opposta a quella emancipatoria. In un recente articolo, Katrine Smiet ha affrontato questo tema, partendo dalla differente ricezione che la storia di Sojourner Truth ha avuto tra le studiose femministe.[4] Il discorso che tenne nel 1851 alla Conferenza sui diritti delle donne di Akron in Ohio, divenuto famoso con il titolo *Ain't I a woman* è oggi uno dei passaggi obbligati del femminismo contemporaneo. In quell'occasione Sojourner Truth spostò l'attenzione dell'assemblea sulla propria esperienza di donna nera ed ex-schiava; il suo l'interrogativo «non sono io una donna» sfidava il modello femminile adottato da quella conferenza e più in generale dal movimento delle donne bianche, che in quel consesso rivendicavano i loro diritti di emancipazione dal domi-

2. Ivi, p. 2.
3. Nel suo lavoro etnografico tra il movimento delle donne della moschea del Cairo, in Egitto, Mahmood mostrava come la preghiera e l'uso del velo fossero pratiche non semplicemente imposte dai modelli coercitivi patriarcali, ma forme d'incorporazione consapevolmente messe in atto dalle donne per raggiungere un ideale di sé virtuoso. L'*agency* che le donne della moschea riuscivano a esprimere, in modo apparentemente paradossale rispetto ai discorsi che il femminismo occidentale aveva sviluppato e a una generale tendenza a identificare la religione islamica quale *topos* della subordinazione femminile, «non era sinonimo di resistenza alle relazioni di dominio ma una capacità di azione resa possibile e prodotta dalle relazioni di subordinazione storicamente determinate» (Mahmood, *Feminist theory*, p. 203).
4. Smiet, *Post/secular truths*.

nio maschile. Negli anni Settanta e Ottanta del Novecento, la storia di Sojourner Truth è divenuta una fonte d'ispirazione soprattutto per il femminismo nero, perché le sue parole avevano già sottolineato l'urgenza di intersecare la discriminazione di genere con quello prodotta dal razzismo e dalla classe.[5]

Anche le teologhe femministe, come Elisabeth Fiorenza e Jacquelyn Grant, hanno fatto proprie le parole di Sojourner Truth, costruendo però un discorso sull'intersezione tra religione e femminismo.[6] Almeno quattro sono i temi d'interessi nel discorso di Sojourner Truth ad Akron. Aveva innanzitutto ricordato che come madre nera e schiava era stata abbandonata da tutti ad eccezione di Gesù, l'unico capace di ascoltare le sue grida di dolore e sofferenza. In secondo luogo, aveva risposto a un prete presente tra il pubblico, il quale le aveva ricordato l'identità maschile di Gesù, dicendo: «da dove viene il tuo Cristo? Da Dio e da una donna, l'uomo non ha nulla a che vedere con tutto ciò».[7] Aveva poi fatto riferimento al peccato originale di Eva, suggerendo che fosse necessario leggerlo in chiave positiva, come un segno di quanto la forza femminile dovesse essere impiegata per combattere le ingiustizie. Infine, aveva affermato «nessun uomo mi potrà guidare», frase che poteva essere letta come una sfida all'idea «che gli uomini fossero gli ovvi e naturali capi della chiesa e della famiglia».[8] Questi temi s'intersecavano con la lotta per i diritti delle donne e forgiavano la sua stessa vita, dedicata, come il suo nome suggeriva, alla predicazione itinerante.[9]

---

5. Ad esempio, bell hooks ha fornito un quadro storico che, partendo dalla schiavitù e arrivando all'oggi, mostrando l'invisibilità delle donne nere nel movimento femminista (bell hooks, *Ain't I a woman*). Anche Kimberlé Crenshaw ha usato la storia di Sojourner Truth per evidenziare i limiti di un femminismo costruito attorno all'esperienza delle donne bianche (Crenshaw, *Demarginalizing the intersection*). Era l'intersezione tra genere e razza ciò che più interessava a queste studiose, come anche ad Avtar Brah e Ann Phoenix e Nina Lykke, mentre la dimensione religiosa delle parole di Sojourner Truth era stata tralasciata, dando quindi spazio a una lettura esclusivamente secolare (Brah, Phoenix, *Ain't I a woman?*; Lykke, *Feminist Studies*).

6. Fiorenza, *Jesus: Miriam's Child*; Grant, *White Women's Christ*.

7. Smiet, *Post/secular truths*, p. 11.

8. Ivi, p. 12

9. I punti di contatto tra le teoriche e le teologhe femministe sono molteplici ma le seconde sono ancora vittime di un certo isolamento intellettuale (Ivi, p. 15). Il femminismo secolare, scrive Smiet, rifacendosi alla svolta post-secolare invocata da Braidotti «non ha escluso solo il femminismo musulmano ma anche, per esempio, quello cristiano ed ebreo» (ivi, p. 9).

Nella storia di Sojourner Truth, il linguaggio religioso, all'epoca condiviso da gran parte della popolazione, quindi anche dal nascente movimento femminista, non era stato motivo di esclusione ma di riconoscimento. La teoria femminista novecentesca sembra quindi aver trascurato un lungo e preesistente percorso di coesistenza tra la religione e il movimento delle donne.

Seguire l'asse della religione e intersecarlo con quello della razza è quanto mai necessario in un'epoca, come quella attuale, in cui le differenze religiose e culturali sono sempre più utilizzate e manipolate come argomento per rafforzare l'esclusione dell'altro. L'appartenenza religiosa è stata storicamente usata per razionalizzare la discriminazione e l'esclusione, rafforzando fenomeni di neorazzismo o di razzismo culturale.[10] Il razzismo quindi oltre a seguire la linea del colore ha attinto nuova energia dal "dogma", cioè si è rivitalizzato esasperando le differenze di idee, credenze e pratiche religiose. Si tratta di atteggiamenti radicati nella storia, come ben evidenzia il caso della persecuzione degli ebrei dove, un'identità meramente religiosa, o al limite ideologica, nel corso del diciannovesimo secolo è stata biologizzata a tal punto da lasciare, secondo il discorso razzista, tracce evidenti e riconoscibili sui corpi delle persone.[11]

Descrivere le donne come soggetti vulnerabili o mere vittime di sistemi politici oppressivi e di forme religiose retrive, significa dare per scontata la loro posizione di subalternità e negare la dimensione politica e sociale delle loro agire. È una forma di colonizzazione che ancora attraversa le rappresentazioni dei soggetti altri e che oggi è sempre più evidente quando questi si avvicinano come migranti o rifugiati ai confini europei.[12]

È necessario allo stesso tempo tenere sotto controllo la tendenza a «cercare espressioni e momenti di resistenza che possano suggerire una sfida al dominio maschile» in quei contesti dove «un'esplicita *agency* femminista è difficile da localizzare».[13] Significherebbe, infatti, asserire che vi sia una sola e possibile via all'agire politico, riconducendo quindi, ancora una volta, quei soggetti che non aderiscono a un modello emancipatorio di stampo liberale, in una posizione di subalternità, oppure sovrainterpretando una loro, anche solo «inconscia», consapevolezza femminista.[14]

10. Balibar, *Is there a 'neo-racism'?*.
11. Medovoi, *Dogma-line racism*.
12. Mohanty, *Under Western eyes*; Pinelli, *Migranti e rifugiate*.
13. Mahmood, *Feminist theory*, p. 206
14. I culti di possessione hanno affascinato molte studiose femministe perché in essi si cercava la conferma di una visione teleologica dell'emancipazione femminile. Mahmood

Una seconda trappola in cui si può cadere è quella di tipo "nativista" che porta a immaginare un passato di piena autonomia e autocoscienza femminili, poi distrutti dalle politiche coloniali e prima ancora dalle predicazioni dei missionari. Con gli anni Settanta del Novecento, la "religione tradizionale" è stata al centro dell'interesse di parte dell'antropologia femminista in quanto luogo privilegiato del potere e della forza femminile e quindi prova della progressiva emarginazione della donna, di fronte al concomitante avanzare delle religioni universali (si faceva riferimento sempre a quella cristiana) e delle imposizioni coloniali.[15]

L'attenzione si è focalizzata quindi sulle religioni tradizionali perché sembravano rappresentare un ambito non ancora corrotto dall'incontro con il cristianesimo e soprattutto sui culti di possessione, in quanto luoghi d'eccezione all'interno dei quali le donne potevano acquisire posizioni di prestigio e di potere ma soprattutto riconfigurare la loro subalternità, secondo principi affini all'ideologia emancipatoria occidentale.[16]

---

citava, ad esempio, Janice Boddy sui culti *zar*, presentati dall'antropologa proprio come uno spazio emancipatorio (*ibidem*). In un contesto dove l'ideologia maschile e islamica dominante lasciava le donne in posizione di subordinazione, la possessione sembrava fornire la parola e la possibilità di dare spazio a una differente coscienza di sé. Secondo Boddy: «usano forse inconsciamente, forse strategicamente, quello che noi in Occidente potremmo definire strumenti di oppressione come mezzi per asserire i loro valori sia collettivamente, attraverso le cerimonie che organizzano e mettono in scena, sia individualmente, nel contesto della loro vita coniugale, in tal modo enfatizzando la loro dinamica complementarietà con gli uomini. Ciò è in sé un modo di resistere e di stabilire dei limiti alla dominazione» (Boddy, *Wombs and Alien Spirits*, p. 345).

15. Si trattava di un discorso di più ampio respiro e che diede il via a una generazione di studi sulle questioni delle disuguaglianze di genere. Alla base vi erano i lavori di ispirazione marxista che storicizzavano le condizioni economiche e politiche della subordinazione femminile. In tale contesto politico e culturale si diffuse anche una certa tendenza a idealizzare alcune società come luoghi privilegiati di una primordiale uguaglianza sessuale, poi distrutta appunto dall'incontro coloniale. Si veda tra le altre: *Readings*.

16. Si veda tra gli altri: Berger, *Rebels or status seekers?*; Behrend, Luig, *Spirit Possession*. La trance era letta come un coacervo di contraddizioni, dove la rappresentazione rituale poteva sovvertire le pratiche della vita quotidiana, quindi fornire una valvola di sfogo (Lewis, *Ecstatic religion*), un luogo di resistenza culturale (Boddy, *Wombs and Alien Spirits*) o uno spazio all'interno del quale riequilibrare le relazioni coniugali (Lambek, *Spirits and spouses*). Altri studi avevano invece messo in luce come i rituali di possessione avessero la potenzialità di immaginare in una nuova luce i ruoli di genere e di dare voce alle ambivalenze insite nel potere generativo femminile (Drewel, Drewel, *Gelede*; Apter, *Black critics*; Matory, *Rival Empires*).

Gli studi sull'Africa a sud del Sahara hanno a lungo sottolineato come la posizione delle donne nella società sia stata messa in crisi dai cambiamenti politici ed economici del Novecento.[17] Secondo alcuni autori non vi sono però evidenze storiche di un effettivo declino femminile durante il secolo scorso. Le fonti relative all'epoca coloniale sono abbondanti, ben discusse, e mostrano come le dinamiche di genere siano state condizionate dai cambiamenti economici e politici indotti da colonialismo.[18] Quelle relative al periodo precedente sono meno approfondite, e quindi l'analisi del cambiamento risulta spesso basato su presupposti ideologici e che comunque implicano l'aprioristica convinzione di un passato di più compiuta autonomia femminile.[19]

D'altra parte, anche nell'ambito della religione cristiana, a lungo identificata come quella forza egemone che, promulgando la famiglia nucleare, le aveva relegate nel ruolo di madri e mogli, le donne hanno svolto un profondo lavoro di riconfigurazione della loro soggettività. Nell'affermare il primato della monogamia, della fedeltà, dell'intimità coniugale, le chiese cristiane hanno offerto la possibilità di prendere decisioni che fossero più in sintonia con i loro sentimenti e desideri, come ad esempio quello di sottrarsi alla poligamia.[20] Le chiese d'impronta pentecostale di seconda generazione, i *born again*, ad esempio, hanno posto al centro delle retoriche sui ruoli di genere l'importanza del successo personale e della realizzazione individuale delle donne.[21]

17. Come scrive Berger, nonostante la varietà delle condizioni economiche e sociali in cui le donne hanno vissuto e dei differenti contesti politici, prima della colonizzazione, «praticamente ovunque, alle donne, superata l'età della procreazione, era garantita ampia libertà e autorità, sia all'interno della famiglia sia nella vita pubblica» (Berger, *Women*, p. 3).
18. Si veda: Allman, *Rounding up spinsters*; Allman, Tashjian, *I will not eat stone*
19. Boni, *Twentieth-century transformations*, pp. 15-21.
20. Maria Frahm-Arp ha mostrato come in Sud Africa, in alcuni contesti di marginalità, le donne che aderivano alle chiese pentecostali fossero riuscite, grazie alle regole di disciplina corporea di ispirazione puritana, a riconfigurare la propria identità e a immaginare nuove forme di esistenza (Frahm-Arp, *Professional women*). Si veda anche: Gaitskell, *Gender, power*. Alcuni movimenti religiosi d'ispirazione cristiana avevano invece offerto la possibilità di accedere a importanti posizioni di responsabilità (Jules-Rosette, *Women in Indigenous*) e di diventare leader di nuovi movimenti religiosi (Sackey, *Aspects of continuity*).
21. Negli anni immediatamente successivi all'indipendenza alcune chiese ghanesi avevano contribuito a rafforzare la retorica nazionalista che sosteneva l'ideologia della «complementarietà di genere», secondo la quale era necessario valorizzare le "naturali" virtù femminili, in qualche misura complementari a quelle maschili, e promuovere un'idea della donna dedita alla costruzione della dimensione domestica e alla pacificazione dei

2. Agency e *autonomia*

Il femminismo laico aveva dunque identificato la religione come l'istituzione che più era stata complice del patriarcato, non solo strutturando i contenuti a cui fare riferimento, ma anche condizionando il modo di percepirli. La religione agisce però secondo linee ben più complesse di quelle prodotte da una semplice opposizione dicotomica e le sue pratiche si possono discostare dai discorsi egemoni o comunque prevalenti, e anche quando sono in perfetta sintonia con essi, la pratica religiosa può sempre produrre uno scostamento dalla norma.

Il caso dei culti di possessione africani s'inscrive in un contesto culturale profondamente diverso da quello musulmano di cui scrive Mahmood, e benché anche qui la struttura politica dominate sia di tipo patriarcale, la religione ha storicamente rappresentato uno spazio di consapevole acquisizione del potere sia per le donne sia per gli uomini. L'*agency* delle donne coinvolte nei culti tradizionali, come quelli *vodu*, per quanto prodotta da forme di potere storicamente determinate e in un generale ambito di dominio maschile, si manifesta con un linguaggio esplicito, seppur limitato dai vincoli della consuetudine e della tradizione. Si tratta di una forma di agentività che si esprime sotto «il peso della consuetudine, della tradizione, dei voleri trascendentali o di altri ostacoli (sia individuali sia collettivi)», ritenuti dal pensiero liberale-progressista come "naturalmente" contrari all'espressione di un'autonomia personale.[22]

È necessario dunque interrogarsi sul concetto di autonomia e di libertà che sono stati normativi nel femminismo, così come lo sono nel liberismo, per cui chiunque o qualsiasi cosa cerchi di limitare la libertà femminile è messa al bando o sottoposta a dura critica. Mahmood ripercorre la classica distinzione tra libertà negativa e positiva, percorso che è utile affrontare anche in questa sede. La libertà negativa fa riferimento a una situazione di assenza d'impedimenti e di costrizioni, mentre quella positiva intende la possibilità di "autodeterminazione" o di "autonomia" del soggetto libero dal peso della tradizione o da forze normative di ordine superiore, in grado quindi di orientare la propria volontà verso uno scopo, senza essere condizionato

---

conflitti. Il neopentecostalismo ha invece liberato le donne dalla sfera dell'intimità e le ha spinte verso la realizzazione di una soggettività competitiva, di impronta neoliberale (Soothill, *Gender, social change*, pp. 135-136).

22. Mahmood, *Feminist theory*, p. 206.

da altri; quindi la prima qualifica l'azione umana e la seconda la volontà.[23] La concezione positiva di libertà è stata adottata nei progetti di storiografia femminista miranti a cogliere quei percorsi storici e culturali dove le donne hanno dimostrato la capacità di muoversi indipendentemente dalle norme patriarcali o dal volere degli altri, esprimendo quindi una volontà libera da quella di altri soggetti. La concezione negativa ha invece interessato quegli studi di genere che hanno tentato di identificare gli spazi in cui le donne vivono in modo indipendente dall'influenza maschile e dalla loro coercitiva presenza, all'interno dei quali hanno effettiva libertà di azione.

Entrambe le concezioni sono state naturalizzate negli studi di genere, anche quando il concetto di autorealizzazione è stato riconfigurato secondo un approccio intersezionale che tenga in conto anche la classe, la razza e l'etnicità. Mahmood è andata oltre le indicazioni suggerite da un approccio intersezionale, nel tentativo di separare il concetto di autonomia da quello di auto-realizzazione e per liberare la nozione di *agency* dall'obiettivo progressista delle politiche emancipatorie. Come lei stessa scrive, si tratta di superare anche le teorie post-strutturaliste che restano ancora fortemente impregnate dall'idea di un'*agency* espressa in termini di resistenza alle norme sociali.[24]

Le pratiche che portano ad acquisire le virtù della modestia, della timidezza e dell'umiltà tra le donne della moschea del Cairo, pur essendo associate a un'idea di passività femminile e quindi lontane da un ideale emancipatorio di stampo progressista, sono lo strumento attraverso il quale esse affermano la loro presenza in spazi precedentemente solo maschili.[25]

---

23. Secondo Bobbio, per «libertà positiva» s'intende la situazione in cui «un soggetto ha la possibilità di orientare il proprio volere verso uno scopo, di prendere delle decisioni, senza essere determinati dal volere altrui», mentre con libertà negativa «la situazione in cui un soggetto ha la possibilità di agire senza essere impedito, o di non agire senza essere costretto, da altri soggetti», quindi assenza d'impedimento e di costrizione, che consiste nel fare o non fare tutto ciò che le leggi permettono o non proibiscono (Bobbio, *Della libertà*).

24. A questo fine, infatti, partiva da un richiamo al lavoro di Judith Butler per tentare una riformulazione del concetto di potere attraverso l'esplicitazione del paradosso dell'assoggettamento. Le condizioni e le pratiche che assicurano la subordinazione di un individuo sono anche gli strumenti attraverso i quali può diventare un agente autocosciente: è lo spazio di libertà all'interno del quale il soggetto può muoversi (Butler, *The psychic life of power*).

25. Mahmood, *Feminist theory*, p. 206. Come sintetizza Barbara Pinelli (*Migranti e rifugiate*, p. 82), Mahmood, partendo da questi presupposti, aveva compreso come la teoria femminista non potesse pensarsi solo come libertà dai rapporti di dominio ma dovesse

La concezione di *agency* di stampo liberale impedisce soprattutto di comprendere la vita di tutte quelle donne le cui aspirazioni, i cui desideri e progetti sono modellati da tradizioni non liberali, in ambiti segnati da stringenti vincoli di tipo mistico, sociale e di genere. La distanza che esiste tra le donne della moschea e le donne del *vodu* è profonda da molti punti di vista, ma entrambe sono coinvolte in una tradizione religiosa di impronta patriarcale che impone limiti materiali alla loro capacità di azione, a partire dal luogo in cui devono vivere, passando per ciò che possono o non possono mangiare, fino ad alcuni aspetti della loro vita sessuale. Le donne non oppongono resistenza a tali limiti ma all'interno di questi esprimono la capacità di azione che «le relazioni di subordinazione storicamente specifiche consentono e creano».[26] Non si tratta quindi di trovare un'atavica dimensione femminista nella religione tradizionale africana ma di comprendere come le donne agiscano all'interno dei suoi limiti e nel rispetto delle sue regole.

Le scelte delle sacerdotesse *vodu* devono quindi essere intese come espressione di autonomia individuale o si deve fare riferimento piuttosto a una forma di autorealizzazione attraverso la trasformazione del sé? E quale concezione d'individuo è sottesa alle nozioni di libertà positiva e negativa? Se l'individuo è pensato come relazionale e "rizomatico" la libertà di azione e di volontà sono realizzabili? Vi è poi la questione dell'individualizzazione o della singolarità, quindi di individui che cercano la realizzazione di sé stessi, svincolati dai legami famigliari, condizione ormai comune in occidente e sempre più presente anche in Africa occidentale.[27]

---

ripensare la relazione tra «desiderio e autoformazione, performance e costruzione del soggetto, *agency* morale e incorporazione» (ivi, p. 203).

26. Mahmood, *Feminist theory*, p. 203

27. Il dibattito interno al femminismo sui concetti di libertà e autonomia è stato particolarmente fecondo e, come ricordano Cecilia D'Elia e Giorgia Serughetti, ci offre un ricco patrimonio a cui attingere (D'Elia e Serughetti, *Libere tutte*, pp. 36-37). Nell'ambito del femminismo italiano si può ricordare Adriana Cavarero che ha lavorato su un'idea di soggetto distante da quello della tradizione occidentale, ma da alcuni punti di vista, più vicina ad alcune concezioni della tradizione africana. Cavarero parla, infatti, della possibilità di pensare a una «soggettività aperta e relazionale», dove il soggetto libero e razionale lascia il posto a «una soggettività strutturalmente caratterizzata da esposizione e dipendenza», un soggetto quindi che nasce vulnerabile, dipendente e relazionale (Cavarero, *Inclinazioni*, p. 170). Judith Butler, analogamente ha dedicato parte del proprio lavoro alla critica del soggetto autonomo come presupposto per ripensare alla possibilità dell'esistenza, a partire dall'idea della natura intrinsecamente dipendente degli esseri umani, perché la stessa condi-

Autonoma è colei o colui che ha riflettuto «sui propri desideri, motivi, considerazioni, sentimenti», e che ha «preso le sue decisioni in base a motivazioni proprie»; per cui forse «un aspetto importante della ricerca di autonomia è quello dedicato alla modalità di riflettere sulla propria vita allo scopo di conoscersi».[28] Tutte le sacerdotesse incontrate indagavano con ostinazione sulla propria esistenza, perché il processo di divinazione, il bisogno di interrogare le divinità e gli antenati, per conoscere il proprio destino non è altro che un modo per scrutare nella propria interiorità.

Fatì si era chiesta sin da giovane quale fosse il migliore percorso da seguire, che nel suo caso si traduceva con la giusta divinità a cui dedicarsi. Le sue domande nascevano dal desiderio di trovare un po' di pace e di riuscire ad appianare alcune delle asperità che emergevano lungo il suo percorso esistenziale. Da Mami Wata, che l'aveva svincolata gradualmente dai rapporti famigliari acquisiti, era passata a Tchamba (a Fatì, lo spirito della sua antenata), grazie alla quale aveva iniziato un reale percorso d'indagine di sé, dato che Fatì-antenata viveva dentro Fatì-sacerdotessa, si confondeva con lei, con le sue esigenze alimentari e con le sue capacità linguistiche. In tal modo aveva individuato altre entità spirituali da investigare e ciò l'aveva portata ad ampliare il proprio orizzonte esistenziale, a incontrare nuove persone e a viaggiare alla ricerca delle tracce lasciate dall'antenata. Il suo percorso non era ancora terminato, poiché stava per concludere – forse – un nuovo processo di iniziazione i cui esiti non possiamo ancora conoscere, ma si muoveranno molto probabilmente in direzione di un aumento della complessità e non verso una semplificazione della sua realtà quotidiana. Si moltiplicheranno le restrizioni e i tabu, e il suo corpo diventerà sempre più uno specchio di una personalità frammentata nei legami di analogia tra ciò che è interno e ciò che è esterno a sé. Fatì agisce in obbedienza ai comandi del potere mistico ma la sua vita appare come una pratica di sofferta libertà e un tentativo estremo di prendersi cura di sé.

---

zione dell'essere pone l'individuo in una posizione d'interrazionalità e di aprioristico spossessamento (Athanasiou and Butler, *Dispossession*, p. 1). D'Elia e Serughetti ricordano, d'altro canto, che pensare a una «diversa nozione di soggetto» consente di assumere «una diversa visione di ciò che significa l'agire libero, collocandolo in un contesto di relazioni e di condizionamenti che influenzano tanto i comportamenti quanto il modo di pensare, attraverso l'interiorizzazione di schemi cognitivi o di pregiudizi» (D'Elia e Serughetti, *Libere tutte*, p. 37).

28. Rigotti, *L'era del singolo*, p. 16.

Indubbiamente per lei non è concepibile né la libertà di scegliere né quella di rifiutare l'iniziazione; non vi è quindi spazio in questo contesto né per un'idea di libertà intesa nella forma negativa né in quella positiva. La divinazione fornisce una varietà finita di risposte, e il dialogo strutturato attorno a continue domande e altrettante possibili soluzioni permette poi al singolo, aiutato in questo lavoro di discernimento dai divinatori, di interrogarsi sui propri desideri, motivi e sentimenti. Ciò che manca però è la possibilità di prendere decisioni sulla base di motivazioni proprie, dove con "proprie" si intende una totale mancanza di condizionamenti esterni, o almeno la convinzione che non ve ne siano.

Tutte le sacerdotesse affermano, infatti, che le loro scelte non sono il frutto di una decisione, appunto, autonoma, ma sono indotte dalle forze mistiche davanti a cui, anche chi aveva cercato di sottrarsi, come Princess e Ablossi Tsika, alla fine con differenti gradi di soddisfazione personale, deve capitolare. Non si tratta quindi di una volontà che si determina da sé, perché non è autonoma. Allo stesso tempo, la decisione di Princess di lasciare il marito, la casa, la chiesa e la famiglia, di abbandonare il mondo del lavoro, di sottrarsi alle regole del vivere comune per seguire la propria vocazione è una scelta di autonomia anche se spiegata con il linguaggio della costrizione. Princess ha dato avvio a una trasformazione di sé stessa al fine di raggiungere uno stato caratterizzato da felicità, perfezione e immortalità.[29] Lei stessa si definisce finalmente libera, dove la sua libertà consiste nell'avere avuto la possibilità di scegliere che tipo d'individuo essere: avrebbe potuto continuare a contrastare questo desiderio, traducibile anche in termini d'ingiunzione mistica, e persistere nella sua vita di fedele pentecostale e di madre di famiglia.

Ablossi Tsika è indubbiamente meno felice della svolta che la sua vita, quasi venti anni fa, aveva avuto. Ciò non di meno, ha la consapevolezza che la sua condizione le consentirà di sviluppare quell'individuo moralmente migliore, con un cuore puro, che già lei era da giovane, come anche i divinatori le hanno ricordato.

A questo punto è necessario chiedersi nuovamente quale sia la concezione d'individuo, perché in tal modo possiamo addentrarci nel-

---

29. Il riferimento è a Michel Foucault, il quale definiva le tecniche del sé, come: «quelle tecnologie che permettono agli individui di eseguire [...] un certo numero di operazioni sul proprio corpo e sulla propria anima [...] e di realizzare in tal modo una trasformazione di se stessi allo scopo di raggiungere uno stato caratterizzato da felicità, purezza, saggezza, perfezione o immortalità» (Foucault, *Un seminario con,* p. 13).

le sfumature proprie al concetto di autonomia. Nel capitolo precedente è emersa la geografia di un soggetto non compatto ma "rizomatico", relazionale, aperto e in parte eterodiretto da forze potenti, interne ed esterne al sé. Torno per un momento alla società "occidentale", dove l'individuo appare oggi disintegrato in un «reticolo di relazioni», dove l'io cartesiano che costruiva il mondo grazie alla percezione di sé non è più, e l'individuo, divenuto «dividuo», viene controllato da modernissimi sistemi analoghi «ad antichissime pratiche di addomesticamento e di disposizione all'autoaddomesticamento, tornate alla ribalta in virtù della disponibilità del popolo/gregge a sottomettersi e adeguarsi a forti misure disciplinari».[30] Rigotti parla oggi di una resa, di un desiderio di abbandonarsi «nelle mani dei governanti per dedicarsi al cesellamento del proprio sé singolare».[31] Ma l'individuo in "occidente" sembrerebbe abbandonarsi a un sistema disintegrante.

Le storie delle sacerdotesse sono contemporanee pratiche di autoaddomesticamento, o meglio pratiche di dolorosa costruzione del sé; in alcune di loro si può intravedere anche un desiderio di abbandono, di resa, come nelle parole di Princess e di Ablossi Tsika, le quali hanno combattuto contro il legame ancestrale rappresentato dal *vodu*, e ora si sentono libere perché finalmente si sono arrese e sottoposte alle sue misure disciplinari.

Anche loro in certa misura cesellano il proprio sé, ma l'obiettivo non pare la costruzione della singolarità, bensì il recupero di un legame con il passato, per intensificare la dimensione relazionale della propria soggettività, riallacciando i fili di una continuità interrotta dagli eventi della storia recente, come nel caso di Tchamba, oppure lanciandoli verso una futura modernità di ricchezze e avventure, come nel caso di Mami Wata. In entrambe le relazioni, la rete in cui è inserito il soggetto è estroflesso, si estende ad altre entità, umane e non umane, agli antenati e ai figli, in una costruzione del sé che, a differenza di ciò che avvie-

---

30. Il riferimento è a quanto scriveva Gilles Deleuze sulle mutazioni prodotte dal passaggio dalla società disciplinare alla società del controllo (quella contemporanea), nella quale gli individui sono divenuti dei «dividui», cioè delle combinazioni di numeri e le masse dei campioni, dei dati (ciò che oggi va sotto il nome di big-data), dei mercati o delle «banche», controllabili ed eteroguidati da sistemi «modernissimi» in grado di manipolare e indirizzare la volontà dell'individuo, attraverso raffinate forme di marketing (Deleuze, *Pourlarlers*, pp. 346-357).

31. Rigotti, *L'era del singolo*, p. 58.

ne in "occidente", non rappresenta una rivoluzione copernicana, una dissoluzione del soggetto stesso, ma un continuo riconfigurare di una concezione già data.

Le due idee, quella cosiddetta "tradizionale" del soggetto aperto all'altro da sé e quella postindustriale del soggetto aperto perché disintegrato, appartengono a due orizzonti culturali e sociali differenti, e tali sono anche le conseguenze di queste modalità di essere. Nel primo caso sono relazioni che radicano socialmente l'individuo in un luogo e in una storia, nel secondo lo smembrano in una solitudine atomizzata. Entrambe sono eterodirette, le prime da spiriti riottosi, le seconde dal "mercato". Si potrebbe ipotizzare che sia più facile dialogare con le divinità che con la finanza o con un algoritmo, per cui le sacerdotesse potrebbero avere una maggiore consapevolezza della loro scarsa autonomia e quindi riuscirebbero, all'interno di quel campo molto vincolato in cui vivono, a definirsi "finalmente libere", perché stanno apprendendo quali sono i limiti del loro agire.

Il rapporto del sé con sé stesso, d'altra parte, presuppone che il sé possa essere diviso in modo da stabilire delle relazioni al suo interno. La multidimensionalità dell'individuo che gravita nella sfera delle religioni africane potrebbe consentire un maggiore spazio di azione nella pratica della costruzione del sé.

La suddivisione tra società "tradizionali" e "postindustriali" è, come si diceva, però molto instabile e, per alcuni versi, errata. Andrebbe quindi sfumata la contrapposizione, sottolineando i processi di individualizzazione e di deparentalizzazione che sempre più contraddistinguono alcuni panorami sociali africani. Tchamba cerca di ricostruire la rete famigliare recisa dal passato schiavista con risultati alterni, d'altra parte Mami Wata da voce alle esigenze spirituali e materiali di soggetti in cerca di affermazione personale, dove la deparentalizzazione potrebbe allentare i legami con gli antenati e con la discendenza, portando i soggetti della direzione delle *tuée-tuée* gaboniane.

La libertà e l'autonomia vanno quindi cercate tra le pieghe della costruzione del soggetto; il desiderio di libertà è sempre mediato dalle capacità, dai desideri, dagli immaginari che sono storicamente e culturalmente determinati e che non obbligatoriamente seguono un desiderio emancipatorio. Possono talvolta indirizzarsi verso nuove forme di dipendenza, in questo caso offerte dalla dimensione mistica, che garantiscono un senso di appartenenza e forniscono gli strumenti per tessere i legami tra passato e futuro, talvolta eludendo le difficoltà del presente.

Prima di concludere voglio ritornare sulla necessità di valutare la portata discriminatoria che può essere incorporata dalla stigmatizzazione religiosa. Oggi l'islamofobia non si è spenta ma forse si è diluita, almeno in Italia, in una preoccupazione che si rivolge al diverso e in un'ossessione nei confronti di una presunta invasione dall'Africa. Il razzismo si esprime con il suo linguaggio più esplicito che insiste sull'evidenza della linea del colore; ma questo discrimine non sembra essere sufficiente nella società contemporanea e le differenze culturali, ideologiche e religiose emergono come assi capaci di ingigantire i discorsi e le pratiche escludenti.

L'Africa è quindi tornata a essere il luogo dell'arretratezza economica e della povertà, una povertà ovviamente pensata intrinseca alla popolazione africana e non un risultato di un dialogo fatto di violenze, spossessamento e sfruttamento, che l'Europa ha storicamente intrattenuto e ancora oggi intrattiene con il continente africano. È rappresentato come il luogo delle discriminazioni di genere, dove i diritti sociali sembrano essere regolarmente infranti, dove le donne sono ancora schiave del sistema patriarcale, i loro corpi abusati dalle pratiche tradizionali e dalle nuove forme di violenza politica e dove le differenze sessuali sono condannate con l'esclusione sociale o l'incarcerazione.[32] In Europa prevale ancora un immaginario che guarda all'Africa con uno sguardo deviato dall'esotismo e dalla paura di ancestrali superstizioni e di oscure pratiche magiche che oggi rischierebbero di giungere a noi attraverso la migrazione.

Ma l'Africa non è questo e spero di averlo in parte mostrato. I corpi delle sacerdotesse non sono abusati da una presunta tradizione atavica, anzi proprio all'interno dello spazio della tradizione le donne possono trovare strumenti efficaci per riconfigurare le proprie esistenze, emancipandosi – il paradosso abbiamo visto è solo apparente – dagli aspetti più costrittivi del sistema patriarcale in cui sono inserite. Le loro vite sono attraversate dalle medesime fatiche e violenze subite, più in generale, dalle società africane nella presente congiuntura storica come nel passato. Il problema per loro non è tanto la "tradizione" quanto la dimensione impari della sfida subita dal mondo africano.

---

32. Fassin, *A souble-edged sword*.

L'invito è quindi quello di non chiuderci nella paura ma educarci con gli altri e «immaginare condizioni e possibilità di vita diverse».[33] Potremmo apprendere la capacità di osservare le cose nella loro molteplicità e accettare le apparenti contraddizion; riflettere su cosa significhi una concezione del sé non unitaria ma neppure frantumata; pensare a come, un individuo relazionale perché inserito in una rete che include il passato e il futuro, il visibile e l'invisibile, la natura e la cultura, potrebbe incidere sulla realtà che ci circonda. Il mondo incantato, infine, potrebbe aprirci allo stupore dell'evento improvviso e inaspettato, sollecitando l'uso della creatività, dell'immaginario e della fantasia come metodo per comprendere il significato di ciò che ci circonda e in cui ci muoviamo.

---

33. Ingold, *Antropologia*, p. 93.

Bibliografia

Adotevi Louis, *Contribution à l'etude de l'esclavage en pays Guin (mina) à l'epoque precoloniale (XVVIIe-XIXe seicle)*, in *Le tricentenaire d'Aneho*, vol. 1 [v.], pp. 117-136

Adjakloe D.A. Yvonne, *Customary water resources governance in the Faase community of Ghana*, in «Social Sciences & Humanities Open», 4 (2021), pp. 1-7

Afenah Afia, *Engineering a millennium city in Accra, Ghana: the Old Fadama intractable issue*, in «Urban Forum», 23 (2012), pp. 527-540

An African family Archive. The Lawsons of little Popo/Aneho (Togo) 1841-1938, a cura di A. Jones e P. Sebald, Sources of African History, Oxford, Oxford University press, 2005

Akyeampong Emmanuel, *Wo pe tam won pe ba (you like cloth but you don't want children). Urbanisation, individualisation and gender relations in colonial Ghana*, in *Africa's urban past*, a cura di D. Anderson, R. Rathbone, Oxford-Portsmouth, James Currey, 2000, pp. 222-234

Akyeampong Emmanuel, *Between the Sea and the Lagoon: An Eco-Social History of the Anlo of Southeastern Ghana, 1850 to Recent Times*, Woodbridge, Ohio University Press, 2001

Allman Jean, *Rounding up spinters, gender chaos and unmarried women in Colonial Asante*, in «The Journal of African History», 37, 2 (1996), pp. 195-214

Allman Jean e Tashjian Victoria, *I will not eat stone: a women's history of colonial Asante*, Portsmouthe NH, Heinemann, 2000

Amoko Clifford e Inkoom Daniel Kweku Baah, *The production of flood vulnerability in Accra, Ghana: Re-thinking flooding and informal urbanisation*, in «Urban Studies», 55, 13 (2018), pp. 2903-2922

Apolito Paolo, *Internet e la Madonna. Sul Visionarismo religioso in Rete*, Milano, Feltrinelli, 2002

Apter Andrew, *Black critics & kings: The hermeneutics of power in Yoruba society*, Chicago, University of Chicago Press, 1992

Aranson Lisa, *Ewe ceramics as the visualization of vodun*, in «African Arts», 85 (2007), pp. 80-85

Armattoe, R.E.G., *Epe-Ekpe*, in «African Affairs», 50, 201 (1951), pp. 326-329

Asad Talal, *Genealogies of religion*, Maryland, The Johns Hopkins University press, 1993

Athanasiou Athena e Butler Judith, *Dispossession: The Performative in the Political*, Cambridge, Polity press, 2013

Augé Marc, *Il dio oggetto*, Roma, Meltemi, 2002 (ed. or.: *Le dieu objet*, Paris, Flammarion, 1988)

Augé Marc, *Il genio del paganesimo*, Torino, Bollati Boringhieri, 2002 (ed. or.: *Génie du paganism*, Paris, Flammarion, 1982)

Augé Marc, *Nonluoghi, Introduzione a un'antropologia della surmodernità*, Milano, Eléuthera, 1993 (ed. or.: *Non-lieux Introduction à une anthropologie de la surmodernité*, Paris, Editions Seuil, 1992)

Austen Ralph A., *The moral economy of witchcraft: an essay in comparative history*, in *Modernity and its Malcontents: ritual and power in postcolonial Africa*, a cura di J. Comaroff e J. Comaroff, Chicago, University of Chicago press, 1993, pp. 89-110

Balibar Etienne, *Is there a 'neo-racism'?* in *Race, Nation, Class, Ambiguous Identities*, a cura di E. Balibar e I. Wallerstein, London, Verso, 1991

Bay Edna, *Wives of the leopard. Gender, politics and culture in the kingdom of Dahomey*, Charlottesville, University of Virginia press, 1998

Barbot Jean, *Journal d'un voyage de traite en Guinée, à Cayenne et aux Antilles fait par Jean Barbot en 1678-1679*, in «Bulletin de L'institut Fondamental d'Afrique noire», série B, 40, 2 (1978), pp. 235-391

Bastian Misty, *"Bloodhouds who have no friends": witchcraft and locality in the Nigerian popular press*, in *Modernity and its malcontents: ritual and power in postcolonial Africa*, a cura di J. Comaroff e J. Comaroff, Chicago, University of Chicago press, 1993

Bastian Misty, *Married in the water: spirit kin and other afflictions of modernity in Southeastern Nigeria*, in «Journal of religion in Africa», XXVII, 2 (1997), pp. 116-134

Beccarini Valentina, *Mami Wata nella pittura popolare Congolese*, in *Mami Wata, l'inquieto spirito delle acque* [v.], pp. 83-101

Bell Dianna, *The seat of drought: religious thought and the Sahelian famine (1968-74) in Mali, West Africa*, in «Mande Studies», 21 (2019), pp. 131-152

Beneduce Roberto e Taliani Simona, *Un paradosso ordinato. Possessione, corpi, migrazioni*, in «Antropologia» 1, 1 (2001), pp. 15-42

Berger Iris, *Rebels or status seekers? Women as spirit mediums in East Africa*, in *Women in Africa: Studies in social and economic change*, a cura di N. Hafkin, E. Bay, Stanford, Stanford University press, 1976

Berger Iris, *Women in Twentieth-Century Africa: New Approaches to African History*, Cambridge, Cambridge University Press, 2016

Bloch Maurice, *Da preda a cacciatore. La politica dell'esperienza religiosa*, Milano, Raffaello Cortina, 2005 (ed. or.: *Prey into hunter: the politics of religious experience*, Cambridge, Cambridge University Press, 1992)

Bobbio Norberto, *Della libertà dei moderni comparata a quella dei posteri*, in *Politica e cultura*, a cura di N. Bobbio, Torino, Einaudi, 1955, pp. 160-194

Boddy Janice, *Wombs and Alien Spirits: Men and Women in the Zar Cult in North Africa*, Madison, University of Wisconsin, 1989

Bonhomme Julien, *Réflexions multiples. Le miroir et ses usages rituels en Afrique centrale*, in «Images Re-vues», 4 (2007), on line

Boni Stefano, *Twentieth-century transformations in notions of gender, parenthood, and marriage in Southern Ghana, a critique of the hypothesis of "retrograde steps" for Akan women*, in «History in Africa», 28 (2001), pp. 15-41

Bosman Willem, *A New and Accurate Description of the Coast of Guinea*, London, London Cass, 1705

Bosman Willem, *Voyage de Guinée*, Utrecht, Antoine Schouten, 1705

Bourgoignie Georges, *Ethno-ecologie d'une collectivité régionale: Les cités lacustres du Dahomey*, in «Canadian Journal of African Studies», 6, 3 (1972), pp. 403-431

Bowdich Thomas Edward, *Mission from Cape Coast castle to Ashantee, eith a statistical account of that kingdom, and geographical notices of other parts of the interior of Africa*, London, John Murray, 1819

Brah Avtar e Phoenix Ann, *Ain't I a woman? Revisiting intersectionality*, in «Journal of International Women's Studies», 5 (2004), pp. 75-86

Braidotti Rosi, *In spite of the times: The postsecular turn in feminism*, in «Theory, Culture and Society», 25(2008), pp. 1-24

Brivio Alessandra, *"Nos grands-pères achetaient des esclaves..."Le culte de Mami Tchamba au Togo et au Bénin*, in «Gradhiva», 8 (2008), pp. 64-79

Brivio Alessandra, *Il vodu in Africa. Metamorfosi di un culto*, Roma, Viella, 2012

Brivio Alessandra, *Tales of cowries, money, and slaves*, in *African voices on slavery and the slave trade*, a cura di A. Bellagamba, S.E. Greene e M.A. Klein, Cambridge, Cambridge University press, 2013

Brivio Alessandra, *Donne, emancipazione e marginalità. Antropologia della schiavitù e della dipendenza in Ghana*, Milano, Meltemi, 2019

Brivio Alessandra, *"La mia stregoneria è un serpente": stregoneria e genere nel Ghana coloniale*, in «Genesis», XIX, 20 (2020), pp. 67-91

Brivio Alessandra, *Religious Encounters in Togo: Vodun and the Roman Catholic church*, in «Journal of Africana Religions», 10, 1 (2022), pp. 1-19

Burton Richard, *A Mission to Gelele, King of Dahome*, London, Tinsley Brothers, 1864

Butler Judith, *The psychic life of power: theories in subjection*, Stanford, Stanford University press, 1997

Caldwell John C., *African rural-urban migration. The movement to Ghana's town*, London, Hurst, 1969

Casciarri Barbara, *Water Management among Sudanese pastoralists: end of the commons or "silent resistance" to commodification?*, in *Multidimensional change in Sudan (1989-2011). Reshaping livehoods, conflicts and identities*, a cura di B. Casciarri, A.M.A. Munzoul e F. Ireton, New York-Oxford, Berghahn, 2015, pp. 140-160

Cavarero Adriana, *Inclinazioni. Critica della rettitudine*, Milano, Raffaello Cortina, 2014

Cella Simona, *Mami Wata: slittamenti di un'iconografia al confine*, in *Mami Wata, l'inquieto spirito delle acque* [v.], pp. 103-109

Ciarcia Gaetano, *Le revers de l'oubli: Mémoires et commémorations de l'esclavage au Bénin*, Paris, Karthala, 2016

Ciavolella Riccardo, *Cosa trattiene il margine, finché non sprofonda. La traccia e il nodo in un quartiere precario lacustre (Cotonou, Bénin)*, in «Tracce urbane», 5 (2019), pp. 139-175

Ciminelli Maria Luisa, *Il pericoloso incanto di Mami Wata. Usi locali e translocali di un'icona globale*, in *Immagini in opera: Nuove vie in antropologia dell'arte*, a cura di M.L. Ciminelli, Napoli, Liguori, 2007, pp. 293-325

Ciminelli Maria Luisa, *Mami Wata: come funziona una chimera?*, in *Mami Wata, l'inquieto spirito delle acque* [v.], pp. 67-81

Clark Gracia, *Gender and profiteering: Ghana's market women as devoted mothers and "human vampire bats"*, in *"Wicked" women and the reconfiguration of gender in Africa* [v.], pp. 293-311

Cole M. Herbert, *Mbari is life*, in «African Arts», 2, 3 (1969), pp. 8-17

Coquery-Vidrovitch Catherine, *African women. A modern history*, Boulder (CO), Westview Press, 1997

Crenshaw Kimberle, *Demarginalizing the intersection of race and sex: A black feminist critique of antidiscrimination doctrine, feminist theory, and antiracist politics*, in «University of Chicago Legal Forum», 1, 8 (1989), pp. 139-167

Cretella Emerita, *Acque miracolose in Toscana: un percorso simbolico tra religione e magia*, in *Storia dell'acqua* [v.], pp. 283-292

Cruickshank Brodie, *Eighteen years on the Gold Coast of Africa; including an account of the native tribes and their intercourse with Europeans*, vol. 2, London, Hurst and Blackett publishers, 1853

Csordas Thomas, *Somatic Modes of Attention*, in «Cultural Anthropology», 8 (1993), pp. 135-156

Dantzig Albert van, *Willem Bosman's new and accurate description of the Coast of Guinea: How accurate is it?*, in «History in Africa», 1 (1974), pp. 101-108

Dantzig Albert van, *English Bosman and Dutch Bosman: A Comparison of Texts*, in «History in Africa», 2 (1975), pp. 185-216

Dantzig Albert van, *English Bosman and Dutch Bosman: A Comparison of Texts VII*, in «History in Africa», 9 (1982), pp. 285-302

David-Elbiali Mireille, *Poterie domestique et rituelle du Sud-Bénin: etude ethnoarchéologique*, in «Archives suisses d'anthropologie générale», 47, 2 (1983), pp. 121-184

Debrunner Hans Werner, *Witchcraft in Ghana: A Study on the Belief in Destructive Witches and its Effect on the Akan Tribes*, Accra, Presbyterian Book Depot, 1959

Deleuze Gilles, *Pourlarlers 1972-1990*, Paris, Les editions de Minuit, 2013

De La Torre Ines, *Le vaudou en Afrique de l'Ouest: rites et traditiones: le cas des sociétés Guen-Mina (Sud-Togo)*, Paris, L'Harmattan, 1991

De Lauretis Teresa, *Soggetti eccentrici*, Milano, Feltrinelli, 1999

D'Elia Cecilia e Serughetti Giorgia, *Libere tutte. Dall'aborto al velo, donne nel nuovo millennio*, Roma, Minimum fax, 2021

Descola Philippe, *Par-delà nature et culture*, Paris, Gallimard, 2005

De Surgy Albert, *Le systeme religieux des evhe*, Paris, L'Harmattan, 1988

Drewal Henry J., Drewel Margareth, *Gelede. Art and Female Power among the Yoruba*, Bloomington, Indiana University press, 1983

Drewal Henry J., *Interpretation, Invention, and Re-presentation in the Worship of Mami Wata*, in «Journal of Folklore Research», 25, 1-2 (1988), pp. 101-139

Drewal Henry J., *Performing the Other: Mami Wata Worship in Africa*, in «Drama Review», 32, 2 (1988), pp. 160-85

Drewal Henry J., *Mermaids, Mirrors and Snake Charmers: Igbo Mami Wata Shrines*, in «African Arts», 21, 2 (1988), pp. 38-45

Drewal Henry J., *Mami Wata and Santa Maria*, in *Images and empires. Visuality on colonial and postcolonial Africa*, a cura di P. Landau e D. Kaspin, Oakland, University of California press, 2002

Durkheim Emile, *Le forme elementari della vita religiosa. Il sistema totemico in Australia*, Roma, Meltemi, 2013 (ed. or.: *Les forms élémentaires de la vie religieuse*, Paris, PUF, 1912)

Eliade Mircea, *Trattato di storia delle religioni*, Torino, Bollati Boringhieri, 1976 (ed. or.: *Traité d'histoire des religions*, Paris, Payot, 1948)

Ellis Alfred Burdon, *The Ewe-speaking peoples of the Slave Coast of West Africa: Their religion, manners, customs, laws, languages*, London, Chapman and Hall, 1890

Ellis Alfred Burdon, *The Tshi-speaking peoples of the Gold Coast of West Africa: Their religion, manners, customs, laws, languages*, London, Chapman and Hall, 1887

Fabietti Ugo, *Materia sacra. Corpi, oggetti, immagini, feticci nella pratica religiosa*, Milano, Cortina editore, 2015

Faeta Francesco, *Le ragioni delle sguardo. Pratiche dell'osservazione, della rappresentazione e della memoria*, Torino, Bollati Boringhieri, 2011

Fassin Eric, *A souble-edged sword. Sexual democracy gender norms and racialized rhetoric*, in *The Question of Gender: Joan W. Scott's Critical Feminism*, a cura di J. Butler e E. Weed, Bloomington, Indiana University press, 2011

Fassin Ivan, *Il mito valtellinese della magada, strega e fata amante. Una storia melusiniana*, in «Bollettino Storico Alta Valtellina», 11 (2008), pp. 223-238

Ferrandiz Francisco, *The body as wound: possession, malandros and everyday violence in Venezuela*, in «Critique of Anthropology», 24, 2 (2004), pp. 107-133

Field Margaret, *Religion and medicine of the Ga people*, London, Oxford University press, 1937

Field Margaret, *Search for Security: An Ethno-Psychiatric Study of Rural Ghana*, London, Faber & Faber, 1960

Fiorenza Elizabeth, *Jesus: Miriam's Child, Sophia's Prophet*, London, SCM Press, 1994

Forni Silvia, *Containers of life: pottery and social relations in the Grassfields (Cameroon)*, in «African Arts», 40, 1 (2007), pp. 43-53

Forte Jung Ran, *Travelling Gods, Ritual Memory, and Slavery in Contemporary Benin*, in «Journal of Religion in Africa», 52, 1-2 (2022), pp. 170-194

Foucault Michel, *Un seminario con Michel Foucault. Tecnologie del sé*, a cura di, M.H. Luter, H. Gutman Huck e P. Hutton Patick, Torino, Bollati Boringhieri, 1992

Frahm-Arp Maria, *Professional women in South African Pentecostal charismatic churches*, Leiden, Brill, 2010

Frank Barbara, *Permitted and prohibited wealth: commodity-possessing spirits, economic morals, and the goddess Mami Wata in West Africa*, in «Ethnology», 34, 4 (1995), pp. 331-346

Freedberg David, *Il potere delle immagini. Il mondo delle figure: reazioni ed emozioni nel pubblico*, Torino, Einaudi, 2009 (ed. or.: *The Power of Images: Studies in the History and Theory of Response*, Chicago, The University of Chicago press, 1989)

Gaitskell Deborah, *Gender, power and voice in South Africa Anglicanism: the society of women missionaries' Journal, 1913-1955*, in «South African Historical Journal», 6, 12 (2009), pp. 254-277

Gauchet Marcel, *Le désenchantement du monde*, Paris, Gallimard, 1985 (trad. it.: *Il disincanto del mondo*, Torino, Einaudi, 1992)

Gaybor Nicoué L., *Les origins du royaume de Glidji*, in «Annales de L'Université du Bénin (Togo)», III (1976), pp. 75-102

Gaybor Nicoué L., *Le Togo sous domination coloniale (1884-1960)*, Lomé, Les Presses de l'UB, 1997

Gell Alfred, *Art and agency. An anthropological theory*, Oxford, Clarendon press, 1998

Geertz Clifford, *Interpretazione di culture*, Bologna, il Mulino, 1998 (ed. or.: *The interpretation of culture*, New York, Basic Book, 1973)

Gilli Bruno, *Naissances humaines ou divines? Analyse de certains types de naissances attribués au Vodu*, Lomé, Editions Hano, 1997

Gilli Bruno, *Un culte du vodu Hebiesso. Approche d'une réligion africaine chez les Ouatchi du Sud-Togo*, Lomé, Editions Hano, 2016

Goeh-Akue N. Adovi, *Le patrimoine architectural d'Aneho, une consequence de l'ebauche d'une accumulation primitive du capital*, in *Le tricentenaire d'Aneho*, vol. 2 [v.], pp. 559-585

Goldman Marcio, *An Afro-Brazilian theory of the creative process: an essay in anthropological symmetrization*, in «Social Analysis», 53, 2 (2009), pp. 108-129

Gore Charles, Nevadomsky Joseph, *Practice and Agency in Mammy Wata Worship in Southern Nigeria*, in «African Arts», 30, 2 (1997), pp. 60-69

Gosselain Olivier, *Poterie, société et histoire chez les Koma Ndera du Cameroun*, in «Cahiers d'Études Africaines», 35, 153 (1999), pp. 73-105

Goulet Jean-Guy A., *The Berdache/Two-Spirit: A Comparison of Anthropological and Native Constructions of Gendered Identities Among the Northern Athapaskans*, in «The Journal of the Royal Anthropological Institute», 2, 4 (1996), pp. 683-701

Grant Jacquelyn, *White Women's Christ and Black Women's Jesus: Feminist Christology and Womanist Response*, Atlanta, GA, Scholar's Press, 1989

Greene Sandra, *Sacred Sites and the Colonial Encounter. A History of Meaning and Memory in Ghana*, Bloomington, Indiana University press, 2002

Grossi Angelantonio, *Soldi e spiriti: alcune note dal Ghana sulle semiotiche del denaro e del dominio spirituale*, in «Lares», LXXXVI, 2 (2020), pp. 339-364

Grottanelli L. Vinigi, *Una società Guineana: gli Nzema, vol.1: I fondamenti della cultura*, Torino, Bollati Boringhieri, 1977

Hamberger Klaus, *La parenté vodou. Organisation sociale et logique symbolique en pays ouatchi (Togo)*, Paris, CNRS Editions, 2011

Hambly Wilfrid, *The serpent in African belief and custom*, in «American Anthropologist», 31, 4 (1929), pp. 655-666

Harf-Lancner Laurence, *Morgana e Melusina. La nascita delle fate nel Medioevo*, Torino, Einaudi, 1989

Harm Robert, *Game against nature: an eco-cultural history of the Nunu in Equatorial Africa*, Cambridge, Cambridge University press, 1987

Hauzomé Paul, *Le pacte du sang au Dahomey*, Paris, Institut d'ethnologie, 1937

Hazard Sonia, *The material turn in the study of religion*, in «Religion and Society», 4 (2013), pp. 58-78

Helmreich Stefan, *Nature/Culture/Seawater*, in «American Anthropologist», 133, 1 (2011), pp. 132-144

Herskovits Melville e Herskovits Frances, *An outline of Dahomean religious belief*, Wisconsin, American, Anthropological Associations, 1993

Hervieu-Léger Danièle, *Le Pèlerin et le Converti. La religion en mouvement*, Paris, Flammarion, 1999

L'homme et l'eau dans le bassin du Lac Tchad, a cura di H. Jungraithmayr, D. Barreteau e U. Seibert, Paris, Edition de l'Orstom, 1997

hooks bell, *Ain't I a Woman: Black Women and Feminism*, Boston, South End Press, 1981

Hubert Henri e Mauss Marcel, *Saggio sulla natura e funzione del sacrificio*, in *L'origine dei poteri magici e altri saggi di sociologia religiosa*, a cura di H. Hubert e M. Mauss, M., Roma, Newton Compton, 1977, pp. 40-148

Illich Ivan, *H2O e le acque dell'oblio*, Perugia, Umbertine Macroedizioni, 1988

Ingold Tim, *The perception of the environment: essays on livelihood, dwelling and skill*, London and New York, Routledge, 2000

Ingold Tim, *Rethinking the animate, re-animate thought*, in «Ethnos», 71, 1 (2006), pp. 9-20

Ingold Tim, *Antropologia. Ripensare il mondo*, Milano, Meltemi, 2020 (ed. or.: *Anthropology. Why it matters*, Cambridge, Polity press, 2018)

L'invention religieuse en Afrique. Histoire et religion en Afrique noire, a cura di Jean-Pierre Chrétien, Paris, Karthala, 1993

Ipsen Pernille, *Daughters of the trade. Atlantic slavers and interracial marriage on the Gold Coast*, Philadelphia, University of Pennsylvania press, 2015

Iroko Felix, *La monnaie de la traite negriere à la côte des esclaves*, in *Le Bénin et la route de l'esclave,* a cura di E. Soumonni, B. Codo, J. Adandé, Cotonou, Comite National pour le Bénin du Projet "La route de l'esclave", 1994, pp. 70-72

Isichei Elizabeth, *Voices of the poor in Africa*, Rochester, University of Rochester press, 2002

Jenkins Ray, *Confrontations with A.B.Ellis, a participant in the scramble for Gold Coast Africana, 1874-1894*, in «Paideuma», 33 (1987), pp. 313-335

Jewsiewicki Bogumil, *Le temps des images: La peinture urbaine au Congo*, Paris, Gallimard, 2003

Jules-Rosette Benetta, *Women in Indigenous African Cults and Churches*, in *The Black Woman Cross-Culturally*, a cura di C. Steady, Cambridge, Schenkman Publishing Co, 1981, pp. 185-207

Kempf Wolfgang, *Ritual, power and colonial domination: male initiation among the Ngaing of Papua New Guinea*, in *Syncretism/Antysincretism. The politics of religious systhesis*, a cura di C. Stewart e R. Shaw, London, Routledge, 1994, pp. 108-126

Keogh Sara B. e Younstedt M. Scott, *Water, life and profit: fluid economies and cultures of Niamey, Niger*, New York, Berghahn Books, 2019

Kohn Eduardo, *Come pensano le foreste*, Milano, Nottetempo, 2021

Kuakuvi Mawule Magloire, *Quelques elements de comprehension de la religion des Guin*, in *Le tricentenaire d'Aneho*, vol. 2 [v.], pp. 481-487

Labat Jean-Baptiste, *Voyage du Chevalier des Marchais en Guinée Isles Voisines et à Cayènne fait en 1725, 1726 et 1727*, Paris, Guillaume Saugrain, 1730

Lambek Michael, *Spirits and spouses: possession as a system of communication among the Malagasy speakers of Mayotte*, in «American Ethnologist», 7, 2 (1980), pp. 318-331

Lambek Michael, *After life*, in *Living and dying in the contemporary world*, a cura di V. Das e C. Han Clara, University of California press, 2016, pp. 629-646

Latour Bruno, *Note sur certains objets chevelus*, in «Nouvelle Revue d'Etnopsychiatrie», 27 (1994), pp. 21-36

Latour Bruno, *Non siamo mai stati moderni*, Milano, Elèuthera, 1995 (ed. or.: *Nous n'avons jamais été modernes, Essai d'anthropologie symetrique*, Paris, La découverte, 1991)

Latour Bruno, *Il culto moderno dei fatticci*, Roma, Meltemi, 2005

Lavrillier Alexandra, *Climate change among nomadic and settled Tungus of Siberia: continuity and changes in economic and ritual relationships with the natural environment*, in «Polar Record», 49, 250 (2013), pp. 260-271

Law Robin, *Between the Sea and the Lagoons: The Interaction of Maritime and Inland Navigation on the Precolonial Slave Coast*, in «Cahiers d'Etudes Africaines», 29, 114 (1989), pp. 209-237

Law Robin, *Les toutes premières descriptions de Petit-Popo par les Européens: des années 1680 aux années 1690*, in *Le tricentenaire d'Aneho*, vol, 1 [v.], pp. 33-58

Law Robin, *Ouidah. The social history of a West African slaving "port", 1727-1892*, Woodbridge, Ohio University press, James Currey, 2004

Law Robin, *West Africa's discovery of the Atlantic*, in «The International Journal of African historical studies», 44, 1 (2011), pp. 1-25

Le Hérissé Augustine, *L'Ancien Royaume du Dahomey. Moeurs, religion, histoire*, Paris, Émile Larose, 1911

Lévi-Strauss Claude, *Introduzione*, in Marcel Mauss, *Teoria generale della magia e altri saggi*, Torino, Einaudi, 1991, pp. XV-LIV (ed. or. *Introduction*, in M. Mauss, *Sociologie et anthropologie*, Paris, PUF, 1950)

Lévi-Strauss Claude, *Antropologia strutturale*, Milano, Il Saggiatore, 2015 (ed. or. *Anthropologie structurale*, Paris, Plon, 1958)

Lévi-Strauss Claude, *Il totemismo oggi*, Milano, Feltrinelli, 1976 (ed. or. *Le totémisme aujourd'hui*, Paris, PUF, 1964)

Lewis I. M., *Ecstatic religion. An anthropological study of spirit possession and shamanism*, New York, Penguin, 1971

Little Peter, *Bodies, toxins, and e-waste labour interventions in Ghana: toward a toxic postcolonial corporality*, in «Revista de Antropología Iberoamericana», 14, 1 (2019), pp. 51-71

Lombard Jacques, *Cotonou, ville africaine*, Etudes Dahoméennes, IFAN, X, 1953

Loukatos Démétrios, *Les néréides en Gréce, etres toujours légendaires, aussi bien matitimes que terrestres*, in «Le Monde alpin et rhodanien. Revue régionale d'ethnologie», 10, 1, 4 (1982), pp. 293-299

Lovejoy Paul, *Transformations in slavery: a history of slavery in Africa*, Cambridge, Cambridge University Press, 2011

Lovell Nadia, *Cord of blood. Possession and the making of voodoo*, London, Pluto press, 2002

Lykke Nina, *Feminist Studies: A Guide to Intersectional Theory, Methodology and Writing*, New York, Routledge, 2010

Mahmood Saba, *Feminist theory, embodiment and the docile agent: some reflections on the Egyptian Islamic revival*, in «Cultural Anthropology», 16, 2 (2001), pp. 202-236

Mahmood, Saba, *Politics of Piety: The Islamic Revival and the Feminist Subject*, Princeton, Princeton University Press, 2005

Manning Patrick, *Slavery, Colonialism and economic growth in Dahomey, 1640-1960*, Cambridge, Cambridge University press, 1982

Masquelier Adeline, *Encounter with a road Siren*, in «Visual Anthropology», 8 (1992), pp. 56-69

Masquelier Adeline, *Women and Islamic Revival in a West African Town*, Bloomington, Indiana University, 2009

Matory Laurent, *Rival Empires: Islam and the Religions of Spirit Possession among the Oyo Yorùbá*, in «American Ethnologist», 21, 3 (1994), pp. 495-515

Maupoil Bernard, *La Géomancie à l'ancienne Côte des Esclaves*, Travaux et Mémoires de l'Institut d'Ethnologie, XLII, Université de Paris, 1943

McIntosh Keniston, *Yoruba women, work, and social change*, Bloomington, Indiana University press, 2009

Mead Margareth, *Sesso e temperamento*, Milano, Il Saggiatore, 2014 (ed. or.: 1935, *Sex and Temperament in Three Primitive Societies*, New York, William Morrow, 1935)

Mensah-Amendah Criff Télé, *Les Femmes d'Aneho: mythes et realites*, in *Le tricentenaire d'Aneho*, vol. 2 [v.], pp. 505-514

Mercier Paul, *Civilisation du Bénin*, Paris, Société continentale d'étitions modernes illustrées, 1962
Merlo Christian e Vidaud Pierre, *Le symbole dahoméen du serpent queue-en-guele*, in «Objets et Mondes», 6, 6 (1966), pp. 301-328
Merlo Christian e Vidaud Pierre, *Dangé, et le peuplement Houeda*, in *Peuples du Golfe du Bénin* [v.], pp. 269-304
Meyer Birgit, *Translating the devil. Religion and modernity among the Ewe in Ghana*, Edinburgh, Edinburgh University press, 1999
Meyer Birgit, 2003, *Visions of blood, sex and money: fantasy spaces in popular Ghanaian cinema*, in «Visual Anthropology», 26, 1 (2003), pp. 15-41
Meyer Birgit, *"Praise the Lord": Popular cinema and pentecostalism style in Ghana's new public sphere*, in «American Ethnologist», 31, 1 (2004), pp. 92-110
Médiohouan Guy Ossito, *Vodoun et littérature au Bénin*, in «Canadian Journal of African Studies», 27, 2 (1993), pp. 245-258
Medovoi Leerom, *Dogma-line racism: Islamophobia and the second axis of race*, in «Social Text», 111, 30 (2012), pp. 43-74
Mami Wata, l'inquieto spirito delle acque, a cura di A. Brivio, Milano, Centro Studi Archeologia Africana, 2010
Mohanty Chandra, *Under Western eyes. Feminist scholarship and colonial discourse*, in «bondary2», 12, 3 (1984), pp. 333-358
Morgan David, *The sacred gaze. Religious visual culture in theory and practice*, Berkeley, Los Angeles, University of California press, 2005
Morganti Simona, *Il lavoro dei bambini in Bénin*, in *La vita in prestito: debito, dipendenza e lavoro*, a cura di P.G. Solinas, Lecce, Argo, 2007, pp. 75-104
Muhimfura Banaventure, *Les apparitions de la Vierge Marie à Tsévié (1998-1999)*, Lomé, Editions Saint-Augustin Afrique, 2017

Napolitano Stefania, *L'Isterica, la Donna e il Medico*, in «Post-Filosofie», 10 (2017), pp. 62-74
Nature, culture and gender, a cura di C. MacComark e M. Strathern Cambridge University press, 1980
Nrenzah Genevieve, *Inventing indigenous religious belief and practice within the spaces of Ghanaian pentecostalism: the Mame Wata Healing Churches of Half Assini*, Thesis, Master of arts in Religious Studies, Florida International University, 2008

Obeng Pashington, *Religious interactions in the pre-twentieth century West Africa*, in *Themes in West Africa's History*, a cura di E.K. Akyeampong, Athens-Oxford-Accra, Ohio University press-James Currey-Woeli Publishing Services, 2006, pp. 141-162

Ogundiran Akinwumi, *Of Small Things Remembered: Beads, Cowries, and Cultural Translations of the Atlantic Experience in Yorubaland*, in «The International Journal of African Historical Studies», 35, 2/3 (2002), pp. 427-457

Ong Aihwa, *The production of possession: Spirits and the multinational corporation in Malaysia*, in «American Ethnologist», 15, 1 (1988), pp. 28-42

Orsi Robert, *Abundant history: Marian apparitions as alternative modernity*, in «Historically Speaking», 8, 7 (2008), pp. 12-16

Ortner Sherry, *Is female to male as nature to culture?*, in *Woman, culture and society*, a cura di M. Rosaldo e L. Lamphere, Stanford, Stanford University press, 1974, pp. 67-88

Palmisano Stefania e Pannafino Nicola, *Religione sotto spirito. Viaggio nelle nuove spiritualità*, Milano, Mondadori, 2021

Parker John, *Making the town. Ga state and society in early colonial Accra*, Portsmouth-Oxford-Cape Town, Heinemann-James Currey-David Philip, 2000

Pazzi Roberto, *L'homme eve, aja, gen, fon et son univers*, Dictionnaire, Lomé (dattiloscritto), 1976

Pazzi Roberto, *Éléments de cosmologie et anthropologie ewe, adja, gen, fon*, in «Annales de l'Université du Bénin», Numéro spécial série Lettres (1979), pp. 41-57

Pechilis Karen, *Illuminating Women's Religious Authority through Ethnography*, in «Journal of Feminsit studies in religion», 29, 1 (2013), pp. 93-101

Peel John David Yeadon, *The pastor and the "babalawo": the interaction of religions in Nineteenth-Century Yorubaland*, in «Africa», 60, 3 (1990), pp. 338-369

Perco Daniela, *Le Anguane: mogli, madri e lavandaie*, in «La Ricerca Folklorica», 36 (1997), pp. 71-81

Perrot Claude-Héléne, *Le génie Assoho dans l'économie et l'histoire des Eotilé (sud-est de La Cote-d'Ivoire)*, in *L'invention religieuse en Afrique* [v.], pp. 105-120

Petrarca Valerio, *La nascita delle fate,* in «Quaderni storici», 26, 77, 2 (1991), pp. 611-618

Petrarca Valerio, *Pagani e cristiani nell'Africa nera*, Palermo, Sellerio, 2000

Peuples du Golfe du Bénin (Aja-Ewé), a cura di F. de Medeiros, Paris, Karthala, 1985

Phillips Thomas, *A Journal of a Voyage Made in the Hannibal of London, Ann. 1693, 1694, From England, to Cape's Monseradoe, in Africa, And thence along the Coast of Guiney to Whidaw, the Island of St. Thomas, An so forward to Barbadoes*, London, J. Walthoe, 1732

Pietz William, *The problem of the fetish I*, in «Res», 9 (1985), pp. 5-17

Pietz William, *The problem of the fetish II*, in «Res», 13 (1987), pp. 23-45

Pietz William, *The problem of the fetish III*, in «Res», 16 (1988), pp. 105-122

Pinelli Barbara, *Migranti e rifugiate. Antropologia, genere e politica*, Milano, edizione libreria Cortina, 2019

Poppi Cesare, *L'"Uomo selvaggio" nella Ladinia dolomitica*, in *L'uomo selvatico in Italia*, a cura di B. Premoli, Roma, Museo Nazionale delle Arti e Tradizioni popolari, 1986, pp. 80-90

Poppi Cesare, *Melusine e Mammy Wata: variazioni africane su un tema europeo*, in *Voci del Medioevo: testi, immagini, tradizioni*, a cura di N. Pasero, S.M. Barillari, Alessandria, Edizioni dell'Orso, 2005, pp. 254-270

Poppi Cesare, *Mammy Wata e le sirene: paradigmi estetici e modelli cognitive*, in *Mami Wata, l'inquieto spirito delle acque* [v.], pp. 129-138

Quénum Maximilien, *Au pays des Fons: us et coutumes du Dahomey*, Paris, Maisonneuve et Larose, 1936

Rappaport Roy, *Ritual and religion in the making of humanity*, Cambridge, Cambridge University press, 1999

Rattray S. Robert, *Ashanti*, Oxford, Clarendon press, 1969

Rattray S. Robert, *Religion and art in Ashanti*, Oxford, Clarendon press, 1927

Reindorf C. Carl, *History of the Gold Coast and Asante*, Accra, Ghana University press, 2007

Readings in Gender in Africa, a cura di A. Cornwell, Bloomington, Indiana University press, 2005

Religion et modernité politique en Afrique Noire, a cura di J.F. Bayart, Paris, Karthala, 1992

Rigotti Francesca, *L'era del singolo*, Torino, Einaudi, 2021

Riviére Claude, *Les représentations de l'homme chez les Evé du Togo*, in «Anthropos», 1-2 (1980), pp. 7-24

Robertson Claire, *The death of Makola and other tragedies*, in «Canadian Journal of African studies», 17, 3 (1983), pp. 469-495

Rocheford Florance, Sanna Maria Eleonora, *Normes religieuses et genre. Mutations, résistances et reconfiguration (XIXe-XXIe siècle)*, Paris, Armand Colin, 2013

Roberts Jonathan, *Korle and the mosquito: histories and memories of the anti-malaria campaign in Accra, 1942-5*, in «Journal of African History», 51 (2010), pp. 343-65

Roscoe Will, *The Zuni Man-Woman*, Albuquerque, University of New Mexico press, 1991

Rosenthal Judy, *Possession, Ecstasy, Law in Ewe Voodoo*, Charlottesville, University of Virginia Press, 1997

Rouget Gilbert, *Musica e trance. I rapporti tra la musica e i fenomeni di possessione*, Torino, Einaudi, 1986 (ed. or.: *La musique et la trance*, Paris, Gallimard, 1980)

Rush Dana, *The idea of "India" in West African vodun art and thought*, in *India in Africa, Africa in India. Indian ocean cosmopolitanisms*, a cura di J.C. Hawley, Bloomington, Indiana University press, 2008, pp. 149-180

Rush Dana, *Vodun in coastal Bénin: unfinished, open-ended, global*, Nashville, Vanderbilt University Press, 2013

Sacred Waters. Arts for Mami Wata and Other Divinities in Africa and the Diaspora, a cura di H.J. Drewel, Boomington & Indianapolis, Indiana University Press, 2008

Salmons Jill, *Mammy Wata*, in «African Arts», 10, 3 (1977), pp. 8-15

Saulnier Pierre, *Le meurtre du vodun Dan*, Cotonou, Société des Missions Africaines, 2002

Sackey Brigit, *Aspects of continuity in the religious roles of women in "spiritual churches" of Ghana*, in «Research review», 5, 2 (1989), pp. 18-33

Sansi Roger, *The hidden life of stones: historicity, materiality and the value of Candomblé objects in Bahia*, in «Journal of Material Culture», 10, 2 (2005), pp. 139-156

Sansi Roger, *We worship nature: the given and the made in Brazialian Candomblé*, in *Making spirits. Materiality and trascendence in contemporary religions*, a cura di D. Espirito Santo e N. Tassi, London-New York, Taurus, 2013, pp. 81-102

Segurola Basilio e Rassinoux Jean, *Dictionnaire Fon-Française*, Cotonou, SMA, 1963

Shaw Rosalind, *The invention of African traditional religion*, in «Religion», 20 (1990), pp. 339-353

Shaw Rosalind, *Mami Wata and Sierra Leone diamonds: wealth and enslavement in men's dreams and state economy*, in *Sacred Waters* [v.], pp. s19-25

Sheldon Kathleen E., *Pounders of Grain: A History of Women, Work, and Politics in Mozambique*, Portsmouth, Heinemann, 2002

Smiet Katrine, *Post/secular truths: Sojourner Truth and the intersections of gender, race and religion*, in «European Journal of Women's Studies», 22, 1 (2015), pp. 7-21

Soothill Jane E., *Gender, social change and spiritual power: charismatic Christianity in Ghana*, Leiden, Brill, 2007

Spirit possession. Modernity and power in Africa, a cura di Behrend Heike e Luig Ute, Madison-Oxford, The University of Wisconsin press-James Currey, 1999

Stambach Amy E. e Kwayu Aidekande C., *Witness to a passing. The silent death of local water management and the quiet hand of government*, in «Journal of Ethnographic Theory», 11, 2 (2021), pp. 412-427

Storia dell'acqua. Mondi materiali e universi simbolici, a cura di V. Teti, Roma, Donzelli, 2003

Strang Veronica, *Common senses. Water, sensory experience and the generation of meaning*, in «Journal of Material Culture», 10, 1 (2005), pp. 92-120

Strickrodt Silke, *Afro-European trade in the Atlantic world. The Western slave coast c1550-c1885*, Woodbridge, James Currey, 2015

Strongnam Roberto, *Queering Black Atlantic religions. Transcorporeality in Candomblé, Santeria and Vodou*, Durham, Duke University press, 2019

Taliani Simona, *Il tempo della sopravvivenza. Per un'antropologia della parentela nella migrazione*, Verona, Ombre Corte, 2019

Taylor Charles, *A secular age*, Cambridge, The Belknap Press of Harvard University Press, 2007

Teti Vito, 2003, Introduzione, in *Storia dell'acqua* [v.], pp. XXXIII-XLI

Thornton John, *Africa and Africans in the Making of the Atlantic World*, Cambridge, Cambridge University Press, 1998

Togbi Dawuso Dofe: Mami Water in the Ewe tradition, a cura di K. O'Brien Wicker e K. Asare Opoku, Accra, Sub-Saharan publishers, 2007

Tonda Joseph, *Entre communautarisme et individualisme : la "tuée tuée", une figure-miroir de la déparentélisation au Gabon*, in «Sociologie et sociétés», 39, 2 (2007), pp. 79-99

Touya Lucie, *Mami Wata la Siréne et les peintres populaires de Kinshasa*, Paris, L'Harmattan, 2004

Trautmann René, *La littérature Populaire à la Cote des Esclaves*, Paris, Travaux et Mémoires de L'Institut d'Ethnologie, IV, 1927

Le tricentenaire d'Aneho et du pays guin. A l'ecoute de l'histoire, vol. 1, a cura di N. Gayibor, Lomé, Presses de l'UB, Lomé, 2001

Le tricentenaire d'Aneho et du pays guin. A l'ecoute de l'histoire, vol. 2, a cura di N. Gayibor, Lomé, Presses de l'UB, Lomé, 2001

Truth Sojourney, *Narrative of Sojourner Truth*, New York, Barnes and Noble Classics, 2005

Tylor Edward B., *Primitive Culture: Researches into the Development of Mythology, Philosophy, Religion, Language, Art, and Custom*, London, John Murray, 1929

Valeri Valerio, *Wild Animals: Hunting as Sacrifice and Sacrifice as Hunting in Huaulu*, in «History of Religion», 34, 2 (1990), pp. 101-131

Vallon A., *Le Royaume de Dahomey, Cote Occidentale d'Afrique*, in «Revue Maritime et Coloniale», II (1861), pp. 332-363 (online su Gallica)

Van Aken Mauro, *La diversità delle acque. Antropologia di un bene molto comune*, Pavia, Edizione Altravista, 2012

Venkatachalam Meera, *Slavery, memory and religion in Southeastern Ghana, c.1850-present*, Cambridge, Cambridge University press, 2015

Verger Pierre, *Role joué par l'état d'hébétude au cours de l'initiation des novices aux cultes des Orisha et Voudon*, in «Bulletin de l'IFAN», serie B, 16 (1954), pp. 322-340

Verger Pierre, *Notes sur les cultes des Orisa et Vodun à Bahia, la Baie de Tous les saints au Brésil et à l'Ancienne Cote des Esclaves en Afrique*, Dakar, Mémoires de l'IFAN, 51, 1957

Viveiros de Castro Eduardo, *Exchanging perspectives. The transformation of objects into subjects in Amerindian ontologies*, in «Common Knowledge», 10, 3 (2004), pp. 463-484

Visintin Monica, *Di Echidna, e di altre femmine anguiformi*, in «Mètis. Anthropologie des mondes grecs anciens», 12 (1997), pp. 205-221

Visweswaran Kamala, *Histories of feminist ethnography*, in «Annual Review of Anthropology», 26 (1997), pp. 591-621

Weber Max, *La scienza come professione. La politica come professione*, Torino, Einaudi, 2004

Weiner Annette B., *Women of value, men of renow: ner perspectives in Trobiand exchange*, Austin, The University of Texas press, 1976

Wendl Tobias, *Slavery, spirit possession and ritual consciousness: the Tchamba cult among the Mina in Togo*, in *Spirit Possession: modernity and power in Africa*, a cura di H. Behrend e U. Luig, Madison, University of Wisconsin Press, 1999, pp. 111-123

Wendl Tobias, *Visions of Modernity in Ghana: Mami Wata Shrines, Photo Studios and Horror Films*, in «Visual Anthropology Review», 14 (2001), pp. 269-292

Wendl Tobias, *Wicked villagers and the mysteries of reproduction: an exploration of horror movies from Ghana and Nigeria*, in «Postcolonial text», 3, 2 (2007), pp. 263-285

"Wicked" women and the reconfiguration of gender in Africa, a cura di D. Hodgson, S. McCurdy, Heinemann, James Currey, David Philp, 2001

Willerslev Rane, *Taking animism seriously, but perhaps not too seriously?*, in «Religion and Society: Advances in Research», 4 (2013), pp. 41-57

Wilson S., *Aperçu historique sue les peuples et cultures dans le golfe du Bénin: le cas des "Mina" d'Anécho*, in *Peuples du Golfe du Bénin* [v.], pp. 127-150

Zempleni Andras, *Des êtres sacrificielles*, in *Sous le masque de l'animal*, a cura di M. Cartry, Paris, PUF, 1987, pp. 267-317

Finito di stampare
nel mese di gennaio 2023
da The Factory s.r.l.
Roma